JN066256

改訂版

成長する英語教師

プロの教師の「初伝」から「奥伝」まで

EFL Teacher Education
for Professional Development

髙橋一幸 著
Takahashi Kazuyuki

大修館書店

まえがき

　21世紀に入り，日本の教育は大きく変貌を遂げつつあります。「『英語が使える』日本人育成のための戦略構想・行動計画」に基づいて5か年計画で実施された，「中・高英語教員集中研修（悉皆研修）」，教員免許法の改正に伴う「教員免許更新制」の導入と10年ごとの「免許状更新講習」受講の義務化，さらには，大学院修士課程を含む教員養成6年制も検討の俎上に上っています。一方では，学級崩壊への対応，絶対評価による評定実施に伴う説明責任，「モンスター・ペアレンツ」による理不尽な要求，一部の有識者やマスコミによる学校・教師批判など，教育を取り巻く社会状況は益々その厳しさを増しています。

　あまりにも多忙で過酷な教員生活の中で，学校における教師間の人間関係も薄れ，古き良き時代の教師の「同僚性」も希薄になってきたという声も多く聞かれます。このような「教師孤立化」の中で，難関の教員採用試験に合格したにもかかわらず一年ももたずに辞めてしまう新任教員や中途退職者も増えています。いわゆる「教師バーンアウト」（燃え尽き症候群）と言われる現象です。

　教職には，教科指導のみならず，学級経営，学年経営を含む生徒指導，部活動指導など，携わるべき様々な分野があり，私自身の中高教員経験を顧みても，「部活動・命」と部活指導に没頭した時期や，学級経営や生徒会活動などの生徒指導にもっぱら取り組んだ時期もありました。しかし，教師としての自信とやりがいの根本は，やはり「教科指導」にあると思います。中高教員は，「英語」という教科で教員免許を受けているのですから。

　上で述べたような困難な状況の中で，学校英語教育の今後の充実・発展を考えるとき，「自信とやりがいを持って生徒たちを指導できる教師」，「生徒たちを指導しながら，自らも教員として"成長"できる教師」こそが，今必要とされています。大学における英語教員養成と現職英語教師教育の一層の充実が求められる所以です。

このような認識から「英語教師教育」のあり方を考え，その一助となるような本の出版をめざして筆者自身の大学での研究と教員志望の学生に対するゼミを中心とした指導実践の成果をもとに，本書『成長する英語教師―プロの教師の「初伝」から「奥伝」まで』を執筆しました。

本書が，英語教員を夢見て頑張っている学生諸君や，そのような大学生，大学院生の教員養成を担当しておられる先生方，初任者からベテランまで幅広い現職の先生方，また，現職英語教員研修の企画と指導に従事されている指導主事の先生方のお役に立つことができれば，筆者として望外の喜びです。

「教師が変われば，授業が変わる。」
「授業が変われば，生徒も変わる。」

このことを信じて，ともに頑張りましょう！ 英語教師の「成長支援書」，教育者としての自信と誇りを取り戻すための「応援の書」がこの本です。

　　2011年，激動の年に

髙橋一幸

改訂版発行に寄せて

2011年11月の初版刊行以来，本書も第3刷増刷の時期を迎えましたが，このたび改訂版として刊行することになりました。この間10年の歳月が過ぎ，2017年度末，18年度末に小中高の新学習指導要領が公示され，2020年度の小学校を皮切りに新教育課程がスタート，小学校英語の早期化，教科化を土台として学校英語教育も新時代を迎えました。改訂版刊行に際し，この10年間の学校教育や教師教育の動向，学習指導要領の大改訂などもふまえて，修正・加筆し内容をアップデートしました。この機会を与えてくださった鈴木一行社長はじめ大修館書店のご高配に感謝いたします。

　　2021年10月，コロナ禍が続く再び苦難の年に

著者

目　次

改訂版　成長する英語教師

——プロの教師の「初伝」から「奥伝」まで

第1章 「プロローグ」
英語教員に求められるExpertise

　近年，校種や教科を問わず，教師を取り巻く環境は大きく変化しつつあります。教員免許状更新制と更新講習の義務づけと，その後の教員の働き方改革に伴う制度の見直し，大学院を含む6年制教員養成構想など，教員の養成，資格取得から研修に至るまで制度の変更が著しく，教員志望の学生や現職教員に不安を与えています。

　序章である本章では，わが国における教員養成や現職教員研修に関わる2000年代以降の動向を概観して課題を明らかにし，専門職としての英語教員に求められる資質・能力（attitude：態度，expertise：専門知識・技能）について考えます。また,「教員の成長過程」に則した本書の構成も確認します。

1.1. 英語教員養成と現職教師教育─近年の動向

　文部科学省は2002年（平成14年）7月に「『英語が使える日本人』の育成のための戦略構想」を策定，翌年3月にはその具体的施策を記した「行動計画」を発表しました。その中で「経済・社会等のグローバル化が進展する中，子ども達が21世紀を生き抜くためには，国際共通語となっている「英語」のコミュニケーション能力を身につけることが必要…（中略）…現状では，日本人の多くが，英語力が十分でないために，外国人との交流において制限を受けたり，適切な評価が得られないといった事態も生じている」として，社会および学校における英語教育のさまざまな改善策が講じられました。先進的な高校英語教育の実践研究に取り組んだ「スーパー・イングリッシュ・ランゲージ・ハイスクール（SELHi）」の指定もそのひとつです。「英語教員の資質向上及び指導体制の充実」の施策としては，2003年度（平成15年度）から5か年計画で国公立中学校・高等学校の全英語教員約6万人に対して集中研

修，いわゆる「英語教員悉皆研修」が実施されました。

　2007年（平成19年）には「教育職員免許法」が改正され，2009年度より「教員免許更新制」が導入されました。「教員として必要な資質能力が保持されるよう，定期的に最新の知識技能を身につけることで，教員が自信と誇りを持って教壇に立ち，社会の尊敬と信頼を得ることを目指す」ために10年ごとに「教員免許状更新講習」（教職等に関する必修領域12時間以上，教科指導，生徒指導その他教育の充実に関する選択領域18時間以上の計30時間以上）を受講・修了することを義務づけたのです。しかし，10数年間続いてきたこの更新講習も，先述した通り，教員への過重負担を軽減しようという「働き方改革」の中で，文科大臣が中央教育審議会に「抜本的見直し」を諮問し，再度の法改正のもとに廃止される方針が2021年に決まりました。

　一方，教員を高度専門職業人として位置づけ，大学における教員養成を学部4年間だけではなく，大学院修士課程2年間を含む「教員養成6年制」にすること，それに伴い教員免許状を，学部卒業段階で与える暫定資格としての「基礎免許状」，教員採用後に大学院で修士課程を修了した者に与える「一般免許状」，学校経営，生徒指導，進路指導，教科指導，特別支援教育など，特定分野に関し，実践を積み重ね，更なる探究をすることにより，高い専門性を身につけた者に与える「専門免許状」（いずれも仮称）の3段階にする制度改革も中教審答申の中で報告されています（中央教育審議会2012）。

　国や世界の未来を担う子どもたちの教育，またその教育に携わる教員の養成や研修は「国家百年の計」です。グローバル社会の激動の中で時代に即した時機を得た改革は必要ですが，法改正を伴う免許状更新制度が「発展的な解消」とは言うものの10年そこそこで廃止されたり，2020年度の実施を目前にして二転三転した英検やTOEIC，GTECなどの民間試験も活用した大学入試改革など，見通しが甘く，批判を受けると発表された内容が撤回されたりといったことをくり返すと，教育行政への信頼自体が揺らいでしまいます。その影響を直に受けるのは，学習者たる児童・生徒たちであり，それを指導する教員です。

1.2. 日本における教師教育の現状と課題

1.2.1. 大学における教員養成（ITE：Initial Teacher Education）の 日英比較

　大学院を含む「教員養成6年制」を検討するのも結構ですが，その前に，教員免許状を授与し，教員としての資格（お墨付き）を与える基準を明確にする必要があるでしょう。

　わが国では，教職課程を持つ大学が学科単位で教員養成を行い，都道府県が教員免許状を発行していますが，何をもって免許を与えるのか，共通理解された基準は存在しませんでした。大学の教員養成で最低限，知識として何を理解させ，どのような技能を身につけさせるべきなのかは，各大学に任されてきたのです。事実上，英語科教育法などの「指導法に関する科目」や英語学，文学，異文化理解，コミュニケーションなど「英語科に関する専門的事項」を担当する大学教員の判断に任されてきました。

　前回の学習指導要領改訂で，2013年度（平成25年度）より学年進行で実施された高等学校では「コミュニケーション英語Ⅰ」を唯一の必履修科目とすることで，高校卒業者に最低限必要な英語学力（知識・技能）の基準を明確にしようとしています（中央教育審議会 2008：42-43）。このような「質保証」（quality assurance）的な動きが，教科や校種を問わず日本の教育全体に見られますが，日々生徒たちを指導し学校教育を支える教員の養成や資格については何の具体的基準も存在しないのが実情でした。そこで，文部科学省から「英語教員の英語力・指導力強化のための調査研究」の委託事業として，2017年（平成29年）に「中・高等学校教員養成課程 外国語（英語）コアカリキュラム」（いわゆる「英語教員養成コアカリキュラム」）が発表されました（東京学芸大学 2017）。これにより，従来，習得単位数の規定のみで内容の基準が不明確だった大学での教員養成教育に，大まかではありますが，指導すべき内容や到達目標が示され，文科省によるシラバス・チェックが行われるようになりました。戦後の教員免許開放制は維持しながらも無責任な教員養成は許さないという文科省の決意が感じられます。しかし，その実効性は大学教員の使命感と授業実践次第という点は変わりません。

　求められる教師の資質・能力は，国によって，また，時代によっても変化

することは言うまでもありません。次に示すのは，英国の教育雇用省が1998年に発行した同国における教員資格を記した *Teaching: High Status, High Standards: Requirements for Courses of Initial Teacher Training.*（DfEE: Department for Education and Employment）です。後で触れるように，英国の教育政策がより成果主義の色彩を強めたことを反映し，この教員資格は2007年に大きく改訂され，階層化されてレベルごとに記述されることになるのですが，ここでは，教員資格をより全体的に理解しやすい98年版を用いて，教員養成段階で身につけさせたい資質を考察します。求められる資質が，実に具体的かつ詳細に示されていて驚きます。ただし，大部になり，そのすべてをここで紹介することはできませんので，中等教育のA.「知識・理解」と，B.「指導計画，教授とクラス・マネージメント」の一部を抜粋し，他は見出しのみを示します。

A. KNOWLEDGE AND UNDERSTANDING

Those to be awarded Qualified Teacher Status must, when assessed, demonstrate that they:（教員資格を授与される者は，以下のような資質を有すること）

a. have a secure knowledge and understanding of the concepts and skills in their specialist subject(s) to enable them to teach it/them confidently and accurately;（専門教科を，自信を持って正確に指導できるしっかりとした知識・理解と技能を有すること）

b. cope securely with subject-related questions which pupils raise;
（生徒からの教科に関連した質問に適切に対応できること）

c. are aware of, and know how to access, recent inspection evidence and classroom-relevant research evidence on teaching secondary pupils, and know how to use this to inform and improve their teaching;
（最新の研究や教室リサーチの知見の入手方法を心得，それらを自分の授業改善に役立てる方法を知っていること）

d. know pupils' most common misconceptions and mistakes;
（生徒たちに共通する誤解や共通して犯す誤りを知っていること）

e. understand how pupils' learning in the subject is affected by their physical, intellectual, emotional and social development; (当該教科の学習が生徒の身体発達，知的発達，情緒および社会的発達によりどのような影響を受けるかを理解していること) その他9項目，全14項目。

B. PLANNING, TEACHING AND CLASS MANAGEMENT

・PLANNING「指導計画」（以下 a.～d. 4項目）

Those to be awarded Qualified Teacher Status must, when assessed, demonstrate that they:

a. plan their teaching to achieve progression in pupils' learning through: (以下の方法で，生徒の学力向上を達成する授業を計画できる)

 ⅰ. identifying clear teaching objectives and content, appropriate to the subject matter and the pupils being taught, and specifying how these will be taught and assessed; (題材と学習者に適した具体的な指導目標と内容の決定，および適切な指導法と評価法の選択)

 ⅱ. setting tasks for whole class, individual and group work, including homework, which challenge pupils and ensure high levels of pupil interest; (生徒のやる気を引き出し，学力を伸ばす宿題を含む全体，個人，グループ・タスクの設計と提供) その他，活動への動機づけ，生徒の学習段階に応じた明確な目標設定など，以下ⅸまで全9項目。

b. provide clear structures for lessons, and for sequences of lessons, in the short, medium and longer term, which maintain pace, motivation and challenge for pupils; (学習のペースとやる気を維持する短期・中期・長期の指導計画を立案し提供できる)

c. make effective use of assessment information on pupils' attainment and progress in their teaching and in planning future lessons and sequences of lessons; (生徒の到達度や進歩に関する評価情報を授業および先々の授業設計に効果的に活用できる)

d. plan opportunities to contribute to pupils' personal, spiritual, moral, social and cultural development; (教科の指導内容だけでなく，授業の中で，生徒の個人的，精神的，道徳的，社会的，文化的な成長を促す機会を提供できる)

・TEACHING AND CLASS MANAGEMENT「教授と生徒管理」
（全22項目：省略）

C. MONITORING, ASSESSMENT, RECORDING, REPORTING AND
ACCOUNTABILITY「モニタリング，評価とその記録，報告および
説明責任」（全12項目：省略）

D. OTHER PROFESSIONAL REQUIREMENTS（その他の要件）と
しては，教育法規の理解，同僚との協働協力，いじめなどへの対応，
保護者や学外者・学外機関との連携など a.～g. の７項目が挙げられて
いるのですが，「プロの教師としての自律的な自己研修」を求める次
の項目が目を引きます。

e. understand the need to take **responsibility for their own
professional development** and keep up to date with research and
developments in pedagogy and in the subjects they teach;（**教師として
の成長に自ら責任を持つ**ことの必要性，担当教科の研究成果に関する最
新情報を知る必要性を理解している。〔太字は著者〕）

プロの教員として求められる資質要件が実に事細かく明記されています。
しかし，英国での初等教育後半以降（７歳以上の学習者対象）の教員養成を
担うのは，３年間の大学での学士課程に，教育実習も含む１年間の教員養成
大学院のPGCE（Postgraduate Certificate in Education：大学院研究科教員
免許）課程を加えた４年間*ですから，ここで求められているすべての資質
を備えることを新卒教員に求めるには無理があったのでしょう。また，先に
も述べたように，この改訂の背後には国際経済競争に勝ち抜くための成果主
義に基づく教育効率化という発想があります。

では，2007年版の*Professional Standards for Teachers*（TDA：Training
and Development Agency for Schools）**では，教員として要求される資質
を，どのように表記しているのでしょうか。

---

*イングランドとウェールズにおける教員養成と教員資格については，大谷ほか編（2004：348-
354），大谷編（2010：139）などを参照。

**2007年版のこの資格要件は，インターネットで"Professional Standards for Teachers"を検索すれ
ば，全文をダウンロードできるので興味ある方は参照されたい。なお，この基準は英国のイング
ランドとウェールズに適用されている。例えば，スコットランドにはよく似ているが異なる資格
基準がある。詳細はGTC：General Teaching Council for Scotland（2000）を参照。

A．Professional attribute（生徒・保護者や同僚・教育関係者との信頼・協働関係の構築，学校や社会への主体的貢献意欲，教師としての成長への責任感などプロの教育者としての価値観や特質）

B．Professional knowledge and understanding（教授・学習，評価，教育課程，ICTの活用，人権・福祉・健康などに関する専門知識・理解）

C．Professional skills（授業設計や指導計画策定，教授法，評価とそのフィードバックなどに関する専門技能）

これらA.～C.の3つのカテゴリーに分けて，"The Award of Qualified Teacher Status（QTS：教員資格認定基準）"を総括的に示し，さらに，採用後の生涯学習としての教師の成長を，

① "Core"（新任教員）
② "Post Threshold"（中堅教員）
③ "Excellent Teacher"（優秀教員）
④ "Advanced Skills Teacher"（上級技能教員）

の4つの career stage に分類し，それぞれの段階に求められる資質をカテゴリー毎に具体的に示しています。

②の Post Threshold standards では，①の Core standards 以上に教育に関する知識・理解・技能が求められます。例えば，授業設計や指導計画の立案（planning）では，柔軟で創造的な独自の授業設計能力が必要とされています。また，後進の教員に対するアドバイスもできなくてはなりません。③の Excellent Teacher standards になると，アクション・リサーチなどによる授業改善能力が要求され，リサーチ結果を同僚に還元してその成長に寄与することも求められます。④の Advanced Skills Teacher Standards では，将来構想を持って，地域や学外の機関とも連携しながらリーダーとして学校教育の改善に取り組める管理職としての能力が求められます。

QTSの資格を得た者は教員として登録され，勤務校に配属されます。臨時採用の初任1年間（induction year）の終了時までに，QTSの教員資格基準に加えて，現職教員として不可欠な最低限の資質（threshold level）である①"Core"の要件を満たしていることを勤務校の校長に認定してもらう必要があります。これで2年目から晴れて正規教員となれるわけです。その後は，

各自が自己研修を継続し，Post Threshold Teacher になるには，①の要件を満たしたうえで，②の知識・技能も有していることを，同様に，Excellent Teacher になるには①，②＋③の要件を，Advanced Skills Teacher になるには，①，②，③＋④の要件を満たしていることを自ら申請し外部機関で認定されなくてはなりません。もちろん，これらの資格は pay standards であり，給与に反映されます。

　この *Professional Standards for Teachers* という文書には，*"Why sit still in your career?"*（なぜ今の地位にじっと座っているのですか？）という副題が付いていて，ブックレットのあちこちにピカピカの椅子の写真がたくさん出てきます。この新システムの是非はともかく，ここで確認しておきたいことは，教員の養成や研修においてどのような力が必要なのか，その要件が日本とは違って明確に示され共有されていることです。

　段階ごとにプロの教員としての expertise を具体的に示し，それを昇任の条件として給与に反映するというのは，非常に合理的で明確に思えます。ただし，物事の長短は裏表。どのような「改革」も順風満帆とはいかないものです。例えば，筆者が教員の成長にとってとりわけ重要と考えている「授業評価能力・授業改善能力」が，2007年版では，第3段階の "Excellent Teacher" の要件となったことで，英国発祥のアクション・リサーチが英国の教員養成大学院で下火になるといった影響が出てきているそうです。

　教員免許状に複数のランクを設けて，キャリア・ステージに応じて教師の成長を促すという発想は，1.1.で述べたように日本においても中央教育審議会で検討されはじめました。管理職でなく，日々生徒を指導する教諭に身分ランクを付けることは，果たしてどれだけ多くの教師の意欲を鼓舞するのでしょうか。地位とお金もさることながら，社会の尊敬と教育者としての誇りが現場教師の意欲の源泉ではないでしょうか。このような教育行政などの社会的要因が教師や教育に及ぼす影響については，第5章で再度考えてみたいと思います。

　話を英国に戻しましょう。次ページに示す表は，英国のある大学の教員養成の中で使われている "Competency Record" の中から "Teaching" の一部を抜粋したものです（Roberts 1998：215）。指導教授が教員志望の学生一人ひとりを絶対評価し，目標能力を獲得できたと判断した場合は，"Examples"

<表1.2. Competency Record>

Competency	Examples
Area 2 continued	
2p) be able, effectively, to use a range of resources and strategies to teach and support the learning of <u>all</u> the pupils in each class	This means, for example, use of group management techniques, practical work, demonstration, discussion, role play, IT, display, appropriate use of teaching space, of resources of all kinds, of questioning skills, appropriate responses to pupils' questions and ideas, appropriate timing and pacing. It should include attention to differentiation
2q) be able to communicate clearly with pupils in ways that encourage learning and generate interest	This may include verbal and written communication and non-verbal communication
2r) be able to help pupils develop their own language and communication skills	This may include the skills of listening, talking, writing and reading and may involve pupils' use of IT
2s) be able to draw on their own, and their pupils' interests in their planning and teaching	This may include following up pupils' leads during lessons
2t) know about the range of approaches used to teach controversial issues and select the approach appropriate to the circumstances	Various techniques can be used to ensure that pupils' experience of a topic is balanced. Although this competence will normally be addressed through classroom work it could be met through work as a form tutor
2u) understand health and safety regulations and implement them in the classroom	Know your departmental safety policy and the whereabouts of safety equipment in your department
2v) be aware of the need to identify pupils with special educational needs (SEN) in their classes (including more able children) and have some knowledge of the strategies appropriate for their development	Work successfully with all pupils (incl. SEN pupils) through, say, changes in emphasis, different examples, different materials, different media. Liaise with SEN staff over identification and provision for SEN pupils in your classes

Teaching

の欄の右に設けられた所見欄にその根拠（evidence）を記入し，日付と署名を記して，次の目標に向かわせます。"Competency" に記載されている具体項目を見ると，大学での教員養成指導に，先に見た "QTS"（教員資格認定基準）が反映されていることがわかります。

　さて，教員養成の仕上げとして，実際の教育現場で生徒指導の実体験を通して学ぶ「教育実習」はどうでしょうか。筆者自身が，かつて中学校現場で多くの教育実習生の指導を担当し，現在は大学で学生を指導して実習校へと送り出しています。実習生を受ける側と送り出す側の両方の立場を経験している訳ですが，残念ながら大学と実習校との組織としての有機的つながりはなく，教員養成教育における実習生指導上の連携は制度上存在しないと言ってよいでしょう。大学は大学で，実習校は実習校で学生を指導しています。そのため，時として両者の指導にミスマッチが生じることがあります。教育現場で必要とされる実践的な知識や技能をほとんど持たぬ学生が教壇に立って実習校や生徒たちに迷惑をかけたり，逆に，大学で学んできたことをほとんど生かす機会なく実習を終えてしまうこともあるでしょう。前掲のRoberts の言葉を借りれば，教員養成教育としての国の定めるカリキュラムや連携システムがない "fractured ITE curriculum"（教員養成の分断カリキュラム，*ibid.*：74）といった状況があるのです。

　例えば，英国のレディング大学の PGCE では，学生の教員養成にあたる大学と実習校が対等な関係の "Partnership Scheme" に基づき，次のような年間計画（Year structure）で学生を指導します。(*ibid.*：188-189)

＜1学期＞
第　1　週：大学での指導（オリエンテーションと第1回実習への準備）
第2-4週：「A校での3週間のフルタイム実習」（指導者付き授業参観と調査研究）
第　5　週：大学での指導（A校実習のふり返りと教授法などの補充指導，協力校であるB校での実習準備）
第6-12週：第1回「2＋3サイクル実習」（月曜・火曜の2日間は大学で学習し，水曜から金曜までの3日間はB校での実習という「2＋3」のサイクルを7週間くり返し継続する。この間の学習プログラムは大学と協力校の合議で設計する。ティーム・ティーチングを

含む実習校の指導教員の支援の下での sheltered teaching と大学での補完学習としての theoretical studies を継続し，理論と実践の融合を図る。）

<2学期>

第13-18週：第2回「2＋3サイクル実習」（「2＋3」のサイクルをさらに6週間継続する。実習では，sheltered teaching から実習生による通常の単独指導や継続的指導へと発展，大学での学習も指導技術からリサーチへと発展する。）

第 19 週：大学での学習（「2＋3サイクル実習」のふり返り）

〔中間休暇〕…学生と教員との討議による評価を行い，B校でのフルタイム実習に備える。

<3学期>

第25-29週：「B校での5週間の主要フルタイム実習」（通常授業の50％を単独またはチーム・ティーチングで担当しつつ，担任事務も経験し，研究課題にも取り組む。3回に1回は実習校の指導教諭が，大学の指導教授も期間中最低4回は訪問して授業を参観して指導する。）

第30-32週：大学での指導と学習（各自の課題に基づく個別指導と自主学習，A校での最終実習への準備）

第33-35週：「A校での3週間の最終実習」（大学指導教授にアクション・プランを提出し個人としての課題を持って臨む総仕上げの教育実習）

第 36 週：最終の大学での学習（評価および更なる成長のための次年度へのプラン作り）

　いったい何回実習に行くのでしょうか。A校とB校（一般校と協力研究校）の異なる2校に，年間授業期間の3分の2に相当する24週間もの間，実習校に通い，次第に指導の質を上げていきます。しかも，「2＋3サイクル実習」も含め，年間を通して「実習校での実践＋大学でのふり返りと補充学習」のサイクルをくり返しているのが特徴です。協力校のB校の教諭と大学教員が合議のうえで学習プログラムを作成し，A校の実習にも大学の指導教授が何度も足を運びます。大学と実習校が対等な関係（partnership）で連携して，将来の教育を担う教師の卵を育成しているのです。

1.2.2. 現職教師教育（INSET：In-service Education & Training）

　ここで現職教員を対象とした現職教員研修についても考えてみましょう。1.1.で見た「英語教員悉皆研修」は，全国でおよそ6万人のすべての国公立中・高英語教員を対象に5か年計画で実施されました。『「英語が使える日本人」の育成のための英語教員研修ガイドブック』（文部科学省 2003b：3）は，英語のコミュニケーション能力を育成するための指導力を，英語の授業を計画・実践・評価・改善する力から「英語授業力」と定義し，それは，

- ① 「教職」として求められる資質能力
- ② 英語運用能力
- ③ 英語教授力

の3つの構成能力からなる統合的能力であるとしています。

　①は教育者としての情熱や使命感，生徒に対する教育的愛情や生徒との信頼関係を築く自らの人格による教育力など「教育的人間力」とでも呼べる力です。これは，教員としての根幹に関わるものですが，自らの教員人生を通じて高めるものであって，短期間の研修の特定の講座を通して変えたり伸ばしたりできるものではありません。

　②の英語運用能力について，このガイドブック（ibid：3）では，「教師に必要な英語力」として，「戦略構想」や「行動計画」にも記された英検準1級，TOEFL550点，TOEIC730点以上という当面の目安としての目標以外に，「英語教育的英語力」（授業力としての英語運用能力）として，教師に必要な英語力を次のように定義しています。

- ア．英語を構成する発音・語彙・文法体系を認識し，実際の英語学習場面において英語運用能力育成の道筋を示して，生徒の英語運用能力を育てるための力
- イ．日常会話はもとより，教科書や教科書に準拠したCD・テープなどの教材の内容を完全に理解でき，教科書の題材に関連する内容について表現できる英語運用能力，ALTとのティーム・ティーチングを計画，実施できる力
- ウ．コミュニケーション活動の簡潔な説明やモデルの提示ができる力
- エ．コミュニケーション活動と結びつけて文法などの言語材料を導入でき

14

る，理解へと結びつける力

オ．コミュニケーション活動に参加したり，生徒に質問したり，生徒の質
　　問に答えたり，話題の転換を図ったり，活動を活発化できる力

カ．英語を楽しく学ばせることのできる力，など

いずれも英語授業の実践に特有の重要な事項で，これらのことを，英語を使っ
て展開できる英語力が教師に求められます。従って，「教師に求められる英
語力」と，商社マンや観光ガイド，同時通訳者などに求められる英語力とは
共通部分もありますが，専門領域ではそれぞれが異なるものです。

　同ガイドブック（*ibid*：4）では，③の「英語教授力」として教科に関す
る知識・技能に加え，次のようなものが含まれるとしています。

ア．生徒の実態や授業のねらいなどに応じてさまざまな指導が行えるよう
　　な各種の教授法や第二言語習得過程に関する知識

イ．文法などの言語材料や言語スキルの習得を実際のコミュニケーション
　　活動に有機的に結びつける工夫ができる力

ウ．場面に配慮したコミュニケーション活動を積極的に取り入れた授業を
　　設計できる力

エ．必要な教材を選択，活用できる力

オ．授業をマネージできる力

カ．教員と生徒のinteractionを通して，生徒の実態やニーズを把握し，生
　　徒の英語学習に対する目的意識や学習意欲を高めることができる力

キ．細かい文法上の誤りをその都度訂正するのではなく，適切な機会をと
　　らえて段階的に指導するなど，積極的にコミュニケーションを図ろうと
　　する態度を育てる力

ク．生徒の学力を適切に診断・評価する力

ケ．授業を評価し，より望ましい授業を創造していく力，など

いずれも，実際に授業を行っていくうえで英語教員に欠かせぬ重要な力です。
　しかし，これらの「英語教育的英語力」や「英語教授力」は，本来大学に
おける教員養成段階でその基礎力を養い，現職教員としての実践経験と教員
研修等を通して理解を深め，力を伸ばしていくべきものです。ここに，「教
員養成と現職教師教育の不整合」（fractured curriculum between ITE and

INSET）が見られるのが，日本の英語教師教育の大きな問題点だと思います。

　ガイドブックでは，英語教員研修のモデル・プログラムも提示されました。そして，悉皆研修の実施に際しては，これらのガイドラインを受け，研修で何を行うか，そのプログラムは研修実施者である都道府県や政令指定都市の教育委員会の判断に委ねられたのです。

　研修は，②「英語運用能力」と③「英語教授力」向上の二本柱で実施されました。②については，ネイティブスピーカーの講師を招いての発音クリニックや運用練習などが各地で行われましたが，果たして教師に必要な「英語教育的英語力」のスキルアップが図られたか疑問が残ります。中には，外部の民間英会話スクールなどに②の研修を完全に外注したところもあったと聞きます。

　③の「英語教授力」については，ア. ～ケ. のすべてを限られた研修期間内に授業実践に結びつけて扱うことは至難の業で，項目を盛り込めば盛り込むほど，受講者参加型の研修という目標から離れた一方通行の講義にならざるを得ないという状況が生じます。ケ. は，教師が自分の授業実践をふり返って評価し，問題点を特定して自ら授業を改善する力であり，教師がプロの教師として「成長」（professional teacher development）するために不可欠な能力であり，現職教師教育では欠かさず扱うべき極めて重要な能力だと考えます。ガイドブックでは，Classroom-oriented Research（Action Research）として取り上げられていましたが，アクション・リサーチを行うには，教員が授業改善の仮説を立てて実際に授業実践に取り組む必要があり，1コマの講義を受けて終了するものではありません（→ 4.3.p.189）。従って，これを悉皆研修のプログラムに本格的に取り入れたのは，授業改善の取り組みと結果の報告までを夏休みから2学期も含む計画を立て，オンライン・サポートや講師，指導主事の支援によるメンタリング・システムのもとで実施した高知県や，『アクション・リサーチによる授業改善ガイドブック』を作成して受講者に配布し，3～4名のグループで共通の問題に取り組ませ，その成果を研修の終わりに発表させた神奈川県など，ごく少数の自治体に留まりました*。

---

*高知県の英語教員集中研修では，夏休み中の研修を経て，2学期に受講者全員にアクション・リサーチ（AR）に取り組ませ冬休みにリサーチ結果の提出を求めた。5年間で計412名の高知県の中・高英語教員が行ったARによる授業改善レポートをネットで参照することができる（高知県教育センター 2007, 2008）。神奈川県のガイドブックは，レポート書式やARの実例も含めてコンパクトにまとめられており参考になる（神奈川県立総合教育センター 2006）。

それぞれの教育委員会やセンターでは，地元教員の指導力向上をめざし創意工夫して研修を実施しましたが，英語教員「悉皆」研修と言っても，このようにプログラム内容にはかなりのバラつきが見られたのです。

　2009年度より導入・実施された「教員免許状更新講習」は，教員免許の更新・失効という教員としての身分に関わる，教員の生死を分かつ社会的にも重要な講習と言えます。しかも，この免許更新講習の受講者数は英語教員悉皆研修の比ではありません。教諭と臨任・非常勤の別を問わず，私立を含む幼・小・中・高の教員免許所有者の中から，免許取得後10年，20年，30年の教員を対象に開講しなくてはなりません。その数は膨大であり，5年間という期限もありません。従って実施する機関は，大学等の個別機関となり，教職等に関する必修領域や英語科教育に関する選択領域であっても講習内容の差は悉皆研修以上に大きくなります。実施機関から文科省への報告義務はありますが，まさに実施者まかせです。中には，大学教員が個々バラバラにそれぞれの専門分野で1コマずつ講義を担当した結果，1時間目はチョムスキーの生成文法理論の講義，2時間目はシェイクスピアの講読といった具合に，現職教員の免許更新に際して，その目標と講座構成に疑問を感じるものもあったと聞きます。これは，教員の資質，専門知識や技能を向上させ，教員資格を更新するうえで，大きな問題を含んでいます（髙橋 2008b）。こうしたことが教員多忙化の中でこの講習見直し（→ p. 4）の原因となったようです。

1.3. 英語教員に求められる知識・技能

　1.2.1.では，英国の公的教員資格認定基準や，それをふまえた大学の教員養成における Can-doリストである "Competency Record" を紹介しましたが，わが国の教師教育—教員養成（ITE）と現職教員研修（INSET）でも，英語教員に求められる専門知識と専門技能（expertise）を今後より明確にし，共通理解を図る必要があります。次ページの〈図1.3.〉に示したのは，筆者が考える英語教師の expertise を図示したものです。

　授業を構想する際には，「英語の授業を通して，どのような生徒を育成したいのか」という教師の教育理念（teacher's beliefs）がその根底にあり，それを具体化した目標が設定されます。このとき，生徒の学力や興味・関心

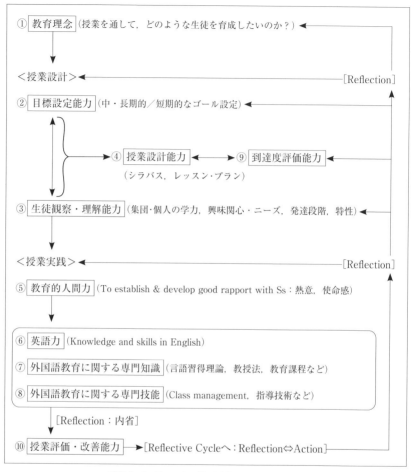

①　教育理念（授業を通して，どのような生徒を育成したいのか？）

＜授業設計＞　　　　　　　　　　　　　　　　　　　　　　　［Reflection］

②　目標設定能力（中・長期的／短期的なゴール設定）

④　授業設計能力　⇔　⑨　到達度評価能力
（シラバス，レッスン・プラン）

③　生徒観察・理解能力（集団・個人の学力，興味関心・ニーズ，発達段階，特性）

＜授業実践＞　　　　　　　　　　　　　　　　　　　　　　　［Reflection］

⑤　教育的人間力（To establish & develop good rapport with Ss：熱意，使命感）

⑥　英語力（Knowledge and skills in English）

⑦　外国語教育に関する専門知識（言語習得理論，教授法，教育課程など）

⑧　外国語教育に関する専門技能（Class management，指導技術など）

［Reflection：内省］

⑩　授業評価・改善能力　→［Reflective Cycleへ：Reflection⇔Action］

＜図1.3. An Expertise Model for EFL Teachers＞

などを的確に判断する生徒観察能力・理解能力が重要となります。目標が決まれば，生徒全員がゴールに到達できる最適なルートを設定します。それが授業設計能力です。これら「授業設計」に関わる①〜④が教師の根本となる能力（key competency）です。

　授業実践では，⑤の教師の人間性が生徒との信頼関係（rapport）を育む大気となって実践全体を包み込みます。⑥〜⑧の知識・技能が，生徒の意欲を高め理解を促進し，授業目標達成への精度を高めてくれます。教師の英語

力や知識，クラス・マネージメントを含む指導技術は，教師の重要な専門技能ですが，これらは目標を達成する手段であって，それ自体が目標ではありません。手段は使うもので拘束されるものにあらず。目標を忘れ，生徒が見えなくなれば，それはもはや「教育」ではなくなります。

　授業後に不可欠な能力は，⑩の自分の授業をふり返り，長所とともに問題点を見極める授業評価能力，さらに，自ら問題点を克服し，より良い授業を創り出せる授業改善能力です。悉皆研修では実際にはほとんど扱われず，教員免許状更新講習でもあまり扱われていないようですが，教師が教師として成長していくためになくてはならぬ能力であり，学力世界一といわれるフィンランド（→5.3.2.pp.239-242）など，EU諸国の教師教育の中で最重要視されているkey competencyのひとつです。

　まとめれば，①〜④および⑨・⑩の核となる教育理念や能力があって授業が設計，あるいは改善され，授業実践では⑤の教師の人間力が生徒との信頼関係を築き，⑥〜⑧の知識やサブ・スキルが授業の質と学習効果を高めてくれます。

　授業実践では，〈図1.3.〉の上から下へのtop-down処理（到達目標から逆算して指導過程を構築するbackward design）を行うことになりますが，教員養成段階（ITE）では，まず，教師に求められる知識や技能を指導し，段階的に現場への応用能力を養うbottom-up指導が必要でしょう。現場での実践経験のない学生に，教育理念を持ち，それを具現化する方法を考えるtop-down処理は不可能です。理念は，一つひとつの知識や技術を学び，その意味を考え理解していく過程で，徐々に形成されていくものです。

1.4. 英語教員養成における指導事項とCan-doリスト

　大学での英語教員養成で学生に身につけさせるべき知識・技能を整理するひとつの試みとして，大学英語教育学会（JACET）の教育問題研究会が作成した「J-POSTL：英語教員養成課程の最終段階における達成度 Can-do リスト」があります。これは，EUが2007年に「ヨーロッパ共通言語参照枠」（CEFR）を基準として策定した「教育実習生のためのヨーロッパ・ポートフォリオ」（EPOSTL: European Portfolio for Student Teachers of Languages）に含まれるCan-doリストを翻訳したもので，EPOSTLの195項目のリストの

中から，日本の教育事情をふまえて100項目に絞り込んだものです。（神保ほか 2010, 2011）

　筆者は現在，大学の学部で，1年次前期の「英語教育学概論」，2年次の「教科教育法（英語）I・II」，3年次の「小中連携英語教育I・II」，4年次後期の「教職実践演習」の他に，少人数のゼミナールとして2年次の「教職基礎研究I・II」，3年次の「専門研究I・II」，4年次の「卒業論文」を担当し，大学院修士課程で「英語教育特講」を担当しています。特に学部2年から4年次まで3年間継続して指導するゼミ「教員養成のための英語科教育研究」を中心に，英語教員に必要不可欠と思われる知識・技能を指導事項として抽出して学年別にシラバスを作成し，毎年指導をしながら検討・改善を続けています。

　次ページの〈表1.4.〉は，各学年のシラバスから指導事項を

　　①教職への適性・意欲・態度
　　②英語授業実践に関わる専門知識・技能
　　③授業評価・授業改善に関わる専門知識・技能

の3つのカテゴリーに分類して，Can-doリストにしたものです。表中の○印は，それを取り扱う学年，◎は特に重点的に指導する学年を示しています。このリストは各学年の終了時にゼミ生に配布し，各項目先頭のボックスに5段階で自己評価を記入させ，個人面談を通して，その年度の学習をふり返らせるとともに，次年度や卒業後の目標を設定させるために活用しています。記入済みの Can-doリストはポートフォリオ*のファイルに保存させて，次年度のふり返りの際に比較しながら自己の成長を確認できるように指導しています。

　この Can-doリストは，学生たちにとって自己の学習をふり返り，成長を確認するのに有効活用できるだけでなく，教員養成指導者としての私自身にとっても，行き当たりばったりの指導にならぬためのチェック・リストとして機能しています。

---

*ポートフォリオ（portfolio）とは，学習者の学習の足跡をまとめた記録で，生徒や学生が定期的に自分の学習の記録をまとめ，ファイルしていく。教師が学習者の学習状況を把握するとともに，学習者自身が自分の学びや成長のふり返り（reflection）に活用できる。筆者は，ゼミ生には，授業での学びや気づきを記して毎週メール添付で提出させ，コメントを書いてフィードバックするとともに，匿名で「共有ポートフォリオ」を作成して，仲間と学び合う資料として活用している。

<表1.4. 髙橋ゼミ 英語教員養成 CAN-DO LIST>

自己診断	指 導 事 項 ／ 学 習 事 項	1年	2年	3年	4年	大学院
①適性・意欲・態度	教員免許状を取得し，教員として現場に立つまでの道筋と関門を知る。	◎	○			
	教師への自己の適性を見極めて，教職への強い熱意を持つ。	○	◎	○		
	教えること，めざす校種の児童生徒と触れ合うことが好きである。		○	○	◎	
	教師(教育者)を志す学生としての自覚を持ち責任ある行動が取れる。	◎	◎	○		
	Portfolioの目的と作成法を知り，自己の学びをふり返る習慣をつける。		◎	○		
	自己紹介など聴衆と目をつなぎ落ち着いて大きな声で話すことができる。		○	◎		
②専門知識・技能	日本の英語教育に影響を与えた主な教授法の理念と方法を理解している。		◎	○		
	教授法の知識を目的に応じて授業実践に応用・活用することができる。			◎	○	
	理想とする英語授業像，育成したい生徒像を持つ。		○	○		
	指導のあらゆる過程でreadinessを作ることの大切さを理解し体得する。		○	○		
	授業展開の基本手順を理解し，英語・日本語で学習指導案を作成できる。		○	○		
	Warm-upの目的，有効な活動とその活用法を知る。		◎	○		
	基本的なクラスルーム・イングリッシュを身につけ，活用できる。	○	◎	○		
	生徒の学年や習得段階に応じたteacher talkを使って授業を展開できる。			○	◎	○
	教科書本文の内容理解や構造理解を促進するmodel readingができる。	○	◎	○		
	教科書本文の教材研究を行い，題材を深め，言語活動に発展・展開できる。			◎	○	
	新言語材料の口頭導入の手順を理解し，英語で導入を行うことができる。		○	○		
	新言語材料の学習活動や言語活動の意味と目的を理解している。		◎	○		
	新言語材料の学習活動や言語活動を創り，指導展開することができる。			◎	○	
	教材や目的に応じ教科書本文のoral introduction/interactionを行える。		○	○		
	本文のdisplay/inferential/referential questionsを作り展開できる。		○	○		
	生徒が応答できない場合の原因を瞬時に判断し，適切な支援ができる。		○	○		
	中高で指導する主な文法事項について十分理解し，適切に指導できる。		○	○	○	
	中間言語を理解し，活動の目的に応じて生徒の誤りに適切に対処できる。		○	○		
	文法・語法等の疑問に答えるための信頼できる文献を知り所有，学習する。	○	◎	○		
	主要な文法用語を英語で何と言うか知っている。		◎	○		
	著名な英和・英英・連語辞典等の特色を知り，活用することができる。	○	○	○		
	外国語教育／学校教育に関する専門用語(日本語・英語)を理解している。		○	○		
	(外国語)教育，言語習得，英語学などに関する専門的な和書を読む。		○	○	◎	○
	(外国語)教育，言語習得，英語学などに関する専門的な洋書を読む。				○	◎

③授業評価・授業改善					
	学会・研究会への参加等を通して，学校教育現場の実情と問題を把握する。	○	○	◎	◎
	小中高の「学習指導要領」を読み，それぞれの目標や趣旨を理解している。		○	◎	○
	小学校「外国語活動」必修化の背景や授業実践について理解している。		○	◎	○
	模擬授業演習とその後の分析・ふり返りを通して，授業の実際を体得する。		○	◎	○
	教育実習に参加して，児童生徒を対象とした現場での指導を体験する。			◎	○
	中・長期的な視点で指導計画を立案し，それに基づいた指導ができる。			○	◎
	観点別評価や絶対評価，形成評価など，評価に関する知識を持っている。			○	◎
	テスティングの基礎知識を持ち，妥当なテスト問題を作成できる。			◎	○
	到達目標を定め，個別に絶対評価を行い，形成的評価を行うことができる。			○	◎
	良い授業，改善すべき授業など，自己および他人の授業を分析評価できる。	○		◎	○
	自分の課題を見つけて研究レポート／論文にまとめ，口頭発表できる。			◎	◎
	Action Researchなど授業改善の方法を知り，自分の授業を改善できる。	○	◎	◎	◎

[　　　]…合計点

1.5. 教師の成長プロセスと本書の構成

　次ページの〈図1.5.〉は，Burns & Richards（2009：14）を参考に，筆者が教師の成長（professional teacher development）のプロセスを示したものです。①がコアとなり，②，③へと発展・成長していきます。（→ 4.1.3. Reflective Model, pp.178-180）

　本書では，この図に示した①「教師に必要な専門知識・技能のインプット」，②「教育現場への応用」，③「現職教員としての自己成長」，④「社会的コンテクストの影響」の順序で，それぞれ第2章「初伝」，第3章「中伝」，第4章「奥伝」，そして第5章「エピローグ」のメイン・テーマとして取り上げていきます。

① Input of Necessary Knowledge & Skills（第2章「初伝」）
　教師として授業を行うために必要な「基礎・基本」となる「知識」を学び，「技能」として自ら使えるように身につけるべく訓練（training）する教師教育の第1段階です。何事も最初が肝心，知識・技能とともに，教育者としての使命感や責任感など，教師としての心構えの基礎を築く時期でもあり，これ以降の教師の成長に不可欠な基盤を養う重要な時期と言えます。

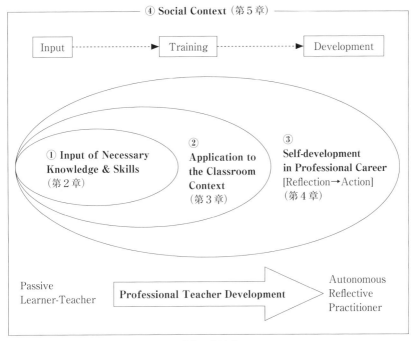

<図1.5. 教師の成長プロセス>

　本書では，第2章の「初伝」で，英語授業を行ううえでの基礎・基本として重要不可欠と思われる知識や視点を授業過程に沿って取り上げ，タスクを通して理解を深め，技能の向上へとつなげます。

② Application to the Classroom Context（第3章「中伝」）

　第1段階で学んだ知識・技能を現実の教室場面（classroom context）に適用（apply）して活用できるように訓練する第2段階です。指導案を書いて模擬授業を実施し，問題点があればその改善案を検討して再度実施するなどの訓練を経て，実際の学校現場で教育実習を行います。この第1段階，第2段階までは，教育実習を含む大学での教員養成，および，教育委員会が実施する初任者研修などのITE（Initial Teacher Education）で行うべき教師としての核を形成する重要な段階です。

　何事も最初が肝心。フィンランドの Jakku-Sihvonen & Niemi eds.（2007：132）は，ITEの重要性を次のように述べています。

"Initial teacher education is of paramount importance and any defects arising during it are extremely difficult to correct afterwards." まさに「鉄は熱いうちに打て！」教員養成段階での欠陥や不十分さは，以後の修復が極めて困難だと述べています。

本書では第3章「中伝」で，1つのモデル指導案の分析から，課題の発見と改善案の検討を通して，第2章で学んだ知識を再確認しながらworking knowledge として現場への適用を図り，授業改善の視点を学びます。

③ Self-development in Professional Career（第4章「奥伝」）

現職教員が，主体性を持って自分の授業実践を客観的にふり返り，自ら改善すべき課題を見つけ，より良い授業をめざして次の目標を設定して指導実践に取り組む reflective teaching の段階です。師や先輩教員（master teachers）などから教わり不十分な点を補う第1・第2段階での "training" を脱し，reflective practitioner として自ら自分の授業実践を省察（reflect）し，自分の生徒を観察して，意識的な実践を通して教師として成長する "development"の段階です。

本書では，第4章の「奥伝」で，教師の学びと成長を考察し，現場教師の自律的な授業改善の方法として「アクション・リサーチ」の進め方を示します。また，全国学力調査で明らかになった中学3年生の英語学力の現状と問題点をふまえて，あるベテラン英語教員の授業改善の過程から学びます。

④ Social Context（第5章「エピローグ」）

以上の①～③のすべての段階における教師の成長は，例えば，国や自治体の教育制度や政策，社会や保護者からの教育への期待や評価，勤務校の歴史と伝統・文化，同僚との関係，生徒集団の特性などの「社会的コンテクスト」の強い影響を受けます。

本書では，最後の第5章「エピローグ」で，このような社会背景，さらに世界にも目を向け，より広い視野（perspective）から学校教育について考え，本書のまとめとしたいと思います。

なお，第2章から第5章の各章には，それぞれのテーマと段階に即した英語教師としての成長を促す課題として，*Self-development Task* を合計21か所（小問総数48問）配置しました。その大半については，後掲の *Check*

It Out で解説を加えていますが，すぐにそれを読み進むのではなく，まず，読者の皆さん自身で考えてみましょう。教員をめざす学生諸君は将来教室で指導するあなた自身の姿やそこで出会うであろう生徒たちの姿をイメージしながら，現職の先生方は自分の授業実践を絶えずふり返りながら考え，その後に自己の考えと対比しながら解説を読むようにしてください。

また，各章の所々に内容に関連する実話や研究・実践事例を中心とした「コラム①〜⑩」を掲載しました。英語教員として，教育者としての成長を考える題材としてお読みいただければ幸いです。

コラム① 現場はさまざま——卒業生からの忘れられない相談

大学のゼミで指導した卒業生の大半が，中学校，高等学校の現場に奉職し，日々それぞれの生徒たちに向かい，試行錯誤の中にも努力を続けてくれています。そのような卒業生からの近況報告はうれしいもので，DVDなどで授業を見せてもらう機会があると，教え子が教える生徒たち（私にとっては「孫生徒」）の可愛さは格別です。しかし，いかに頑張れども努力が即座に結果に結びつかないのが教育現場の常。だれしも悩みは尽きないようです。卒業生から相談を受けることもよくありますが，その中で「忘れられない相談」のひとつをここでご紹介します。神奈川大学のゼミ卒業生で現在は教諭のS.A.さんが，臨任講師として特別支援級の担任をしていたときの相談です。

担任する生徒さんは，聴覚には問題がないのですが，発声器官に障害を持ち，ことばを話すことができないお子さんでした。学習指導要領に「英語の授業は英語で進めることを基本とする」と書かれマスコミで話題になりましたが（第2章3，コラム②参照），聞き話すことを中心としたオーラルの授業展開を十分身につけていた彼女も，この生徒さんのために何をしてあげればよいのか思い悩んだそうです。相談を受けた当時，教職30年を経た私にも経験のないことで，即座にアドバイスすることができず，彼女と一緒に考えることにしました。

ことばを発することのできないその生徒さんは，どのようにして周囲の人々と日常コミュニケーションしているのでしょうか？

その子は，いつも携帯するディスプレイ付きの日本語の携帯キーボードを素早く使って周囲の人達とコミュニケーションしていたそうです。ブラインド・タッチでのキーボード操作もとても素早いとのこと。これはいけるかも…。

私：「特別支援クラスの生徒さんは何人いるの？」

Ｓさん：「その子ひとりだけです。」

　相談した結果，その生徒さんにJIS配列の英文タイピングを教え，ALTの協力もお願いして，Ｅメールの交換を通した英語指導を始めてみることにしました。英語の学習はもちろんですが，将来この生徒さんの就職や社会での活動にも役立つと考えたからです。Ｓさんのその後の報告では，この指導は効果を上げたようです。

　私は，このような困難な状況の中でも，不満や弱音を吐くことなく，ひとりの子どものために教師として何をしてあげられるかを一生懸命に考える彼女の姿勢に真の「教育者」の姿を見，教え子から教えられた思いがしました。

　教師にとって「悩み多きは正常の証し」です。預かった目の前にいる子どもたちのために工夫と努力を重ねることが教員の務め。すべての責任を生徒に転嫁して平気になったときは，もはや教育者ではなくなるときだと思います。

第2章 「初伝」
英語授業 基礎知識・技能トレーニング

　本章では，授業を設計し指導するうえで必要な英語教師の基礎知識・技能について確認していきましょう。プロの教師としての成長は，**「自分が教わった通りに教えることから脱却すること」** から始まります。教師をめざす学生のみなさんや，経験の浅い先生方には，十分理解し，心に刻み込んでおいてほしい英語教師の基礎となる知識・技能です。中堅，ベテランの先生は，初心に帰るつもりで，再確認してみましょう。

2.1. 授業の鉄則：レディネスを作る
—すべての生徒を目標に到達させるための科学的・合理的な手順—

> （授業開始のチャイムで，教師が入室して）
>
> *T*：この前の時間どこまで進んだっけ？
>
> *S₁*：Lesson 2のパート3の4行目までだったと思います。
>
> *T*：じゃあ，今日は5行目から。*S₂*君，大きな声で英語らしく音読して日本語に訳しなさい。
>
> *S₂*：（ボソボソ…）
>
> *T*：声が小さいぞ！ Read in a loud voice！

　さしたる準備もなく，教室に向かい階段を上がりながら授業で何をするか考えるいわゆる「階段カリキュラム」と呼ばれる授業です。そもそも授業をどこから始めるのかさえ不確かで，当然ながら到達させたい目標もなく，「授業」と呼ぶに値しないシロモノです。

　予習を前提にしているのでしょうが，なんの準備もなく，いきなり未習の

英文を英語らしく音読できようはずがありません。自信のない生徒が大きな声で音読できなくて当然で，そもそも，上の事例では大きな声で読んでみようという動機づけも与えられてはいません。体育の授業で，準備運動もなく，いきなり50mダッシュさせたり，プールに飛び込ませたりする教師がいるでしょうか？ 子どもの命に関わります。

　授業とは，目標実現に向けた50分間の教師の指導と生徒たちの学習や活動を通して，生徒の中に「質的変容」を生じさせること。つまり，授業とは，教師からの適切な働きかけで生徒自らが思考し，今まで知らなかったことに自ら気づき（知識の変容），練習や活動を通して，これまでできなかったことをできるようにしてあげる（技能の変容）ことであり，その学びを自分の生活の中に生かしていこうとする姿勢を育むこと（態度の変容）をめざして行う営みで，単なる予習の答え合わせ（日本語訳のチェック）ではありません。

　効果的な学習を促すには，生徒たちに「新しいことを学ぶための心と身体の準備・受け入れ態勢」を作ってあげることが肝要です。これを「レディネス（readiness）を作る」と言います。

　「レディネスのある状態」とは，次のような状態をいいます。

T：Are you ready to try *something new*?

Ss：Yes! We're all ready to start!

T：OK. Then, let's get started.

Ss：Yes, let's!

　ただし，実際にこのようなやり取りが行われることは少なく，教師がレディネスを意図的に作り出し，レディネスの有無の状況を判断します。事前の授業設計（指導手順の検討）と授業中のこのレディネスの見極めが教師の指導力の要（かなめ）であり，授業の成否を左右する最も大切な要因です。教科の別を問わず，指導過程のどの段階を切り取ってみても，「指導の鉄則はレディネスにあり」と言えます。「どの生徒もできるように指導したうえで，確たる勝算を持って指名し発表させ，できたことを褒めてあげる」のが，授業の根本です。

　50分の1単位授業の「目標」を達成するために，「何を」・「どの順序で」行うか（理にかなった指導過程の構築），1つの課や単元，1学期，1学年，3年間の「目標」を達成するために，「どの時期に」・「何を」・「どの順序で」

行うか（中・長期的な見通しを持った指導計画の策定）が授業設計の重要なポイントとなります。

➡ ***Self-development Task 1*** —レディネスを作る

例えば，次のような場合にどうするか，まず読者のみなさんご自身で考えてみてください。これらの質問への答えは，本書を読み進んでいかれる中で発見し，確認していただけると思います。

【1】授業をどう始めますか？　英語の授業を効果的に展開するために必要なレディネスは何でしょう？

【2】新しい文法事項を効果的に導入するために必要なレディネスは？

【3】教科書を開かせ，音読練習に入るために必要なレディネスは？

【4】個人を指名して，教科書本文の音読発表や暗唱発表を行わせるのに必要なレディネスは？

2.2. ウォームアップ：タテとヨコの視点
—チャイムが鳴った後の３分間で授業が決する！—

> みなさんは，どのようにして授業を始めますか？　2.1.冒頭のような始め方はもとより論外です。授業開始の数分間で教師としてなすべきことは何でしょうか？

英語の前の時間は，数学の授業で生徒たちは難しい問題演習に黙々と取り組んでいたかもしれませんし，はたまた体育の授業でグランドを駆け回り，汗も引かず，乱れた息がまだ整っていないかもしれません。また，前時の英語の授業から土日をはさんで３～４日も経過していることもあり得ます。まず，「さあ，頑張って英語を学ぼう！」という授業への動機づけを行い，英語学習へのなごやかで楽しい雰囲気作りをしてあげたいものです。英語の授業を受けるための，生徒の「心と体の準備態勢」を作ってあげる調整時間(tuning-in time)，すなわち，授業へのレディネス作りを行うのが，「ウォー

ムアップ」（warm-up）の目的です。

2.2.1. 短期目標と中・長期目標

　ウォームアップには，さまざまな目的が考えられますが，大きく分けると，①当該の1時間の単位授業の流れを「タテに見て」，この後に続く本時の学習や活動へのレディネスを作る「短期的目標」の視点，もうひとつは，②継続する複数の授業を「ヨコに見て」，目標を定めた活動を「帯活動」として継続して行うことにより力を付ける「中・長期的目標」設定の視点があります。

　[短期的目標] 単位授業を「タテに見る」…英語学習／本時の授業へのレディ
　　　　　　　 ネスを作る。
　　　　　・英語学習のなごやかで楽しい雰囲気づくり
　　　　　・発声練習（いわゆるタン切り），その他

　　　　　　（短期・長期目標の融合を図ることができれば，より合理的！）

　[中・長期的目標] 複数授業を「ヨコに見る」…「帯学習」として継続すること
　　　　　　　　　 で学習効果をねらう。
　　　　　・語彙力の増強
　　　　　・自然な発音能力の向上，リスニング能力の向上
　　　　　・既習事項の定着，発表機会の確保，その他

　以下，ウォームアップで行える代表的な活動例を見ていきましょう。

2.2.2. チャンツ，英語の歌，早口ことば

　チャンツ，歌，早口ことばなどは，ウォームアップ活動としての英語のリズムや発声練習として，また，授業の楽しい雰囲気作りに適しています。

① チャンツ（Chants）

　楽しくスピーディなビートのリズムに乗って，短い対話文を何度も発話する活動です。楽しくくり返しながら，生徒たちは対話文を丸ごと記憶してしまいます。次に示す左のチャンツは，著者が担当したNHKラジオ『新基礎

英語1』の"warm-up"のために作成したチャンツの1例です（髙橋 2005：28）。右は，中学2・3年生用に新たに作成したチャンツの1つです（髙橋・田尻 2008：26）。ともに生徒が学習する重要な文法事項を取り込んで作成していますので，学習事項の定着にも役立ちます。太字の音節（syllable）は強くはっきりと発音し，‿印の部分では2つの単語をつなげて発音します（連音：liaison／同化：assimilation）*。×印の付いた文字（破裂音）は，口の構えを作るだけで実際には発音せず次の音に移行します（脱落：elision）。このような「語と語の連結による音変化」を理屈ではなく，活動を通して体得させることは，生徒が英語を話すときのリズムや発音を良くするばかりでなく，長期的視点に立てば，自然なspoken Englishを聞き取るリスニング能力の向上にも転移するはずです。「自分が言えることは聞き取れる。」実に単純明快な理論です。

*例えば，I like it. のように，前後する単語の末尾の子音と語頭の母音が連結して発音される「連音」と，When is your birthday? のように，前後する語末と語頭の調音が互いに影響し合って2つの音が似た音に変化する「同化」は，音声学的には区別されるが，中高生対象の指導ではそこまで厳密に区別する必要はないと判断した。

② 英語の歌（English Songs）

　歌もウォームアップでよく活用されます。次はお馴染みのクリスマス・ソング "*Jingle Bells*" の歌詞の冒頭部です。①のチャンツと同様の印を歌詞に付けて配布し，それを意識して歌わせれば，テンポの速い曲もリズムに乗り遅れず上手に歌うことができ，単なる授業の雰囲気作りに留まらず，長期的なスパンで発音能力とリスニング能力の向上も図ることができます。

Dashing through the snow
In a one-horse open sleigh,
Over the fields we go,
Laughing all the way;
Bells on bobtail ring,
Making spirits bright;
What fun it is to ride and sing
A sleighing song tonight.

　このようにウォームアップで行う活動は，１時間の授業のタテの線，一連の複数授業のヨコの線の視点から，その効果を引き出し継続したいものです。

③ 早口ことば（Tongue Twisters）

　早口ことばもチャレンジングで楽しいウォームアップ活動のひとつで，とりわけ日本人生徒には難しい次のような個々の音素の発音訓練に効果的です。

"Peter Piper"

＊[p] の音をしっかり出そう！

Peter Piper picked a peck of pickled pepper,
A peck of pickled pepper Peter Piper picked.
If Peter Piper picked a peck of pickled pepper,
Where's the peck of pickled pepper Peter Piper picked?

"Seashells"

＊<u>s</u> [s] と <u>sh</u>/<u>su</u> [ʃ] の音を区別しよう！

<u>She s</u>ells <u>s</u>ea<u>sh</u>ells by the <u>s</u>ea<u>sh</u>ore.

The <u>sh</u>ells that <u>sh</u>e <u>s</u>ells are <u>s</u>ea<u>sh</u>ells, I'm <u>s</u>ure.

If <u>sh</u>e <u>s</u>ells <u>s</u>ea<u>sh</u>ells by the <u>s</u>ea<u>sh</u>ore,

I'm <u>s</u>ure that the <u>sh</u>ells are <u>s</u>ea<u>sh</u>ore <u>sh</u>ells.

2.2.3. その他のウォームアップ活動

　その他，ウォームアップで活用できる活動について，その内容，目的や期待できる効果を簡単に見ておきましょう。

① ビンゴ（Bingo）

　縦・横に並んだマスの中の絵や文字を見ながら，教師の発音する語の上に印を付けていき，例えば，縦・横・斜めのいずれかに4つ印が付いた瞬間に "Bingo！" と叫ぶおなじみのゲームです。ビンゴは，コミュニケーションを支える語彙を計画的に増強するのに効果的な活動です。教師が単語を発音し，生徒はもっぱらそれを聞きますが，グループ活動として輪番制でリーダーになった生徒に発音させることもできます。ゲームの準備として，あらかじめビンゴシートに無作為に単語を書き込ませることで，ライティングの要素を入れることもできます。次ページに示したシートは，「職業名ビンゴ」の例です。単語の発音を聞いて綴りを選ぶ "Word Bingo" としてだけでなく，"That's a person who takes care of sick or injured animals." "That's a person who stops fires burning." などの定義文を聞いて絵を選ばせるなど "Sentence Bingo" として活用することも可能です。

② 日英語対照通訳演習

　授業で学習した語句や基本文をプリントの左右に日英対訳形式で提示（または，天地逆に両面印刷）し，日本語から英語へ，または英語から日本語へとスピーディに変換して順次発話していきます。例えば60秒，90秒など制限時間を決めてペアで行い，その間にいくつ言えたかパートナーが□に✔を記入します。帯活動として一定期間継続し，毎時間自分の目標を決めて取り組ませます。この活動を「弾丸インプット」や「60-second quiz」と呼んでいる人もいます。

▲ 「職業名ビンゴ」イラスト例*

□□□□1. 放課後テニスをするんだ。	□□□□1. I'm going to play tennis after school.
□□□□2. いっしょにテニスしない？	□□□□2. Would you like to play tennis with me?
□□□□3. いいねぇ。	□□□□3. That sounds like fun!
□□□□4. 週末，何か計画あるの？	□□□□4. Do you have any plans for the weekend?
□□□□5. 特にないけど。どうして？	□□□□5. Nothing special. Why?
□□□□6. 昼ごはん食べに行かない？	□□□□6. Would you like to go out for lunch?

▲ 「日英対照通訳演習」の例

*このビンゴでは，全員一斉に "Bingo!" と言わせるために，5×5マスなどの中央にある「フリーボックス」は設けていません。

34

③ スモール・トーク（Small Talk）

これは，2. 3. 3.で詳しく述べるティーチャー・トーク（teacher talk）の
ひとつです。教師が，生徒たちの日常生活や学校生活などに関わる興味を引
くタイムリーな話題を選んで，理解可能な英語で短時間話を聞かせます。既
習の語彙や文構造を意識的に使うなどの配慮をして行えば，生徒の自己表現
のモデルとなる有用なインプットを与えることができます。もちろん，教師
が一方的に話すだけでなく，生徒に問いかけて応答を引き出し，教師と生徒
の間でのインタラクション（interaction）を行うこともできます。スモール・
トークの中では，既習事項ばかりでなく，近々学習する予定の語彙や表現な
どに前もって触れさせておくことで，新言語材料を先取りした「伏線指導」
を行うことも可能です。

④ チャット（Chat）

ペア活動として，スモール・トークの話題を使って生徒に話させます。聞
き取れないときの聞き返し方や，相槌の打ち方，話題の拡げ方，話題の変え
方，相手が詰まったときの助け方など，様々なコミュニケーション方略
（communication strategies）を少しずつ指導して，30秒，1分間，2分間
など徐々に時間を延ばしていきます*。

⑤ ショウ & テル（Show & Tell），スピーチ（Speech）

以上紹介してきた他のウォームアップ活動とは性格が異なりますが，ショ
ウ&テルやスピーチなどの個人の発表活動をウォームアップの時間に継続的
に位置づけて実施することも可能です。

実物や写真，絵，図表などを示しながら行うショウ&テルは，提示する視
覚補助具（visual aids）が再生のヒントとなり記憶力への負荷を軽くしてく
れるので，取り組みやすい活動形式です。（→ 2.4.2.⑥ Keyword reproduction
を参照）

スピーチには，あらかじめ原稿を書いて教師の指導を受け，十分な練習を
経て発表に臨む "prepared speech" と，テーマを与えられて，原稿を書かず
に，即興で行う "impromptu speech" があります。

ショウ&テルやスピーチなど「話すこと［発表］」のプレゼンテーション

---

*段階的，計画的なチャットや即興スピーチの指導については，本多（2003）の第2部の指導実践
を参照。

活動は，うまくいけば非常に有意義な活動になりますが，失敗すると生徒の自信を失わせたり，英語嫌いを生むリスクも併せ持つ活動です。これらを行う場合には，次のような点に十分な配慮が必要です。

・生徒達にとって身近で表現内容を豊富に思いつく，取り組みやすいテーマを選択して与えること。
・生徒の学力に合った無理のない適切な分量や発表時間を設定すること。
・百聞は一見にしかず。具体的なモデルを教師自身が演示したり，印刷して配布したりしてあげること。
・レディネスに配慮して，計画的に指導すること。発表後は，良かった点を具体的に褒めるとともに，改善点も具体的に示しチャレンジすべき目標を生徒達に共有させること。
・発表者とともに聞き手に対する指導も行うこと。聞いた後に発表者に英語でひと言感想を述べたり，質問をするなど，聞き手への課題も考え，good listener の育成を図ること。

2.2.4. "Many a little makes a mickle!" —チリも積もれば山となる！

　2012年度（平成24年度）以降，中学校英語の授業時数は，各学年とも週4時間（年間140時間）に増えました。これは，全教科の中で最大時数です。仮に各授業の冒頭3分間を使ったとして，年間では420分（7時間），3年間では1,260分（21時間）になります。「たかが3分，されど3分。」決して侮ることのできない時間です。これを無為に使うか，目標を設定して意図して大切に使うかで，1年後，3年後の生徒の学力は大きく変わってくるでしょう。

2.3. クラスルーム・イングリッシュからティーチャー・トークへ
—生徒にとって教師こそ最高のインプット源である！—

　生徒が英語に触れる機会を充実するとともに，授業を実際のコミュニケーションの場面とするため，授業は英語で行うことを基本とする。

2.3.1. 授業を可能な限り英語で進めることの意義

　上記の引用は，2009年（平成21年）3月告示，2013年度（平成25年度）全面実施の高等学校・新学習指導要領の「指導上の留意事項」の中に記された文言です。マスコミ報道でも，この記載をめぐって賛否両論が大きく取り上げられたことは周知の通りです。果たして，文法説明も含めすべて英語で指導できるのか，といった疑問も多く聞かれましたが，多くのマスコミ報道では，「英語の授業は，50分間教師主導で"説明"するもの」という，昔ながらの先入観に支配されているように思われました。大切なことは，教師が一方的に英語を話し続けることではなく，生徒に授業の中で英語を使わせる環境を作ること。その導火線として，教師が率先して英語を使う必要があるのです。このことは，「高等学校学習指導要領解説―外国語編」の以下の文言にも表れています。

　　英語に関する各科目を指導するに当たって，文法について説明することに偏っていた場合は，その在り方を改め，授業において，コミュニケーションを体験する言語活動を多く取り入れていく必要がある。そもそも文法は，3のイに示しているとおり，英語で行う言語活動と効果的に関連付けて指導するよう配慮することとなっている。これらのことを踏まえ，言語活動を行うことが授業の中心となっていれば，文法の説明などは日本語を交えて行うことも考えられる。（中略）

　　このように，本規定は，生徒が英語に触れる機会を充実するとともに，授業を実際のコミュニケーションの場面とするため，授業を英語で行うことの重要性を強調するものである。しかし，授業のすべてを必ず英語で行わなければならないということを意味するものではない。英語による言語活動を行うことが授業の中心となっていれば，必要に応じて，日本語を交えて授業を行うことも考えられるものである。

　教育実習や研究会などでの授業を参観する限り，教師の英語使用の割合は，高等学校よりも中学校の方が概して高いように思われます。上に引用した「解説」は，文法説明と訳読中心の従来の高校英語授業に「構造改革」を促すものであることが読み取れます。（→「コラム②」参照）

　授業を可能な限り英語で進めること（Teaching English through English）の意義は，次のようにまとめることができるでしょう。

> ① 生徒が日常的に英語を聞く機会を確保することで，理解可能な潜在的語彙力を増やし，リスニング能力を高める。
> ② かけ声に終わらず，授業そのものを実際のコミュニケーションの場とすることで，「伝達手段としての英語」を意識させる。

　先にも述べたように，マスコミの報道は多分に英語授業に対する偏見が否めないのですが，「50分の授業の大半を英語で進めることができる教師が果たしてどれだけ存在するのか?!」といった日本人英語教師（JTE）に対する不信感に満ちた論調も感じられました。プロの英語教員として，このような失礼極まりない批判を甘受しているわけにはいきません。

　まずは，授業でしばしば使われる「教室英語*（クラスルーム・イングリッシュ）」を自在に使いこなせるところから始めましょう。

2.3.2. クラスルーム・イングリッシュ

　授業中の教師の指示や生徒の発言には決まり文句（formula）がたくさんあります。これらを「クラスルーム・イングリッシュ*（教室英語）」と総称します。英語教員をめざす学生諸君や経験の浅い先生方，日本語ベースの授業に少しでも英語を増やしたいと考える先生方は，これらを実際に使いながら身につけるとともに，一部は生徒にも使用を促し，授業中に大いに活用できるようにしましょう。

　数え上げればきりがありませんが，以下に使用頻度が高い表現を日英語対照でリスト・アップしてみます。

→ **Self-development Task 2** ─クラスルーム・イングリッシュ練習帳

　まずは，クラスルーム・イングリッシュを自在に活用できるよう使いながら身につけましょう。そして，これらの定型表現だけでなく，生徒の反応を捉えて，ティーチャー・トークを駆使できるようになることをめざしましょう！

---

*「クラスルーム・イングリッシュ」は和製英語なので，本書ではカタカナ表記しています。

A. 活動の指示や発問　Directions and Questions Used in a Classroom

A01. □一緒に「ABCソング」を歌いましょう。	A01. □ Let's sing "*the ABC Song*" together.
A02. □声が小さいよ。大きな声で歌おう！	A02. □ Your voice is small. Sing out loud!/Sing in a loud voice!
A03. □チャンツをしましょう！リズムに合わせて大きな声で言いましょう。	A03. □ Let's chant! Say it to the rhythm in a loud voice!
A04. □この絵（写真）を見てごらん。 □英語で言えるかな？	A04. □ Look at this picture/these pictures. □ What is this in English?/Can you say it in English? □ What are these in English?/Can you say all these in English?
A05. □T：「*体育館*」は英語でどう言いますか？ S：*gym*です。	A05. □T：How do you say "*体育館*" in English? S：It's a *gym*.
A06. □T：「*gym*」は日本語でどう言いますか？ S：*体育館*です。	A06. □T：How do you say "*gym*" in Japanese? S：It's *体育館*.
A07. □答えられる人は手を挙げて。	A07. □ Who can answer? Raise your hand.
A08. □（ニック先生／ブラウン先生の言うことを）しっかり聞きましょう。	A08. □ Listen (to *Nick/Mr. Brown*) carefully.
A09. □ニック先生の後についてくり返そう。	A09. □ Repeat after *Nick*.

A10. □ もう一度言ってごらん。 □ (生徒単独で) 麻紀さん, もう一度。	A10. □ Once again./Once more, please. □ Say it again, *Maki*.
A11. □ (クラス全員への指示) 私の後について繰り返してください。みんな, もう一度。	A11. □ Repeat after me, class./ Once again, everybody.
A12. □ 次は君たちの番だよ。 □ (生徒単独で) 健太君, 君の番だよ。	A12. □ It's your turn next. □ It's your turn, *Kenta*.
A13. □ やってみたい人?	A13. □ Who wants to try?/Any volunteers?
A14. □ T:プリント／カードを配ります。(列毎に) 何枚いる? S:5枚ください。	A14. □ T:I'll give you a handout/card. How many do you need? S:*Five*, please.
A15. □ (配布の際に) はい, どうぞ。後ろに回してください。	A15. □ Here you are. Please pass it backward.
A16. □ (生徒が先生に) 髙橋先生, プリントをもう1枚ください。 —いいよ。	A16. □ *Mr. Takahashi*, [could you give me] one more handout, please. —Sure.
A17. □ カードを後ろから集めてください。	A17. □ Collect the cards from behind.
A18. □ プリント [教科書] を見てはいけません。伏せておきなさい。	A18. □ Don't look at your handout [textbook]. Put it face down.
A19. □ カード [ワークシート] をノートに糊で貼り付けなさい。	A19. □ Glue/Paste the card [worksheet] in your notebooks.
A20. □ プリントをファイルに綴じておきなさい。	A20. □ Bind the handout in your files. (ポケット・ファイルなら) Put the handout in/into your files.

B. 生徒を褒める　Praising the Students

B01. □＜いろいろな褒め言葉＞（生徒の名前を付けて褒めてあげましょう！）	B01. □ Excellent!/Wonderful! Well done! Great! Very good! Good job! Good try!
B02. □ひとりの生徒を褒め，他の生徒に拍手を送るよう促す。	B02. □ You did a good job, *Kenta/ Maki*. Give *him/her* a big hand!
B03. □ペアやグループなど複数の生徒に，拍手を送るよう促す。	B03. □ You did a great job, *Maki* and *Kenta*. Give them a big hand!
B04. □みんなとても上手にできましたね。先生はうれしいです。	B04. □ All of you did a wonderful job. I'm very happy/impressed!

C. 教科書学習時の指示　Directions in Teaching with a Textbook

C01. □今日の本文［対話文／ストーリー］の概要を先生が話すので，よく聞きなさい。	C01. □ I'm going to tell you the outline of today's text [dialog/ story], so listen carefully.
C02. □いくつか質問します。英語で答えてください。	C02. □ I'll ask you some questions. Answer in English, please.
C03. □教科書*24*ページを開きなさい。	C03. □ Please open your textbooks to page *24*.
C04. □これは*最初の*段落についての質問です。黙読して答えを見つけなさい。	C04. □ Here are some questions about the *first* paragraph. Read silently to find the answers.
C05. □答えを確認しましょう。	C05. □ Let's check the answers.
C06. □モデルとしてCDを聞きましょう。	C06. □ Let's listen to the CD as a model.
C07. □新出語句の発音練習をしましょう。カードを見て，先生の後について発音しなさい。	C07. □ Let's practice pronouncing the new words and phrases. Please look at the cards and pronounce after me.

C08. ☐先生の後について本文を音読しなさい。	C08. ☐ Please read aloud the text after me.
C09. ☐ペアで対話文の音読練習をしなさい。	C09. ☐ Read aloud the dialog in pairs. /Please practice reading aloud the dialog with your partner.
C10. ☐（音読練習のパート指示）男子はトム，女子はメアリーです。	C10. ☐ Boys will be *Tom*. Girls will be *Mary*./Boys, play the part of *Tom*. Girls, play the part of *Mary*.
C11. ☐各自音読練習しなさい。	C11. ☐ Everybody, practice reading aloud by yourself.
C12. ☐*山田君*，立って本文を音読してください。	C12. ☐ *Yamada-kun*, stand up and read the text aloud.
C13. ☐*小川さん*と*田中君*，ここに出てきて対話文を音読してください。	C13. ☐ *Ogawa-san* and *Tanaka-kun*, please come up here and read the dialog aloud.
C14. ☐発音がとてもいいですね。	C14. ☐ Your pronunciation is very good!
C15. ☐パート*2*に関する文を読んで，内容が正しいか間違っているかを選びなさい。	C15. ☐ Read the sentences about Part *2* and choose either "true" or "false."
C16. ☐本文を英語で要約できますか。	C16. ☐ Can you summarize the text in English?
C17. ☐ペア［グループ］でスキットを演じてみましょう。	C17. ☐ Please play the skit in pairs [in groups].
C18. ☐メアリーの考えをどう思いますか。ペアで話し合いなさい。	C18. ☐ What do you think of *Mary's* idea? Talk about it in pairs.
C19. ☐君たちはどう思いますか。意見を発表してください。	C19. ☐ What do you think? Give us your opinions.
C20. ☐グループ内で意見を交換しなさい。	C20. ☐ Exchange your opinions in your groups.

D. 個人／ペア，グループ活動の指示　Directions for Activities

D01. □ペアで活動／練習しましょう。	D01. □ Let's work/practice in pairs. Let's have a pair work/practice.
D02. □ニック先生がゲームのやり方を説明しますから，しっかりと聞きましょう。	D02. □ *Nick* is going to explain how to play the game. So listen to *him* carefully.
D03. □先生たちがお手本を見せます。注意して見て聞くんだよ。	D03. □ We'll show you a model. Watch and listen carefully.
D04. □わかったかい？ □何か質問はないですか？	D04. □ OK?/You see? Did you get it? □ Do you have any questions?
D05. □グループで活動しましょう。	D05. □ Let's work in groups./Let's have a group activity.
D06. □（4人）グループを作って，机を寄せなさい。	D06. □ Make a group of *four* and move/put your desks together.
D07. □班で集まりなさい。 *1班*はここに集合。*2班*は向こうに集まって。	D07. □ Get together in groups. *Group 1*, come here. *Group 2*, get together over there.
D08. □タスクカードを取りに来なさい。	D08. □ Come and get the task card.
D09. □パートナーと英語で話してみよう。	D09. □ Talk in English with your partner.
D10. □パートナーと／グループで尋ね合いましょう。	D10. □ Ask each other with your partner/in your groups.
D11. □ペアで／グループで演じてみよう。	D11. □ Please act out in pairs/in groups.
D12. □助けが必要なら，手を挙げて先生を呼びなさい。	D12. □ If you need my [our] help, raise your hand and call me [us].
D13. □「グー，チョキ，パー」とジャンケンしなさい。勝った人からゲームを始めます。	D13. □ Do *jyanken*, "rock-paper-scissors." The winner will start the game.

D14. □*3分以内*に活動を終えなさい。 　　　終われば，席に戻り着席しなさ 　　　い。 　　　いいですか。用意，始め！ D15. □時間です。活動をやめなさい。 D16. □試験を行います。机の上を片づ 　　　け，すべてのものを鞄にしまい 　　　なさい。	C14. □Finish this activity within *3 　　　minutes*. When you finish it, 　　　go back to your seat and sit 　　　down. OK? Ready, go! D15. □Time's up. Stop the activity. D16. □We're having a test. Clear off 　　　your desks, and put every- 　　　thing in your bags.

E. 授業を終える　Ending the Class

E01. □今日の英語の授業はどうだっ 　　　た？ 楽しんでくれたかな？ E02. □今日はここまで。 　　　□さようなら。また［次回／明日］ 　　　ね。 E03. □ニック先生にさようならを言お 　　　う。 E04. □今日の宿題です。… 　　　□あさって［*金曜日*］提出ですよ。 　　　／提出は*来週の月曜日*が締切り 　　　です。	E01. □How was today's English 　　　class? Did you enjoy it? E02. □That's all for today. 　　　□Good-bye, everybody. See you 　　　［next time/tomorrow］. E03. □Let's say good-bye to *Nick*. E04. □I'll give you today's home- 　　　work. … 　　　□You must hand it in *the day 　　　after tomorrow* [*on Friday*]. 　　　/The assignment is due by 　　　*next Monday*.

2.3.3. ティーチャー・トーク（教師の話す英語）

　定型のクラスルーム・イングリッシュとは異なり，ウォームアップでのスモール・トーク，新しい言語材料（文法事項・語彙・本文題材など）の口頭導入（oral introduction/oral interaction），生徒の発話に対するフィードバック（feedback：生徒の誤りの訂正や生徒の発言に対するコメント，さらなる情報を引き出すための質問）など，教師が授業中に指導目的で生徒に対して語りかける英語をティーチャー・トーク（teacher talk）と呼びます。

先に引用した「高等学校学習指導要領解説」にも，教師が授業で使用する英語について次のような記述が見られます。

「生徒の理解の程度に応じた英語」で授業を行うためには，語句の選択，発話の速さなどについて，十分配慮することが必要である。特に，生徒の英語によるコミュニケーション能力に懸念がある場合は，教師は，生徒の理解の状況を把握するように努めながら，簡単な英語を用いてゆっくり話すこと等に十分配慮することとなる。教師の説明や指示を理解できていない生徒がいて，日本語を交えた指導を行う場合であっても，授業を英語で行うことを基本とするという本規定の趣旨を踏まえ，生徒が英語の使用に慣れるような指導の充実を図ることが重要である。

優れたティーチャー・トークの第一要件は，対象生徒の学年や学力・習得段階に応じて意図的に調整された理解可能なインプット（comprehensible input）であることです。ティーチャー・トークには，母親や保育士さん，幼稚園の先生などが幼児に語りかけることば（mother talk/caretaker talk）に似て，次のような特徴が見られます。

① 語彙と文構造の適切なレベルを選択して使用する。
② 発話スピードのコントロールや，難しい語句の言い換え（paraphrase），大切な語句の繰り返し（repetition）が多い。

ティーチャー・トークの具体例については，本書を読み進める中で確認してください。

コラム② 文法訳読式教授法の目的と現代における評価

わが国の英語教育で長く指導法の主流を占めてきた「文法訳読式教授法」（Grammar-translation Method）の本来の目的について，Larsen-Freeman（1986：4）は次のように述べています。（［　　］は筆者。）

The Grammar-Translation Method is not new. It has had different names, but it has been used by language teachers for many years. At first, it was called Classical Method since it was first used in the teaching of the classical languages, Latin and Greek. Early in this century [= the 20th century], this method was used for the purpose of helping students read and appreciate foreign language literature. It was also hoped that, through the study of the grammar of the target language, students would become more familiar with the grammar of their native language and that this familiarity would help them speak and write their native language better. Finally, it was thought that foreign language learning would help students grow intellectually; it was recognized that students would probably never use the target language, but the mental exercise of learning it would be beneficial anyway.

　文法訳読式教授法は，元来はラテン語や古代ギリシャ語など古典語の読解のための教授法で，外国文学の読解と鑑賞を目的とし，外国語の文法を学習することにより，母語の文法理解を促進し母語能力を高める「知的訓練」（mental exercise：頭の体操）と捉え，目標言語を学習者が将来使用することを想定していないことがわかります。今日のわが国の英語教育の目的は，コミュニケーションを図ろうとする積極的で主体的な態度とコミュニケーション能力の育成にありますが，この目的を叶える教授法として，文法訳読式教授法は甚だ不適切である（というより，そもそも文法訳読式教授法はコミュニケーション能力育成など念頭に置いておらず，それを選ぶ側に問題がある）ことがわかります。この教授法は，明治時代には，徳川幕藩体制での長い鎖国政策による列強からの遅れを取り戻すべく，欧米の先進技術や知識を吸収するために大きな役割を果たしましたが，現代の教育のニーズにはもはや合致しません。文法訳読式教授法はその歴史的役割を終えた指導法と言えるでしょう。

　しかるに，明治維新から140年以上を経た現在もなおかつこの指導法が生き延びているのはなぜなのでしょうか？　それには次のような理由が考えられます。
・教師自身もそのように教わった慣れ親しんだ方法であり，授業準備も楽である。
・教師が他の指導法や言語習得理論を知らない。→「英語の授業は文法規則を説明し，英文を日本語に訳させるもの。それ以外に何がある？」

しかしながら，この方法では，コミュニケーション能力は当然育成されず，単調な暗記型つめ込み授業で英語嫌いを大量に生み出し，「学校の授業では，英語を使えるようにはならない」，「英語は暗記科目！」といった失望と負の観念が生徒たちの間に蔓延してしまったのです。「自分が教わった通りに教える授業」（無知による勝算なき自己の体験の再生産）から脱却することが，プロの英語教師への第一歩。そのために，さまざまな指導法とその背景にある理念，理論，指導技術を知ることが英語教師に不可欠です。

　外国語教授法については，Larsen-Freeman（1986），伊藤（1984），田崎編（1995）などの文献を参照してください。

2.4. Model Reading と Reading Aloud：教師の範読と生徒の音読
―英語を「ことば」として指導する第一歩は教師の範読にあり！―

S_1：CDを聞いてもわからなかったけど，先生が読むのを聞いて意味がわかった！　ここまでが主語で，これが動詞なんだ。

S_2：この文って，こんな気持ちで言ってるんですね！

　　　　　　　　　　　　～これがCDにも勝るプロの教師の音読だ！

2.4.1. 教師の模範音読（Model Reading）

　教科書の本文理解や音読のモデルはどのようにして示していますか？　検定教科書には，ネイティブ・スピーカー吹き込みの準拠CDが付いています。最近は臨場感豊かな効果音やBGMの入ったものもあり，大いに活用したいものです。しかし，CD任せになってはいませんか？

　プロの教師の優れた模範音読は，準拠CDにも勝ることがあります。教師の優れた範読は，生徒の意味理解，構造理解を助け，音声表現への意欲を高め，ことばの面白さに気づかせることができます。

　そのような範読を行うには，個々の単語の音素に注意して発音を良くすることだけに意を奪われることなく，次のような点に留意する必要があります。

① 1文のみを見るのではなく，文章全体を見て，他の文とコントラストされていないかなど談話（discourse）の中での意味を考えて音読すること。

② 文の区切り，強勢・イントネーションなどの文の音調パタン（prosody）を生徒にわかりやすく，いささか誇張して音読すること。

③ 会話文では，話者の気持ちや意図が伝わるよう感情を込めて音読すること。

→ *Self-development Task 3* ─モデル・リーディング演習

それでは，①～③の要点を意識して，実際にテキストの範読に挑戦してみましょう*。（意識したポイントを明確にしたうえで，pp. 50-54の***Check It Out 3*** を読んで確認してください。）

【1】簡単だと侮るなかれ！　生徒を指導すべく，教師として範読してみましょう。

1）中1　*A*：I like baseball. What sports do you like?

　　　　B：I like tennis and basketball.

2）中2　I was not taught about Japan, but now children are taught about it at school.

【2】次ページのQの答えを考えながら，次の対話文を場面を想像して音読してみましょう。

＜中1教科書本文より＞

> *Katie*：I'm hungry!
>
> 　*Jun*：Katie, look! We can see the ocean now.
>
> *Katie*：The ocean! I can swim, you know.
>
> 　*Jun*：That's great!
>
> *Katie*：I can read, too. That says "hamburgers"!
>
> *Mr. Barnes*：We can't stop now, Katie.
>
> 　　　　　　　　（2006年度版 *One World English Course 1*, Lesson 6）

---

*pp. 48-50の音読教材のサンプルは，著者も参加する「英語教育ゆかいな仲間たち」の久保野雅史，中嶋洋一，田尻悟郎の3氏の研修会講演から提供を受けたものである。

Q1. Where are these people talking? How do you know that?

Q2. How old is Katie? Who is older, Jun or Katie? Why do you think so?

Q3. Why do you think Jun said, "Katie, look! We can see the ocean now."?

Q4. Find two places where you should make a special pause when you read this dialogue.

Q5. If you were Katie, how would you read the sentence, "That says hamburgers"? Put Katie's words into Japanese.

Q6. Who do you think Mr. Barnes is? Translate his last sentence into Japanese.

　CDや教師の範読（model reading）の後について真似て音読する（reading aloud after the CD/teacher）だけではなく，どんなふうに読めばよいか（どこで区切り，どこを強く，どんな抑揚をつけるかなど）を生徒自身に考えさせた後にCDや教師の範読と比較検討させるのもよい学習となります（ここも「思考・判断・表現」の機会！）。与えられたものを何も考えずに真似るだけでなく，最終的には自立した学習者を育成することが教育の目的です。ネイティブ・スピーカー吹き込みのCD以上に効果的に範読できてこそのプロの教師です。

【3】教師として次のパッセージや対話文を範読する際に，みなさんならどこに注意して音読しますか？

① 中2教科書本文より
［リード文］慎は，夏休みにアメリカへのホームステイに行き，サマースクールに通いました。ホームステイのガイドブックの一部です。どんなアドバイスが書いてあるのでしょうか？

　Communication is important. You have to speak English.
But you don't have to speak perfect English.
　You are a member of the family. You have to help with the housework.

(2006年度版 *New Horizon English Course 2*, Unit 4)

---

② 中3教科書本文より

［リード文］点字に興味を持ったマイクは絵美に点字について尋ねます。

Mike：When was braille invented?

Emi：In 1829. It was invented by a Frenchman, Louis Braille.

Mike：So it's called braille.

Emi：That's right.

(2006年度版 *New Horizon English Course 3*, Unit 1)

---

③ 高校1年生レベルの読み物より

The Olympic Games began in Olympia, in Greece, in 776 B.C. At first they lasted only one day and there was only one race. Later there were more races and other contests and the games lasted several days. People all over Greece took part.

(*The World around Us*, Oxford University Press)

　必ずしも日本語に訳させなくても，音読させれば生徒の文構造と意味の理解度は把握できるものです（下手に訳させると，生徒の理解度がかえって把握できない場合が多々あります）。

　「先生，意味わかって読んでるの!?」などと生徒に言われては英語教師失格！　「先生の model reading を聞くと，文の構造や意味がよくわかります」と言われてこそのプロ。本項冒頭のS_1，S_2のように言われるプロの模範音読ができるようになりたいものですね。

☞ *Check It Out 3* ―モデル・リーディング演習

【1】辞書や参考書の例文など脈絡のない単独文とは異なり，対話文やパッセージでは，他の文との意味の対比（contrast）に注意を払いましょう。

1）*A*：I like baseball. What sports do **you** like?

　　B：**I** like tennis and basketball.

　Aの第2文は，自分のことを述べた後に相手に同じことを尋ねていますから，youに強勢が置かれるはずです。What [How] about **you**? と尋ねてもか

まわないことからわかりますね。Bは、「野球が好き」だと言うAの発話を受けて、それに対して「ぼくは／私は」どうなのかを言っていますので、人称代名詞の I に強勢が置かれるのが自然です。

2）I was not taught about Japan, but **now** children **are** taught about it at school.

　　等位接続詞 but で結ばれた重文ですが、「私の頃は日本について学校で教わることはなかった」という第1文との意味の対比から、第2文では now と通常弱音で発音される be 動詞 are に強勢を置いて読むことで「現在の子どもたちは実際に教わっているのですよ」という意味が伝わります。

【2】対話文の場合は、どのような場で、だれがだれと話しているのか、何のためにそのようなことを言ったのか（発話の意図）を考えて、それを聞き手である生徒たちに伝えるべく範読することが大切です。文意の表面的な理解では、そのような model reading を行うことはできません。言い換えれば、これらのポイントに留意した優れた範読は、生徒が表層的な日本語訳を行うだけではわからない文の本当の意味理解を促進します。

　　　　Katie：I'm hungry!
　　　　Jun：Katie, look! We can see the ocean now. ／①
　　　　Katie：The ocean! I can swim, you know.
　　　　Jun：That's great! ／②
　　　　Katie：I can read, too. That says "hamburgers"!
Mr. Barnes：We can't stop now, Katie.

　　それでは、この対話文を理解するための次のQ1.～Q6. の質問に対する答えを考えてみましょう。

Q1. Where are these people talking? How do you know that?
　　　Mr. Barnes が "We can't stop, Katie."と言っていることから、彼の運転している車の中だと察せられます。

Q2. How old is Katie? Who is older, Jun or Katie? Why do you think so?
　　　海を見て、「私泳げるのよ、知ってるでしょ」と言った後、"I can read, too." と文字を読めることを自慢していますので、小学校就学前の5歳く

らいに違いありません。一方，Jun は，車の中で "I'm hungry!" とぐずつき始めた Katie の気を紛らわそうと，車窓から見えてきた海を見せたり，"I can swim, you know." と言った Katie に「すごいね！」と褒めたりしているので，明らかに彼女より年長だと推測できます。

Q3. Why do you think Jun said, "Katie, look! We can see the ocean now."?

　　Q2の解説で明らかなように，ぐずついた Katie をあやすためです。

Q4. Find two places where you should make a special pause when you read this dialogue.

　　対話文中の／①印のところで，ぐずつく Katie が，Jun に促されて車窓に目をやり海を見る間，／②印のところで空腹な Katie がハンバーガー店の看板を見つける間がありそうです。

Q5. If you were Katie, how would you read the sentence "That says hamburgers"? Put Katie's words into Japanese.

　　腹ペコの Katie がハンバーガー店の看板を見つけたのですから，きっとうれしそうに，おねだりするような気持ちで言うのではないでしょうか。「ほら，あそこに「ハンバーガー」って書いてあるわ！」といった感じでしょう。

Q6. Who do you think Mr. Barnes is? Translate his last sentence into Japanese.

　　Katieの父親か伯父さんあたりだと思われます（この教科書の人物設定では父親でした）。「ケイティ，ここでは止まれないんだよ。（もう少し辛抱するんだぞ。）」といったところでしょう。目的地に急いでいるのか，あるいはハンバーガー店は反対車線なのかもしれませんね。

　多分に推察ではありますが，こんな短い簡単な対話文でも，これだけの質問ができ，また，文脈から推測（infer）し得るということです。これらを押さえたうえでの教師の範読は，生徒のテキスト理解を大いに促進し，音声表現への積極的態度を育成することにも役立つはずです。

　教科書の場合は，たいてい挿絵が付いており，実際には上記質問のかなりの部分が視覚的に明示されるのですが，あえてイラストを見せずにテキストデータのみ与えて想像させてみるのも，表面的な日本語訳に終始するよりも，文脈を意識して英文を「読む」，より意味のある楽しい活動になります。こ

れは中1の題材なので，すべて英語でQ&Aを行う必要はありません。むしろ日本語でいいから深く考えてみることが大切です。生徒の活発な思考を促す「発問力」も教師にとって重要な expertise のひとつです（田中 2009）。

【3】① 第3文のBut you don't have to speak perfect English.に注目していただけましたか？

> Communication is important. You have to speak English.
> But you don't have to speak **perfect** English.

「（ホームステイでは，ホストファミリーとの）コミュニケーションが大切。アメリカに行けば，当然英語を話さなければなりません。でも（緊張しないで），「パーフェクト」な英語を話す必要なんてないのですから。」第3文で，形容詞perfectに強い強勢を置いて音読しましたか？

② この対話文では，3行目の Mike のセリフをどう読むかがポイントです。

> *Mike*：When was braille invented?
> *Emi*：In 1829. It was invented by a Frenchman, Louis Braille.
> *Mike*：**So it's called braille.(!)**
> *Emi*：That's right.

点字ボランティアを行っている絵美の説明で，点字（braille）は1829年に，フランス人の Louis Braille が発明したことを知ったMikeは，「なるほど，だから（点字は）"braille"って呼ばれてるんだ」と感心し納得して言ったのです。驚きや納得の気持ちを込めて，文末に exclamation mark が付いていると思って読みたい文です。平板に下降調で読めば，「だから braille と呼ばれているんですよ」となり，「知ってたら聞きなさんな！」と突っ込みたくなりますね。このように解釈した意味を音声で表現し伝達することをオーラル・インタープリテーション（oral interpretation）と呼ぶことがあります（近江 1984）。

③ 長い文では，教師が意識的に適切な箇所でポーズを置き，区切りを明確にしてあげることで，生徒は文の構造を理解することができます。第2文，第3文の区切り目に／を入れましたので確認してください。

> The Olympic Games began in Olympia, in Greece, in 776 B.C. At first / they lasted only one day / and there was only one race. Later / there were more races and other contests / and the games lasted several days. People all over Greece took part.

英語の文構造が理解できていない生徒は，息が続かなくなったところでポーズを置きがちです。文の構造をつかめていないそのような生徒に日本語訳を求めてみても，悪あがきさせるだけで詮無いことです。

2.4.2. さまざまな音読練習法と発展的活動

音読（reading aloud）のさせ方にも以下のような方法があります。はじめに，音読練習で多用される基本となる練習方法（土屋 2004：89-96）を，そしてさらに発展的な活動例を見ていきましょう。

① Chorus Reading（斉読）

教師がテキストを範読し，その後について生徒が一斉に声をそろえて読みます（chorus reading after the teacher）。練習段階に応じて，意味のまとまり（sense group）であるチャンク（chunk）毎に区切って読ませ，次第に文レベルへと拡充していきます。教師の後についてうまく音読できるようになると教科書準拠 CD の後について斉読させます（chorus reading after the CD）。いきなり CD を使うよりも，最初はスピードや区切りを生徒の実態に合わせて臨機応変に調整できる教師の後について行うのが効果的です。

② Buzz Reading（個別音読練習）

生徒各自がそれぞれのペースで練習し，モデルなしで，ひとりで読めるように行う個別音読練習です。一人ひとりが自分に合った異なるペースで一斉に音読するので，機械の作動音やハチなどのブーンという羽音（buzz）のように教室中が騒がしくなるので "buzz reading" と呼ばれています。③の Read & Look-up の手法を使わせて，ペアで取り組ませることも可能です。

Chorus reading で大きな声が出ているからといって安心してはいけません。教師のモデルの後についてなら音読できるが，ひとりではうまく読めない生徒もいます。Buzz reading の時間は，一斉指導の中での個別指導の機会，教師は「机間巡視」を行い，個々の生徒の音読への習熟の度合いを把握・評

価するとともに，うまく音読できない生徒がいれば個別に支援します。

③ Individual Reading（個人音読発表）

　教師が個人（対話文の場合はペア）を指名して音読させ，それぞれの生徒の読みをチェックしてあげる活動です。この場合，教師が生徒個人を指名して，他の生徒達の前で音読を発表させるのですから，クラスのどの生徒を指名しても上手に音読でき，褒めてあげられるレベルに達していること，すなわち，個人音読発表を行える「レディネス」があるかどうかを見極め，勝算を持って行うべき活動です。前段階のbuzz readingなどにおける机間巡視での個々の生徒の到達度評価や個別指導が重要になります。指名したのは教師の責任。「それでも英語か?!」などとけなすのは論外。褒めて励まして座らせてあげるのが教師の責任であり力量。生徒の到達度は教師の指導を映す鏡です。

　個人の音読評価よりも，他者の前で音読する経験を与えることを主目的として行う場合には，ペアやグループ活動として，グループ内でひとりずつ順番に音読させる方法もあります。この場合，聞き手は閉本し，わかれば "I see." などと相づちを打ち，わからなければ "Pardon?" と聞き返します。

④ Read & Look-up（リード & ルックアップ）

　テキストを音読するときに，短い1文，長い文の場合にはひとつの意味のまとまり（sense group）をまず黙読し，次に顔を上げて，例えば教室の前にいる教師に「語りかけるつもり」でテキストを見ずにそのまとまりを声に出して言う活動で，音読からスピーキングへの橋渡しとなる活動です。教師が "Read." と言って生徒が黙読し，"Look up." の合図で一斉に顔を上げ，声を出して言います（West 1960）。反復練習を通して，次第に黙読して再生する単位（chunk）を拡げ，最終的には文レベルでの再生に導き，生徒はテキストを一瞬見ただけで顔を上げて言うことができるようになります。この練習は，テキストを見る時間を短縮したり，一度に言うチャンクを拡大したりしてチャレンジングな活動にすることが可能です。本文が長い場合には，次ページに示すように教科書本文を教師が加工し，文やチャンク毎に改行してセンタリングしたプリントを作って配布し，自分が言う文やチャンクの冒頭を左手の親指で押さえながら行うように指示すれば，生徒が再度黙読する際にどこを言っているのか見失って戸惑うことを防止できます。

＜Read & Look-up 専用シート＞

> I'm going to tell you about the chorus contest.
> Look at the photo on the screen.
> My parents took this photo.
> Every year we hold this contest in November.
> It's as exciting as Field Day.
> All the classes practice very hard for it.
>
> (2006年度版 *SUNSHINE ENGLISH COURSE 2*, Program8-3)

⑤ Blank Reading（虫食い音読）

　ブランク・リーディングは，「虫食い音読」とも呼ばれ，本文の重要な語句を空欄（　　　）にして，適語を補いながら音読させる練習方法です。語句や表現，文法への意識化を図り「知識・技能」を高めます。どの語句を空欄にするかは，次の（a），（b）の2つのパタンが考えられます。

(a) Form-focused：文法構造を生徒に意識させて練習させたい場合は，動詞（時制や語形変化），冠詞や所有格代名詞といった決定詞（determiners），前置詞などを中心に抜きます。

(b) Content-focused：伝達内容に生徒の意識を向けさせたい場合には，本文内容のキーワードになる重要な内容語（content words）を中心に抜きます。⑨の「リテリング」などの内容伝達活動に繋げたいときには，（a）よりも（b）の方が適しているでしょう。

⑥ Overlapping（オーバーラッピング）

　ナチュラルスピードの教科書準拠CDや教師の範読と重ねながらスピードに遅れないようにテキストを見ながら音読する練習で，paced reading, parallel readingとも呼ばれます。Spoken Englishに特有な音の弱化や連結などへの習熟を図り，自然なスピードやリズム，イントネーションに近づけるのに有効で，Listen & repeat形式のchorus readingの半分の時間で実施でき，短時間で練習量を確保することができます。

　以上のような段階を踏んだ基本音読練習を経たうえで，暗唱（recitation）発表のような，音読活動のゴールとなる「発展的な活動」へと移行すること

が可能になります。ここでは，リスニングとスピーキング能力を同時に鍛えるシャドーイング（shadowing）と，音読を発展させたプレゼンテーション活動としてキーワードを使ったリプロダクション（reproduction）とリテリング（retelling）を紹介します。

⑦ Shadowing（シャドーイング）

「尾行する」，「影のようについて来る」という意味の動詞 "shadow" から命名された「シャドーイング」は，文字を見ずに耳から聞こえてくる音声を遅れないようにできるだけ即座に声に出してくり返しながらついていく練習法で，外国語の通訳トレーニングとして同時通訳の本格的訓練に入る前段階の練習として行われているものです。Chorus reading などモデルを聞いたあと一定のポーズを取ってくり返す repetition とは異なり，間を置かず聞こえた瞬間にくり返します。ある程度音読練習を行った後に発展的活動として行うと力がつきます。シャドーイングは，言語知識の自動化（automatization）を進め，表現能力を高める効果があるとも言われています（白畑他 2019：269）。

⑧ Reproduction（再生）

Read & Look-up の反復練習を進めるうちに，生徒達が意味のまとまりを瞬時に目で捉え再生できるようになると，それぞれのチャンクの「キーワード」だけを提示して，それを見るだけでそのまとまりや文全体が言えるようになります（土屋 *ibid.*：96）。文の内容を瞬時に想起できるような重要な内容語（content words）をキーワードとして選び与えることにより，すべてを記憶しなくてはならない暗唱の負荷を軽くし，その代わりにキーワードから次に何を言うのか，絶えず伝達すべき内容を思い浮かべて，本文を再生（reproduce）させるのです。④のRead & Look-up で例示したテキストを使えば，次のようなキーワードを与えることができるでしょう。

<Keywords for Reproductionの例>

> chorus contest
> photo, screen
> My parents
> Every year, November
> as exciting as
> All the classes

　英文を言うときに，意味を考えずに記憶力頼りに無理やり暗記して発表しようとすると，生徒は忘れないうちに早く言ってしまおうとしてリズムやイントネーションが崩れがちになります。こういう意味を伴わない口先活動を防ぐこともキーワードを使ったリプロダクションの目的であり，この方法の持つ効果でもあります。

　キーワードだけでなく絵や写真などの視覚補助具（visual aids）を使うことも可能です。新教材の口頭導入で利用する教科書準拠のピクチャー・チャートを使えば便利です。教科書の写真やイラストをコピーして補充することもできます。ただし，多くの場合，絵や写真のみでは言語情報が少ないので，キーワードと併用するのが効果的でしょう。黒板にキーワードやvisual aids を貼り，それを見たり指さしたりしながら，聴衆に向かってプレゼンテーションする意識で行わせることが大切です。

⑨ Retelling（再話）

　リプロダクションと同様に，ヒントとしてキーワードやイラスト，写真などを用意し，それらを見て指さしながら，本文の内容を「自分の言葉」で再構成して話させる活動です。「本文通りに再生するリプロダクション」と違い，リテリングは，本文の意味内容を理解し，整理してから「自分の言葉にして伝える」活動なので，必ずしも本文通りの表現を使う必要はなく，本文のすべてを言わなくても，概要・要点を伝えられればよいのです。その代わりに，できる限り自分自身の体験や意見，感想などを付け加えることを推奨します。この点が「要約（summarization）」との違いです。

　リテリングは，「思考力・判断力・表現力」を育成し，教科書の本文理解を表現・伝達活動へと発展させる質の高い言語活動です。リテリングに適し

58

た教科書本文を選び，ここで紹介したような音読練習を段階的に行い，ぜひ生徒たちに取り組ませてみましょう。

→ **_Self-development Task 4_** ―本文の再生練習
【1】ワークシートを見ながら，生徒になったつもりで，p. 55の Read & Look-up と pp. 57-58の Keyword Reproduction に取り組んでみましょう。

【2】あなたが使っている教科書の本文を使って，Read & Look-up と Reproduction や Retelling 用のワークシートを作成してみましょう。

2.5. 教材研究：10を知って1を教える
―ゆとりを持った懐の深い指導をするために―

> T：みんな集中力がないぞ！　私語やよそ見をしないで，しっかりと聞きなさい。
> S_1：参考書に書いてあるのと同じことしか先生言わないじゃん。
> S_2：本文の訳も『トラの巻』読めばわかるし…。

「教材研究をする」ということばは一般に「授業準備を行う」と同義に使われています。授業とは，具体的な到達目標を定め，すべての生徒を設定したゴールに導いてあげるために行います。プロとして責任ある授業を行うためには，当然ながら授業準備が必要です。2.1. の冒頭で述べたような「階段カリキュラム」は授業と呼ぶに値しません。

授業準備に際して，あなたは何に主眼を置いて教材研究を行いますか？授業の目標や取り扱うテーマによって様々な準備が必要ですが，大きく分けると次の3点に整理できるでしょう。

【教材研究の主な対象】
① 指導する文法・語法や語彙に関する知識・理解を深める
　文法や語法の指導に際して，生徒たちが持っている参考書や文法書しか持っていない，読んでいないのでは教師は務まりません。「先生の話なんて聞かなくても参考書見れば書いてある」，「塾で習ったからもう知ってる」と

言われるようでは，生徒たちに授業の価値を否定されていることに他なりません。（→ 2.6., 2.8. 参照）

② 本文題材に関する知識・理解を深める

　本文を訳せるだけでは「授業」はできません。中学校の教科書本文を日本語訳し学習参考書レベルの文法説明をするだけなら英語の得意な高校生にもできます。高校の教科書を訳すだけなら，英語専門外の英語好きな大学生にもできます。教科書は日本語に訳すためだけの題材にあらず。本文の題材研究が授業を豊かにしてくれます。（→ 2.7.1. 参照）また，本文の中には，読者たる生徒への問いかけなども見られ，本文を発展・深化させて，生徒に自分の考えを書かせてペアやグループで意見交換を行わせるなど，言語活動に結びつけることも可能な個所が必ずあります。教科書という土の中に「埋め込まれた種を見抜く眼力」が教師には必要です。（→ 2.7.2., 2.10.3. 参照）

　教科書本文には，例えば以下のような題材ジャンルがあります。

- ・異文化／自文化理解（衣食住などの生活，習慣，行事など）
- ・人物・文学・地理・自然科学
- ・平和・人権・生命
- ・福祉・健康・ボランティア活動
- ・政治・経済
- ・音楽・美術・芸能・スポーツ

英語教師は，他教科の教師以上にこれらさまざまなジャンルに広く通じている必要があります。ある意味，雑学博士たることを要求される職業と言えるでしょう。

③ 生徒の学習困難点の予測とそれに対する対応策を練る

　自分の予定した正答を生徒に哀願するような眼差しは，教育実習生の授業でよく見られます。生徒が誤答したときの教師のいかにも困った表情に，間違った生徒が戸惑う光景も見られます。授業準備では，生徒に「こう答えてほしい」，「このように反応してほしい」と期待するのでなく，期待通りに進まぬ事態をさまざまに想定し，対策を立てておくことが大切です。授業準備とは，「想定外をできる限り少なくすること」と言えます。（→ 2.7.4. 参照）

　経験の少ない教員（novice teachers）にとっては，さまざまな授業シミュレーションを通して予測のもとに想定外を少なくすること，すなわち，「授業は準備が生命」です。一方，ベテラン教員（experienced teachers）では，

「生徒の反応を捉えながら，授業目標をはずさない臨機応変な対応」がめざすべき課題となります。

2.6. 新しい文法事項の導入：2つのアプローチ
―自分が教えられた通りに教えることから脱却することの難しさ―

2.6.1. 演繹的アプローチと帰納的アプローチ*
　学習指導法には，大別すると「演繹的アプローチ」（deductive approach）と「帰納的アプローチ」（inductive approach）の方向性の異なる2つの方法があります。

　演繹的アプローチでは，まず，教師が規則や公式，意味などを説明して与え，生徒に十分「理解」させた後に，練習によってそれを定着させる手順を踏みます。文法訳読式教授法（Grammar-Translation Method）は，この典型的なものです。

　一方，帰納的アプローチでは，教師は必要かつ良質なデータを与え，生徒自身に意味や規則に「気づかせる」ように導きます。従って，両者はベクトルのまったく逆方向の指導ということになります。

　これら2つのアプローチを外国語の指導に当てはめて図示すれば，下のようになります。

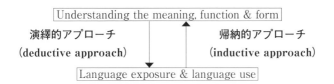

- ・Meaning：目標文の伝える意味
- ・Function：その文や文法を使って何ができるか（機能：ことばの働き）
- ・Form：文法構造（grammatical structure）や規則（structural rules）

Understanding the meaning, function & form

演繹的アプローチ　　　　　　**帰納的アプローチ**
(deductive approach)　　　　　　**(inductive approach)**

Language exposure & language use

- ・Language exposure：聞いたり読んだりするなど目標言語に触れること
- ・Language use：学習活動や言語活動などで言語を実際に使用すること

<図2.6.1. 学習指導の2つのアプローチ>

*本項の2.6.1.，2.6.2.は，髙橋（2021：42-44，54-58）に検討用課題と指導事例を加筆してまとめ直したものである。

教育において，どちらがよいと短絡的に決めることはできません。学習者の年齢，指導する題材の質や教育目的，指導目標によって，教師がより有効なアプローチを選択して指導する必要があります。大切なことは，「教え方はひとつではない」ということです。「自分が教わった通りに教えることから脱却すること」，これがプロの教師としてのスタート地点です。

　外国語を習得するうえでは，その言語に多く触れ，学習者が自らことばの意味を理解し，そのような意味を生成する文法規則を見つけ，それを身につけていくことが大切です。「教育の原点は，生徒の気づきにあり。」自ら思考し，判断し，表現するという「新しい学力観」から考えても，筆者は英語授業においては，**原則として帰納的アプローチを採る方が有効である**と考えています。以下，本書では，この考え方に立った授業づくりを考察していくことにします。

→ *Self-development Task 5* ―教師の固定観念を打ち破る

　あなたは，「受動態」，「関係代名詞」をどのようにして教わりましたか？かつて自分が受けた授業を思い出してみましょう。

　思い出せた方は，その指導法の長短を考察し，問題点があるとするならば，それを克服する別な指導方法はないか考えてみましょう。

　(→ pp. 66-67 *Check It Out 5* を参照)

2.6.2. 帰納的アプローチによる文型・文法事項の導入・展開モデル

　新しい文型・文法事項の導入は，授業の中核部分のひとつです。まず，次ページの「帰納的アプローチ」による文型・文法事項の口頭導入（oral introduction/presentation）と展開の手順を示したモデルをご覧ください。

　以下，導入の手順を概観します。

① 関連既習事項の復習

　導入に先立ち，新しく導入する文法事項に関連する既習事項があれば，それを復習することによって，学習へのレディネスを作るとともに，意味と構造を対比する文を提示します。ここで言う「復習」とは，必ずしも前時の学習事項の復習とは限りません。例えば，3年生で現在分詞による後置修飾構造を導入する場合には，1年生で学習した現在進行形の文が，過去分詞による後置修飾構造の導入に際しては，受動態の文が関連既習事項となります。

指 導 過 程	指 導 内 容
（復　習）	…新言語材料の学習に必要／有効な関連既習事項があれば事前に復習し，学習へのレディネスを作る。
↓	
インプット	…新言語材料を含む文を，生徒に理解しやすい意味ある文脈の中で与える。
↓	
意味の類推 学習者の脳内活動 規則の発見	（豊富なインプットを与え聞かせることで，）目標文の意味（meaning）と機能（function）を類推させる。 （既習構造との対比などを通して，）目標文の文法構造（form）を発見させ，内在化を図る。
↓	
確認と定着	…意味・機能・構造の要点を生徒から引き出し（elicit）つつ整理確認（confirm）し，目標文を反復記憶（mim-mem）させる。
↓	
アウトプット	…記憶した目標文を応用して，生徒に新たな文を生成，運用させ，その理解と定着を深める。
↓	
「学習活動」	…ドリル的練習活動（manipulation drills）で意味・機能・構造の定着を促す。
↓	
「言語活動」	…情報伝達／情報交換活動（communication activities），自己表現活動（self-expressing activities）など運用練習を行わせる。

<図2.6.2. 機能的アプローチによる新文法事項の導入展開モデル>

目標文のインプットに先立ち，関連する既習事項を使って導入の場面設定を行い，目標文と対比すべき文構造を生徒に意識づけます。

② 目標文のインプット

　これは新しい文法構造を含む本時の目標文（target sentences）を，生徒に理解しやすい意味ある文脈（context）の中で，口頭で提示（oral presentation）する導入の中核となる大切な部分です。

　生徒に「理解しやすい文脈」を作るには，話題（topic）の選択が重要な鍵を握ります。たとえ与える英語の語彙や構造的難易度が同じであったとしても，中高生に国際経済の話をしても理解は困難です。例えば，芸能，スポーツなど，生徒たちが興味・関心を持っている話題（一般にジェネレーション

が生徒に近い，若い教師ほどこれを的確に捉え，話題を共有できる強みがあ
ります），学年・学校行事や地域のイベントなど，生徒の身近な話題を取り
上げれば，生徒たちの興味を引きつけるとともに，既存の知識があるために，
理解は容易になります。親しみのある話題を取り上げることによって，「生
徒の持つ先駆知識（schema）を活性化させる」わけです。知っている話題
についてはよくわかる，至極当然のことです。

　新出の目標文を単独で提示すると，塾などであらかじめ習っている生徒に
はわかるかもしれませんが，初めての生徒には意味を理解することはできま
せん。しかし，目標文以外はすべて既習の語彙と文法構造の文で構成した文
脈の中で与えてやれば，文脈から未知の文の意味を類推（guessing the
meaning）することが可能になります。単語レベルで例を挙げれば，座敷に
正座している人々の絵を示しながら，Look at these people sitting on the
tatami floor. They've been here for about one hour. Their feet are
already asleep.と言えば，生徒は"asleep" が「足がしびれる，しびれをきらす」
という意味であることを類推できるでしょう。この際，お茶席などに正座し
ている人々の絵などを示してやれば，理解はより容易になります。ことばの
意味をことばで説明する（メタ言語：metalanguage）のを聞いて理解する
のは思考を要する作業ですが，絵や写真，実物などの視覚補助具（visual
aids）を活用することにより生徒たちの理解を助けることができます。

　さて，人の話を聞き，その意味を理解しようとするのは人間の自然な反応
であり，生徒は自然と未知の文の意味を自ら思考，類推します。教師の口頭
導入を聞きながら，生徒は「今日は，○○○というような意味を表す文を学
習するのだ」ということを了解するでしょう。外国語学習で重要なのは，こ
の後です。「このような意味を，どういう構造（form）で表現しているのだろ
うか？　今まで学習した構造とどこが違っているのだろうか？」という，文
法の新たな規則を見つけ出させることです。構造への意識化（フォーカス・
オン・フォーム：focus on form）は放っておいては生まれません。意味から
構造へと学習者の視点を切り替えさせる，教師からの適切な働きかけが必要
です。日本語でポイントをズバリ質問して確認することも可能ですが，導入
過程の教師と生徒の英語でのやり取り（interaction）の中で，ある程度目標
文が定着してきたら，必ずしも日本語を使わなくても，英語で文を発話させ
ることにより，新しい規則を生徒が発見しているかどうかを確認することが

できます。（→Focus on form の具体例は，p. 66の *Self-development Task 6*，pp. 67-70の *Check It Out 6*，および，和泉 2009を参照）

　63ページの〈図2.6.2〉の［　　］で囲った「意味の類推→規則の発見」は，教師のインプットを受けて生徒たちの頭の中で行われる思考過程を示しており，言語習得上重要な「気づき」（noticing）のプロセスなのです。

　なお，この導入段階で大切なことは，「豊富なインプットを与える」ということです。帰納的アプローチによる指導では，与えられたデータをもとに生徒自身がその意味と規則を発見していくように導いていきますが，その過程で誤った類推が働くことも考えられます。与えたデータがひとつきりであれば，自らの推測が正しいかどうかを検証することができません。豊富なインプットを与えることにより，生徒は，「やっぱりそうだ」と，自分の立てた仮説を確認，検証したり，「あれ，おかしいな。つじつまが合わないぞ。そうか，こういうことか。うん，これだ」と，必要に応じてそれを修正し，確認することができるようになります。

③ 確認と定着

　以上のような過程を経て，生徒が目標文の意味と文法規則を正しく推測することができれば，そのポイント（意味，機能，構造規則）を確認します。これは，あくまで「確認」（confirmation）であり，一からの「説明」（explanation）ではありません。ここで初めて，「えっ，そういうことだったのか！」と生徒がようやく理解できたとすれば，ここまでの導入指導は失敗だったということになります。適切な発問を通して，生徒が理解したことを引き出し（elicit）たうえで，簡潔明瞭なことばで教師がポイントを整理し確認してやることで，すべての生徒の「理解の均一化と共有」を図ります。生徒の「気づき」には，漠然とした気づきから整理された的確な気づきまで個人差があるからです。

　理解できた目標文のいくつかを，教師の後について「一斉（chorus）→個人確認（individual）→一斉」の手順で模倣反復をくり返させ，基本文として暗記させます（ミムメム：mim-mem）。多くの場合，ここで初めて目標文を板書し，ノートに写させます。音声で理解したことを文字で確認することにより，理解の強化（reinforcement）を図ります。

　以上で，目標文の導入過程は終了です。次にmim-memを通して記憶した

基本文を応用した生徒によるアウトプット（output）練習を行い，目標構造の一層の定着と運用能力の育成を図る展開過程へと授業を進めます。（→アウトプットの活動については，2.9.を参照）

→ **Self-development Task 6** —文法事項の帰納的導入を考える

　例として，一般動詞の三人称単数現在の帰納的アプローチ（inductive approach）による導入を考えてみましょう。

目標文：

A：Does Tom play baseball?

B：No, he doesn't.　He plays soccer.　He likes it a lot.

　教員研修会や大学の英語科教育法の授業などでは，グループ内で教師役と生徒役を決め，次のような役割カードを生徒役に渡して，模擬授業演習（マイクロティーチング：microteaching）に取り組んでみましょう。

●一般動詞（三単現）の導入　【生徒A】（男子）

【Your Role】Pretend to be a junior high school boy as follows.

　Your name is (Ken).　You like sports very much.　You love baseball and you are on the baseball team of your school.　You practice baseball every day.　You are a short stop.　Your dream is to play baseball in the Major League.

●一般動詞（三単現）の導入　【生徒B】（女子）

【Your Role】Pretend to be a junior high school girl as follows.

　Your name is (Emi).　You like sports very much.　You love baseball and you are a great fan of the Giants.　You do not play baseball but you like watching baseball games.　At school you are in the brass band and play the clarinet.

（→ 導入の具体例は，pp. 67-70 の **Check It Out 6** を参照）

66

☞ ***Check It Out 5*** ─教師の固定観念を打ち破る

　受動態の指導と言えば，「タスキ掛け」による能動態と受動態の変換。関係代名詞の指導と言えば，「2文を1文につなぐ」。「そんなの当然でしょ！他にどんな方法があるって言うんですか？」なんて思った人は，自己の学習体験のみから生じる先入観や固定観念（bias）の虜になったかなりの重症かもしれません。

　能動態と受動態，形が異なるのですから，伝えたい意味の重点や使い方が異なるはずです。それをあたかもイコールであるが如く機械的に書き換えさせることに終始するのは，言語教育としてあまりにも無神経。ことばへの感受性を失わせます。（→受動態の指導については本章2.8.3.【7】（pp. 97-102）を，関係代名詞の指導については，第3章の3.7.（pp. 155-159）および「コラム⑦」（pp. 171-174）を参照）

☞ ***Check It Out 6*** ─文法事項の帰納的導入を考える

　以下，63ページの帰納的アプローチによる導入過程のモデルに従った三単現の導入方法の一例を示します。男子生徒Aは，役割カードで指定したKen，女子生徒Bは，Emiです。

Oral Presentation of the New Language Material (3rd-person singular) through Inductive Approach

（1）Review：復習を通して，導入の話題を提供するとともに，新しい構造と対比すべき既習構造を意識化する

T：Do you like sports? I like sports very much. I like baseball. I don't play baseball, but I watch baseball games on TV. I sometimes go to the Tokyo Dome or the Yokohama Stadium. I am a great fan of the Hanshin Tigers.

　　　(To the class.) How about you? Do you like sports, Ken?

A：Yes, I do.

T：What sports do you like?

A：I like baseball.

T：Oh, you're a member of the baseball team. Are you a pitcher?

A：No. I'm a shortstop.

T：It's cool! Do you play baseball every day?

A：Yes, I do.

T：Good. That's why you're a very good shortstop!

How about you, Emi? Do you like baseball, too?

B：Yes, I do.

T：Do you play baseball?

B：No, I don't.

T：You don't play baseball, but you like it. So, do you watch baseball games on TV?

B：Yes, I do.

T：Are you a Tigers fan?

B：No! I'm a Giants fan.

T：Really?! I don't like the Giants. OK, Emi. You're in the brass band, right?

B：Yes.

T：What musical instrument do you play?

B：I play the clarinet.

（2）**Presentation**：新しい構造を含む目標文（**target sentences**）を口頭で提示する

T：（To the class.） Ken and Emi like sports. They like baseball.

Ken is a member of the baseball team. He is a shortstop.

…（1）での提示情報の再確認

Ken like**s** baseball. He play**s** baseball every day.

Please repeat after me, class.

Ss：Ken likes baseball. He plays baseball every day.

…生徒たちが三単現の語尾に気づき発音していることを確認したうえで，
 likes と plays の単語カードを提示

…目標文の提示と**mim-mem**（全体→個人→全体でくり返し）で生徒の三単元
 への気づきを確認し定着を図る。この際，**Ken**にも尋ね，一人称を使わせ
 て目標文と対比させる。（※三単現の場合は，mim-memの最中に当事者生徒
 （Ken）も指名して，機械的に三単現の目標文を繰り返すのではなく，I like

68

baseball. I play baseball every day. と意味を考えて発話できるかを確認し，全生徒にKen likes baseball. He plays baseball every day. と彼について言い直させることで，その使い分けを強く意識付ける。＝GDMの**SEN-SIT**の手法）

Emi likes baseball, too. <u>**Does** she **play** baseball?</u> Yes or no?
　　…疑問文の提示

S_1：No.

T：Right.（教師の応答はThat's right. など。ここでは "No" と答えた生徒が混乱するので，Yes. は使わない！）Please repeat. <u>No, she **doesn't**.</u>
　　… doesn't のカードを示しながら答え方を提示

Ss：No, she doesn't.

T：Let's say it again. Question. <u>Does she play baseball?</u>

Ss：<u>Does she play baseball?</u> …正しく言えれば， Does のカードを示し，再び隠してスペリングを言わせる。

T：Does she play or plays ? …疑問文（Doesの後）の動詞の形を **focus** して意識化

Ss：Play!

T：Good! Question again.

Ss：Does she play baseball?

T：The answer is：No, she **doesn't**.
　　… doesn't のカードを示しながら，疑問文と答え方を **mim-mem** で定着

T：<u>She **does not play** baseball.</u> <u>She **doesn't play** baseball.</u> Say it again, class. …否定文の提示

Ss：She does not play baseball./She doesn't play baseball. …否定文を **mim-mem** で定着

　　Does she watch baseball games?

S_2：Yes, she **does**. …生徒の応答を通した 'does' への気づきの確認
　　生徒の類推による応答を「引き出す」**チャレンジ発問**であり，答えられない場合は，Do you watch baseball games? —Yes, I do.（Emi に直接尋ねてもよい。）Does she watch baseball games? —Yes, she ….などヒント（**プロンプト**：**prompt***）を与え，誤りに気づかせ，正答を促す。
　　…応答が出たところで， does のカードを提示

T : Very good! She <u>watches</u> baseball games on TV.

　　 Please repeat after me. Emi <u>watches</u> baseball games on TV.

Ss : Emi <u>watches</u> baseball games on TV.

T : That's right. Emi is in the brass band. Does she play the trumpet?

S₃ : No, she doesn't.

T : She … （クラリネットを吹く動作を prompt* にして発話を促す。）

S₃ : She <u>plays</u> the clarinet.

　　　…生徒の発話を通した三単現の一般動詞語尾 -s への気づきの確認

T : Good! Say it all together.

Ss : She <u>plays</u> the clarinet.

---

　*このような自己修正への示唆や完全な文を引き出すcueを，**"prompt"**
と呼びます。正しい表現に教師が言い換えてフィードバックして気づか
せる方法は **"recast"** と呼ばれます。

（3）**Confirmation & Explanation**：生徒の気づきを確認しつつ，文を生徒
　から引き出しながら板書する。その後簡潔明瞭に説明し，生徒の気づきを
　整理し，理解の均一化と共有を図る

　　＜板書事項＞

「自分と相手について話す」	「第三者（ケンとエミ）について話す」
A：Do you like sports?	*A*：<u>Does</u> Ken <u>like</u> sports?
B：Yes, I do. I play baseball. 　　 Do you play baseball, too?	*B*：Yes, he <u>does</u>. He <u>plays</u> baseball. 　　 <u>Does</u> Emi <u>play</u> baseball, too?
A：No, I don't. I don't play 　　 baseball. 　　 I watch baseball games on 　　 TV.	*A*：No, she <u>doesn't</u>. She <u>doesn't play</u> 　　 baseball. 　　 She <u>watches</u> baseball games on 　　 TV.

　（時間短縮のためサブノート形式のハンドアウトを与え，右段の下線部のみを空
所にして，確認しながら書き込ませてもかまいません。）

2.7. 教科書本文の指導：教科書を生かすも殺すも教師次第

> **教科書はおもしろくない!?**
> S：「授業は予習の答え合わせ？」
> 　「日本語訳のチェックばっかりで英語は使わないの!?」
> 　「一応，訳せたけど…。なんのことかよくわかんない。」
> 　「こんなの俺たちに関係ねえ!!」
> 　　　　　──これじゃ，そりゃ，おもしろくないでしょうねぇ…

　検定教科書は授業の主たる教材です。奥付を見れば分かるように，教科書は相当な人数の英語教育，英語学，英米文学，異文化理解・異文化間コミュニケーションなどの専門家や優れた実践をしてきたベテラン現場教員がチームを組んで作成します。その立ち上げで教科書の編集方針を議論し，最終的に文部科学省の検定を終えるまでに，およそ4年の歳月が費やされます。研究や実践の英知を結集し，それだけの時間と労力をかけて作った教科書が，そんなにつまらない訳がありません。昔から，「教科書を教えるのでなく，教科書で教える」と言われるように，教師が自分の使う教科書の特色や編集方針を理解し，自分の生徒を観ながら主体的に教科書を活用できるかどうかにかかっています。教科書を生かすも殺すも教師次第なのです。

　本節では，教科書指導の「初伝」として本文の導入を中心に，教師として身につけるべき基礎知識・技能を確認していくことにしましょう。

2.7.1. 本文の口頭導入の目的

　口頭導入は，次のような目的を持って行います。

① 生徒がいきなり文字言語を理解する障壁を取り除き，教科書を開いて自ら本文を理解し，音読できるレディネスを作る

　教師の話す英語をしっかりと聞きながら，本文の概要や新出語句の意味を推測理解させ，英語を英語で理解する機会を与えます。また，理解したことを英語で答えたり，発表したりする機会を与え，授業が単なる予習の答え合わせに終わらないように，「授業の中での学び」を確保します。

② 教師のアレンジで，生徒たちの身近なところに教科書の本文題材を引き寄せ，自己の経験と照らし合わせることで題材への関心を高める

　生徒が学習事項を自分自身と関連づけて考えたときに，初めて本当の学びが起こると言われています。「教科書の本文なんて俺とは関係ねぇ」と思っている生徒には，どのような題材も吸収されようがありません。一見，生徒たちとは直接関係ないように見える題材を，身近に引き寄せて関連づけてあげるのが「教師による導入」です。

③ 必要に応じて行間に隠された情報を補ってやることで，日本語に訳せても実感としてわからない英文の真の意味を具体的につかませ，テキストに息吹を与える

　例えば，This system was introduced in many countries.という文を「この制度は多くの国々に導入されました」と訳せても，生徒たちはこの文の意味を本当に理解できているでしょうか。"in many countries"とは具体的にはどの国のことを言っているのか。欧米先進国のことなのか，開発途上国のことなのか，日本もその中に含まれているのかなどがわかっていないと訳せても理解することはできません。このギャップを埋め，真の意味理解へと導くのが「教師による導入」です。

2.7.2. ２つの口頭導入法とその選択

　本文の口頭導入には，次の２つの方法があります。題材の内容に応じて適切に選択し，使い分けられるようにしましょう。

① オーラル・イントロダクション（Oral Introduction）

　既習の文構造や語彙を用いながら，難しい文は易しく言い換えるなど，生徒に理解可能（comprehensible）な英語を使って，教科書本文の概要，要点を口頭（oral）で伝え，理解させる導入方法です。教科書を開いて行うリーディング（reading comprehension）へのレディネスを作るために行います。導入後は，Questions & Answers，True or False quizなどを行い，生徒の理解度を確認（check of understanding）します。

② オーラル・インタラクション（Oral Interaction）

　オーラル・イントロダクションでは，導入が行われる間，生徒はもっぱら

教師の話す英語に耳を傾けます。生徒は聞きながら思考していますが，発話のチャンスがないという意味で受け身になります。この欠点を改善した双方向の導入法がオーラル・インタラクションで，教師と生徒のやり取り（interaction）を通して，教科書本文の概要をともに作り上げながら理解させます。教師と生徒とのインタラクションを通して導入するので，うまく進行できれば，導入後の check of understanding は特に必要ありません。

➔ *Self-development Task 7* —Oral introductionとoral interactionを作る

p. 74の対話文の oral introductionとoral interaction をそれぞれ考えてみましょう（→ ご自分で考えた後，pp. 76-77の*Check It Out 7* を読みましょう）。

➔ *Self-development Task 8*

—Oral introduction と oral interaction の使い分け

これら2つの口頭導入法について，「どちらがより優れた，効果的な方法である」といった優劣を決めることはできません。教師にとって必要な専門知識・技能として，まず，①いろいろな方法を知っている（手の内を持っている）こと。次に，②目的に応じて適切な方法を選択できること，があります。

教科書本文の口頭導入で，オーラル・イントロダクションとオーラル・インタラクションのどちらを選択すればよいか，その判断基準を考えてみましょう。「題材内容と題材に関する生徒の既存の知識」が判断の鍵となります。（→ pp. 77-78 *Check It Out 8* 参照）

＜Lesson 132：ホワイト・デーのプレゼント＞

Today's Situation
きょうの場面

3月14日はホワイト・デー。ヒロはメアリーにバレンタイン・デーの
お返しをします。

Hiro：Hi, Mary. Today is White Day, you know.

Mary：Really? What's that?

Hiro：Uh.... you gave me delicious brownies. So I made some cookies
for you.

Mary：Oh, thank you.

Hiro：And here is a ring for you.

Mary：Oh, Hiro. You are so sweet! I'll put it on now. How beautiful!
I won't ever take it off.

Hiro：Mary...?

（NHKラジオ『新基礎英語１』2003年度３月号より）

2.7.3. Questions & Answersの３種類の発問

　教科書本文の内容に関する質問には，次の３種類の異なるタイプの質問が
あります。

① Display Questions（事実質問）

　本文に書かれた事実情報を問う質問で，正解はひとつです。教師は正解を
知っており，生徒の理解を確認・把握するために質問します。

② Inferential Questions（推測質問）

本文に直接書かれていない，行間に隠された情報を推測させる国語の授業でよくある質問です。文脈から意味を類推する読解力を養います。

③ Referential Questions（参照質問／個人関連質問）

生徒自身の経験や考えを問うなど，本文に関連した質問です。正解はなく，応答は生徒によって異なり（open-ended），教師も生徒の答えを予測できません。生徒の自己表現力を養う質問です。

➡ *Self-development Task 9* ―発問を作る

Self-development Task 7 で扱った対話文「ホワイト・デーのプレゼント」について，上記①～③の異なるタイプの質問を作ってみましょう。
（教員研修や大学の英語科教育法の授業では，仲間に実際に発問してみましょう。質問作成に際しては，生徒が答えられなかった場合を想定し，その対応策を考えておくことが大切です。）（→ p. 78 *Check It Out 9* 参照）

2.7.4. 生徒が発問に答えられなかった場合の対応策

教育実習生の授業を参観すると，自分の予想した応答を生徒から得られないときに適切に対応することができない場面がしばしば見られます。教師が同じ質問を何度もくり返すだけであったり，明らかに困りはてた表情を見せるので，答えられない生徒が余計に戸惑ったりします。「お願い，答えて！」と哀願の視線を送っても生徒の支援にはなりません。「じゃあ，後ろの人」などと，答えられなかった生徒を切り捨てて，他の生徒を指名するなどは最悪です。生徒を当てたのは教師。生徒を導き，最後は褒めて終わるのが指名した教師の責任です。

生徒の反応を的確に捉えて，瞬時の判断で適切な指導や必要な支援を与えられることがプロの教員に求められる能力です。これには，日々の教科指導や生徒指導を通した教師の「生徒理解」が基盤になります。教育実習生がうまく対応できないのは，単なる技術的問題だけではないのです。生徒との信頼関係（ラポール：rapport）がまだ不十分な実習生や指導経験が浅い先生の場合には，経験の不足を準備で補うことができます。「授業は準備が生命（いのち）」ということを肝に銘じましょう。

→ **Self-development Task 10** —答えられない生徒への支援と指導

答えられない生徒にいかに対応するか。まず，答えられない理由として何が考えられるか，原因を列挙してみましょう。そして，それぞれの原因に対する対処方法を考えてみましょう。（→ p. 79 *Check It Out 10* 参照）

☞ **Check It Out 7** —Oral introductionとoral interactionを作る

① **Oral Introduction**（今日は3月14日と仮定します。）

T：Last month, you had Valentine's Day. It was February 14th. On Valentine's Day, girls give a present to boys. In Japan they usually give chocolate to boys.

Today is March 14th. Today is a special day, you know. Yes. Today is White Day. On White Day, boys give a present to their favorite girls.

Mary and Hiro are good friends. I think they like each other. Mary gave him some delicious brownies. She made them by herself. They were homemade brownies. Hiro was very happy. Today is White Day. What did Hiro give Mary?

（クッキーの絵を見せて）He gave her some cookies. And one more thing. Look!

（きれいな指輪の絵を示して）This is another present from him to Mary. He gave her a beautiful ring!

＜**Check of Understanding through Questions & Answers**＞

1. When is Valentine's Day?
2. What was Mary's present to Hiro?
3. What special day is today?
4. What did Hiro give Mary today?

② **Oral Interaction**

T：Last month, you had Valentine's Day. When was it?

S₁：It was February 14th.

T：That's right. Did you get chocolate from girls, S₁?

S₁：Yes!

T : Really? You're a happy boy! By the way, did Mary give Hiro a box of chocolate?

S₂ : No, she didn't.

T : What did she give him?

S₂ : She gave him delicious brownies. （必要に応じて絵を提示。シンガポール人のメアリーがクラスメートのヒロに手作りのチョコレートケーキをあげたことは，既習レッスンに出てきた話題。）

T : Today is March 14th. What special day is today?

S₃ : White Day.

T : Good. Do they have White Day in America or Singapore?

S₄ : ？？？ （I don't know.）

T : They have no White Day in other countries. White Day is a special day made in Japan! So Mary doesn't know today is a special day. （ヒロの絵を見せて）Look. Hiro is giving Mary White Day presents. What is he giving to Mary? Actually, he is giving two things. OK. This is your listening points. Listen to the CD carefully. （この後CDを試聴させ，ヒロの2つのプレゼントを聞き取らせる。）

☞ *Check It Out 8* ―Oral introductionとoral interactionの使い分け

① **本文の題材内容に関して，生徒にほとんど知識がない場合**

　生徒にとって初めて知る内容ですから，題材に関して引き出すべき先駆知識（schema）がありません。従って，このような題材には教師が主導して新たな知識や情報を生徒に伝達する oral introduction が適しています。

② **本文の題材内容に関して，生徒が既に知識を持っている場合**

　例えば，スポーツ・芸能関係など，多くの生徒たちに人気がある話題，理科や社会科など他教科で習った内容などが題材ならば，生徒達は題材に関するある程度の先駆知識（schema）があります。このような題材の場合には，教師が一方的に語って聞かせるよりも，発問を通して生徒たちから情報を引き出し，知っている内容を英語でのインタラクションを通じて追体験させる oral interaction が適しています。

Self-development Task 7 で扱った対話文「ホワイト・デーのプレゼント」では，oral introduction/interaction のどちらも可能ですが，バレンタイン・デーやホワイト・デーは生徒に身近で実体験もある話題で，しかもバレンタイン・デーのヒロとメアリーのエピソードは既習なので，oral interaction の方がより適していると言えるでしょう。

☞ *Check It Out 9* ―発問を作る

① **Display Questions**（事実情報に関する質問例）

1. Is today Valentine's Day? What special day is today?
2. Did Mary know that today is White Day?
3. Did Hiro give Mary delicious brownies?
4. What did Hiro give Mary on White Day?
5. What did Mary say when she got the ring?

② **Inferential Questions**（行間を推測させる質問例）

1. Did Mary give Hiro any presents on Valentine's Day?
2. Is there a special day called "White Day" in Mary's country?
3. What kind of feelings does Hiro have about Mary? Why do you think so?
4. Was Mary very happy when she got a ring from Hiro? How do you know that?
5. What did Mary do to Hiro after she put on the ring? Do you have any ideas?

③ **Referential Questions**（個人の体験や考えを問うopen-endedな質問例）

1. Which do you like better, Valentine's Day or White Day? Why do you like it better?
2. Do you like brownies/cookies? Can you make them?
   (Do you know how to make them? Can you tell me the recipe?)
3. (To girls) Do you have/want a ring? Have you ever got a ring from someone?
4. Have you ever got a present on Valentine's Day/White Day?

5. Have you ever sent a present/card on Valentine's Day/White Day?

☞ **Check It Out 10** —答えられない生徒への支援と指導

① **なぜ答えられないのか，まず，その原因を瞬時に判断する**
A. 集中力を欠き，教師の発問を聞いていなかった。
B. 発問は聞いていたが，質問自体が難しくてその意味を理解できていない。
C. 質問の意味は理解できているが，答えを見つけることができない／答えるべき情報が思い浮かばない。
D. 質問の意味を理解し答えや答えるべき情報はわかっているが，英語で答えることができない。

② **その原因に対応した手立てを講じる**
A. 注意を促し，「恩を着せながら」，もう一度質問をくり返してやる。
　　T：You must listen to me more carefully. I'll ask you the question once again only for you.
B. 質問のレベルをやさしくして問い直す。
　　（WH Question → Yes/No Question → Alternative Question）
C. 適切なヒントを与え，正解や自発的な応答に導いてあげる。
D. 間違ってもいいから英語で応答するよう励まし，誤りがあればヒントを与えて生徒に自己修正させたり（prompt → p. 70），自己修正が困難な場合には，意図がわかれば正しい英語で言い直してあげる（recast）。それも無理な場合は，日本語での応答を許容し，正しい英語の応答をフィードバックしくり返させる（必要に応じて全体練習させる）。

　対応C，Dは上級編ですが，初心者でも準備により対応することができます。準備したうえでの意識的な授業での対応が，教員の「成長を促す経験」となります。生徒と同様，教員も無為無策の経験の積み重ねだけでは大きな伸びは期待できません。

ALTとのティーム・ティーチング
——その歴史と成功の秘訣

1．ALTとのティーム・ティーチングの歴史

　現在では，どの公立中学校，高等学校にもネイティブ・スピーカーの
ALT（assistant language teacher：外国語指導助手）がいるのは当たり前
のことになりました。中・高のみならず，小学校でも，授業中に子どもたち
がALTの先生と楽しそうにことばを交わし触れ合う場面が見られるように
なりました。

　日本の公立学校におけるnative speaking teacherの歴史は，1977年（昭和
52年）のMEF（Monbusho English Fellows）にそのルーツがあります。
MEFは文部省初等中等教育局，各都道府県教育委員会の管理のもとに，日
本各地の中高に配置されました。当時のMEFはすべて米国人だったそうで
す。一方では，文部省国際局と外務省の仲介で英国から招聘され各地の学校
に配置されたBETS（British English Teachers）と呼ばれる人々もいました
（安藤編 1991：105）。

　その後，1987年度（昭和62年度）から，新たに「外国青年招致事業」，いわ
ゆる「JETプログラム」（Japan Exchange and Teaching Program）が始まり，
世界の英語圏諸国から英語を母語とする青年がAET（assistant English
teacher）として招致され，全国の学校に配置されるようになり今日に至っ
ています。このJETプログラムは，当時の外務省，自治省，文部省の3省の
協力のもとに実施されました。この制度は，実は当時の日本の欧米に対する
輸出超過の「黒字減らし」，「経済摩擦緩和」という政治的・経済的な動機か
ら始められたのです（→「教育実践へのSocial Contextの及ぼす影響」については，
本書の第5章で扱います）。必ずしも教育現場からのbottom-upの要望から実
現された制度ではなかったため，導入当初はAET受け入れのレディネスが
十分ではなく，どのように連携してティーム・ティーチング（TT）を進め
ればよいのか，現場でその方法に戸惑い模索する混乱期がありました。どの
学校に行っても自己紹介と発音モデルを示すだけ。"We're not human tape
recorders!"というAETの不満の声が聞かれたのもこの頃の話です。導入当
初の政治・経済的動機や学校現場の混乱はともあれ，ALTとTTの導入とそ
の後の定着は，日本の英語教育界にとって結果的に大きなプラスになりまし
た。

2. ALTとのTT成功の秘訣

　TTは「協同授業」と訳されるように，2人の教師が協力連携して生徒たちの学習指導に当たらねばなりません。忙しい教育現場で，その時間を確保することが難しいのを承知の上で言うのですが，TTを効果的に機能させるためには，たとえ短時間であっても「事前の打ち合わせ」が欠かせません。ALTと日本人英語教師（JTE：Japanese teacher of English）が，それぞれの知識・技能・特性を生かして生徒たちを支援できるよう，両者の果たすべき役割を明確にしておくことが大切です。特にT1として一斉授業を主導しない際のT2としての役割と動きをお互いに確認しておく必要があります。**TTでは，指導過程のどの時間帯を切り取っても，2人の教師が生徒のために機能していることが最大のポイントです。**T1が前面で頑張っている時に，無目的にボーと立って傍観しているだけの "Useless T2" が見られることがありますが，これではTTの効果半減です。

　従って，「共同授業」としてのTTの効果を最大限に引き出すための授業を設計するには，**「JTE単独のsolo teachingではできない授業，ALTがいるからこそできる授業を構想する」**ことです。以下に，ALTの存在価値を引き出す視点を挙げてみますので，TTの授業づくりの参考にしてください。

① Informant（母語話者としての言語情報提供者）としてのALT

　発音，リズム，イントネーションなどのALTのnative language inputを与える場をできるだけ多く作りましょう。ただし，CD代わりの発音モデル提供だけでは不十分。ネイティブ・スピーカーとしての言語能力を生かし，語彙や表現のインプットや指導の場も作りましょう。それがALTのやりがいにもなるはずです。

② 生徒の学習意欲を高める存在としてのALT

「ALTの先生の話す英語がわかった！」，「自分の話した英語／書いた英語がALTの先生に通じた！」という体験は生徒たちにとって大きな成就感・達成感を生む最大の動機づけとなります。ALTの話を一斉に聞く場ばかりでなく，生徒一人ひとりがALTと個人的に直接対話する場も作ってあげましょう。ALTには，生徒の英語発話の「通じビリティ」を検証すべく，英語でのフィードバックだけでなく，表情や身振り手振りなどのボディ・アクション（nonverbal reaction）など，できる限り大きなリアクションを返してもらうようにお願いしましょう。

③ 文化情報提供者としてのALT

　「ALTがいることは，教室に異文化が存在すること」です。ALTが自分の血肉となった自国の文化を伝える場を作りましょう。私たちJTEが書物で調べたことを知ったかぶりして話すのとauthenticityが違い，生徒に与えるインパクトは絶大です。教科書本文の指導でも，本章 2.4. で見たように模範音読だけなら，JTEが行った方が指導効果の高い場合もあります。2.7. で見た本文の題材の指導に際しても，ALTに自国の文化や習慣，自分自身の体験や考えなど題材テーマに関わる話をしてもらえる機会も多々あるはずです。

④ もう一人の指導者としてのALT

　教室に教師が2人いることの利点を最大限に生かしましょう。

・ALTとJTEが英語でインタラクションする場面をできるだけ多く作りましょう。特に，新出文法事項の口頭導入（2.6.）や本文の口頭導入（2.7.）では，solo teachingのときのようにJTEが声色を変えて一人二役を演じたりしなくとも，ALTとの対話を通した自然な導入が可能になります。同様に言語活動のモデルの演示も容易にできます。

・生徒の練習や活動時に，担当する生徒を二分すれば，より行き届いた個別指導をすることができます。（これはJTE 2名によるTTでも同様です。）

・授業が打ち合わせ通りに運ばぬ時や，途中で計画修正の必要を感じたときこそ，「リアル・コミュニケーション」を生徒に示す絶好のチャンス！ 小声で「ひそひそ話」をしないで，生徒たちに聞こえるように堂々とALTと英語で相談しましょう。「うちの先生，本当に英語話せるんだ！」と，生徒たちのJTEに対する信頼度が高まりますよ。

　今ではALTとのTTはすっかり現場に定着し，教師にとっても生徒にとっても特別なものではなくなりました。優れた実践が数多く行われ，「ALTが常駐していてくれれば…」といった声も聞かれるようになりました。中には，この叶わぬ願いを工夫により実現した先生もいます。「ALTがいなくてもTTを行える」という魔法のような実践アイデアは，4章4.4.の稲岡先生の授業でご覧いただきましょう。どんなアイデアかを想像しつつ，乞うご期待！

2.8. 教えるための語法・文法理解：教師の最低限のモラルはウソを教えないこと　―生徒の素朴な疑問に答えるために―

> S_1：先生，he や she などは文の中では小文字で書くのに，どうして I だけはいつも大文字で書くんですか？
>
> T：奥ゆかしいこと，控えめなことを美徳とする日本人と違って，英語を話す人たちは，自意識が強いからだろうな。
>
> S_1：そうか…。
>
> S_2：それなら，なんで my や me も大文字で書かないの？
>
> S_3：we もいつも大文字で書くべきだよね！
>
> T：つまらんことにこだわらず覚えておきなさい！　それが英語の決まりだ！

2.8.1. なぜ "I" だけはいつも大文字？

　みなさんの受け持つ生徒さんは，よく質問をしますか？　よく質問するのは，授業への興味，そして，英語への，言語への興味を持っている証しであり，先生を信頼している証しでもあります。大いに質問を奨励したいものですが，生徒の素朴な疑問ほど，実は本質的で答えるのが難しいものです。調べもせずに，知ったかぶりしていい加減な嘘を教える，難しい文法用語を駆使して生徒を「煙に巻く」などはプロの教師として下の下です。また，答えに窮すると，「英語ではそう言うの！」，「それが英語の決まりだから，四の五の言わずに覚えておけ！」という英語教師の「伝家の宝刀」を滅多やたらと抜きまくるのも，生徒の信頼を失い，学習意欲を失わせてしまいます。

　冒頭に取り上げた生徒の疑問も，言語に対する純粋な興味・関心を示しており，ことばへの感受性を育むためにも大切にしてやりたい質問です。この先生のような「英米人は自己主張が強いから」という推測（誤解）に基づき，戦時中には「英米人は尊大である！」と批判した人もいたそうですが，それなら先の生徒たちの言うように，my も me も we も大文字で書くはずです。かつて，私の生徒が文通していたアメリカ人の女の子の手紙で，"I" をすべて小文字で書いてある手紙を見たことがあります。

"I" を大文字で書く習慣は，初期の印刷業者の時代（中期英語（ME）の末期，15世紀末）の書体から始まったと言われています。それまでは，"I" も小文字で書かれていたようです（ドイツ人技術者のグーテンベルグ（Gutenberg）が活版印刷を発明したのが1445年頃。William Caxtonという人物が初めてロンドンに印刷所を開設したのは1476年だそうです）。小文字の代名詞 "i" はいかにも小さく，印刷すると他の文字に紛れて読みづらいことから，印刷業者が大文字の "I" を用いるようになり，今日に至っているというのが事実のようです（芹沢 1978：130）。

　現代英語の姿のみをいくら眺めていてもわからないことが，英語の歴史をひも解いてみるとわかることが多々あります。「英語史」の知識も教師にとって必要な専門知識です。

2.8.2. 生徒からの素朴な質問

　生徒からの次のような質問に対して，みなさんは教師としてどのように答え，指導しますか？　信頼できる文法書などをひも解き，考えてみてから，後の *Check It Out 11*（→ pp. 85-101）で確認してみてください。

→ *Self-development Task 11* —生徒の素朴な疑問に答える

【1】 *T*："a 〜" は，「ひとつの〜」という意味だけど，日本語には訳さなくてもいい。

　　 S₁：訳してもいいの？

　　 S₂：先生，"a dog" と "one dog" は同じですか？

【2】 *S₁*：先生，田中君と2人で対話文を作ったんだけど，英文あってますか？

　A：Last Sunday I went to fishing with my father.

　B：Could you get many fishes?

　A：Well, my father could get some fishes, but I couldn't get any fishes.

【3】 *T*：“fish” は数えられない名詞だ。

　　　S：なんで “dog” は数えられるのに，“fish” は数えられないの？

【4】 *S*：「肯定文ではsomeを使い，疑問文や否定文ではanyを用いる」って
　　　習ったんだけど，教科書にこんな文がありました！?

Lisa：Do you have any pets?

Aki：Yes, I have some hamsters. How about you?

Lisa：I don't have any pets. How many hamsters do you have?

Aki：Yesterday, two. Today, eleven! Do you want <u>some</u>?

(2006年度版 *One World English Course 1*. Lesson 3, Part 3)

【5】 *T*：“play the piano” のように楽器には定冠詞の the を付けます。

　　　S：ピアノを弾ける人はどのピアノでも弾けるはずなのに，なぜ the
　　　をつけて「そのピアノ」って言うんですか？

【6】 *T*：「must＝have to/has to」どっちも同じ意味だ。書き換え問題でよ
　　　く出るぞ。

　　　S：まったく同じことを言うのに，なぜ違う言い方があるんですか？

【7】 *S*：先生，受け身文と能動文はいつも書き換えていいんですか？

2.8.3. 生徒の素朴な疑問に答える

　　それでは，生徒たちからの7つの質問に対する答えを考えていきましょう。

☞ ***Check It Out 11*** ―生徒の素朴な疑問に答える

【1】 不定冠詞 a/an と数詞 one

　　歴史的には，古英語（OE）の時代にも不定冠詞は存在していましたが，
数詞と同じ語形として扱われており（ānne [aːn]），完全には独立していなかっ
たそうです。これがその後，数詞の one と不定冠詞の an に分化し，an の
[n]の音が脱落して不定冠詞 a へと変化しますが，母音発音の前では，“a
apple” のように母音の連続発音が生じ発音に手間取るため，“an apple” と [n]

の音は脱落せずに古い形が残りました。従って，不定冠詞 a と an の区別を歴史的にみれば，「母音で始まる名詞が続くときには，（母音連続は発音しにくいので）a に [n] の音をつけて an になる」という説明は誤りで，「母音で始まる名詞が続くとき以外は，an の [n] の音が落っこちて a になった」という説明の方が正しいのです（織田 2002：15-16，織田 2007：13）。

　さて，生徒S₁の「(a/anを「ひとつの」と）訳してもいいの？」S₂の「"a dog" と "one dog" は同じですか？」という質問に戻りましょう。不定冠詞の表す意味について，Swan（1984：39）には次のように書かれています。"We use *a/an* when we define or describe people or things（when we say what class or kind they belong to）." つまり，a や an は「ある種類集合に属するものの中の任意の1つ（one of a class）」であることを表す標識のようなものです。一方，one は数を数えてそれを明示する（counting）という機能を持つ数詞です。中学生に説明するなら，次のような例を出すとわかりやすいでしょう。

> I have *a dog.* = not *a cat or a rabbit*
> 　　（種類に焦点：猫やウサギでなく「犬」）
> I have *one dog.* = not *two or three dogs*
> 　　（数に焦点：2匹や3匹でなく「1匹」の犬）

S₁の質問に対しては，"a dog" は犬の数でなく，「犬」というその種類に焦点を当てた表現ですから「1匹の」と訳さない方が自然です。S₂の質問には，上の例でわかる通り，両者の表す意味（何を伝えようとしているのか）は異なります。まったく意味が同じであれば，異なる2つの表現方法は必要なく，優勢な一方が残り，他方はいずれ消滅するのがことばの運命です。

【2】対話文の添削指導

　何らかの課題を与え，ペアになる生徒に自由に対話文を創作させ，表情豊かに動作も付けて発表させる活動（original skit playing）は，技能を統合した言語活動（integrated activity）として是非実施したいものです（実践事例は髙橋 2021：92-102を参照）。しかし，当然ながら自由度が高い活動ほど，誤りが生じるリスクが大きくなります。特に授業中に活動させた場合，質問に対して即興で訂正してあげる必要が生じます。これは経験の浅い先生には容

易なことではありません。

　S君の持ってきた対話文を見てみましょう。文法的誤りが3種類・6か所見られます。2種類はすぐわかりますが，残る1つは見つけるのが難しいかもしれません。

① A：Last Sunday I went ~~to~~ fishing with my father.

　すぐおわかりの通り，went の後の前置詞 to は不要です。to の後には，go to New York/the amusement parkなど，具体的な場所が続きます。"fishing"（魚釣りをすること）は行為であって場所ではありません。

　　　go to (*a place*) vs go (*act*)-ING

②・③ B：<u>Could</u> you get many fish~~es~~?
　　　　 A：Well, my father <u>could</u> get some (fish~~es~~), but I couldn't get any (fish~~es~~).

　この2文では，2種類・5か所の訂正が必要です。
　まず，この場合の "fish" は正確に言うと「数えられない名詞（uncountable noun：不可算名詞）」ではなく，「単複同形（zero plural/unchanged plural）」の可算名詞で，複数語尾の-esは不要です。また，Bの質問を受けたAの応答文中の2つのfishは，どちらも省略が可能です。むしろ省略した方が簡潔で力強く，英語らしく響きます。さらに突っ込んで「犬も魚も数えられるのに，なぜ fish には-esが付かず単複同形なの？」と問われると，答えるのは必ずしも簡単ではありません。この問題については次の【3】で考えましょう。とりあえず誤りを指摘するのは容易です。
　さて，2か所，助動詞 could に下線を引きましたが，ここが誤りです。Swan（1984：65）の "could" の次の解説を読んでみましょう。

We use *could* for 'general ability' —to say that we could do something at any time, whenever we wanted. (*Was/were able to* is also possible.)
　She *could* read when she was four. (OR She *was able to* …)
We do not use *could* to say that we did something on one occasion. We use *managed to, succeeded in …ing,* or *was able to.*)
　How many eggs *were you able to* get?

（NOT ... *could* you get?）

I *managed to* find a really nice dress in the sales yesterday.

（NOT ~~I could find~~ ...）

After six hours' climbing we *succeeded in getting* to the top of the mountain.（NOT ... ~~we could get to the top~~ ...）

But we can use *couldn't* to say that we did not succeed in doing something on one occasion.

I *managed to* find the street but I *couldn't* find her house.

助動詞 could は過去における「一般的能力」，すなわち「いつでもやろうと思えばできる能力を持っていた」という意味で，was/were able to も同じ意味で使えます。しかし，「偶然性（ある特定の場面でたまたまできたこと）」を表す場合には，could は使えず，"was able to 〜"，"managed to 〜"，"succeeded in ...ing" を使います。

従って，先ほどのBとAの対話文は，次のようになります。

B：<u>Were you able to</u> get many fish?

A：Well, my father <u>was able to</u> get some（fish）, but I <u>couldn't</u> get any.

疑問文，肯定文の could はいずれも were/was able to に訂正しますが，最後の否定形の couldn't はそのままでOKです。

日本語では，過去の動作を「〜できた」と可能で表現することが多いので，「できた」をすべてcouldと英訳しないように気をつけましょう。生徒のこの対話文でも，「たくさん**釣れましたか**」というぐらいの気持ちですから，

B：<u>Did</u> you get many fish?

A：Well, my father <u>got</u> some, but I <u>didn't</u> get any.

と「単純過去形」（simple past）で十分です。

【3】 可算名詞（countable noun）と不可算名詞（uncountable noun）

マーク・ピーターセン（1988：10）は，Last night, I ate a chicken in the backyard. という日本人が書いた誤文を取り上げ，これを見たときの気持ちを "I don't know whether to laugh or to cry." と表現しています。文法的には誤りはありませんが，この文の意味するところはホラー映画さながらの不

気味な光景——夜更けの裏庭で，生きたニワトリを1羽捕まえて食し，口元に血と羽を付けている人間（オオカミ男？）の姿——を思い浮かべさせます。"a chicken"と言えば，「個体」としての1羽の生きたニワトリそのものを表します。もちろん，この日本人が表現したかったことは，「昨晩，裏庭（で催したバーベキューパーティ）で，「鶏肉」を食べた」という意味でしょう。その場合には，不定冠詞なしで，I ate chicken.と言わなくてはなりません。「無冠詞・ゼロ数形」は，「個としての形を持たない無形量状のもの」（織田2007：9）を表します。すなわち，解体されて個（a chicken）としての形を失った「鶏肉，かしわ」は"chicken"なのです。

　久野・高見（2004：2）は，"an eel"と"eel"の表す意味の違いを次のようなイラストを示して説明しています。

a.　It's *an eel*.　　　　　　　b. It's *eel*.

　織田（2002：6）は，例えば，上記イラストa.の「ウナギ」のように，個としての形を持っている間は，その名詞（可算名詞）は"an eel"と「不定冠詞・単数形」をとるが，b.の「かば焼き」のように，それが解体されて個としての形を失うと同時に，形も"eel"と「無冠詞・ゼロ数形」（つまり不可算の物質名詞）になると述べ，「不定冠詞の喪失が，個としての形の喪失（個の解体）を表示する」として，以下の用例を挙げています。

c. You have *egg* on your chin.

d. That girl has got *banana* all over her dress.

c.はゆで卵を食べている相手の口元に半熟玉子の黄身が付いている，d.は幼い女の子がバナナを食べ損ねて，ぐちゃぐちゃになったバナナがせっかくのお洋服のそこいらじゅうに付いているような場面です。どちらも，もはや元の卵やバナナの形を失った無形量状の物質です。

　不定冠詞の有無によるこの個体と無形量状（mass）の区別が理解できれば，例えば，"a basketball"（競技で使用する個体としてのボール）と"basketball"

（バスケットボールという競技やそのプレー自体：ルールに基づく一瞬一瞬の動作の連続体）の違いも理解できるでしょう。

さて，生徒の質問です。目に見えて1尾，2尾と数えられる "fish" が「-es 不要だ，覚えとけ」という説明にならぬ命令だけでは，生徒は納得できません。"fish" は通常「単複同形」の可算名詞ですが，なぜ複数語尾を付けないのでしょうか。大阪市天保山の「海遊館」や横浜市の八景島「シーパラダイス」など巨大水槽を持つ水族館を思い浮かべてください。ジンベイザメなど悠々と泳ぐ大魚は別ですが，小さな魚は群れで同じ方向に動きます。そこでは，私たちは1尾，1尾の個々の魚ではなく「群れ」として魚を捉えています。群れとして通常認識される魚や一部の家畜には，salmon, sheepなど単複同形の名詞が多いようです。"fish" も個体として見る場合には不定冠詞が付きますし，「刺身」など食材としては無形量状（mass）の「不可算名詞」で複数語尾を付けることはありません。

1. 食材・魚肉 …[U]不可算名詞（物質名詞）
   eat *fish* raw　魚を生で（刺身を）食べる／I like *fish* better than *meat*.
2. 魚1尾 …[C]可算名詞
   eat a *fish*　魚を丸ごと（尾頭付きで）食べる
   take a *fish* off the hook　（1尾の）魚を釣針から取り外す
3. 魚の群れ，釣りの獲物など …[C]可算名詞（単複同形）
   take *fish* in a net　（漁で）魚の群れを（一網打尽に）網で捕まえる
   He caught three large *fish*.　（釣りで）大物を3尾釣った。
   I have five little *fish* in the tank.　金魚鉢に小魚を5匹飼っている。
4. 複数の魚の種類 …[C]可算名詞
   the *fishes* of Lake Biwa　琵琶湖に生息する（様々な種類の）魚

同じ名詞でも，それを人間がどう見るかによって，ある時はcountable，またある時はuncountable nounとして扱われることがよく分かります。

【4】some と any

「"some" も "any"もどちらも「いくつかの，いく人かの，いくらかの量の」という同じ意味を表し，肯定文では some を，疑問文や否定文では any を用いる」という学習参考書などに多く見られる説明は，多くの場合に当ては

まるものの，すべてをカバーする説明とは言えません。次の疑問文 1. に対する正しい応答は，a. か b. のいずれでしょうか？

1. Do you have *any brothers?*
　—1a. Yes, I do. I have only one brother.
　　1b. No, I don't. I have only one brother.

もちろん正解は a. ですが，大学生でも考え込んだ挙句に「b. かな？」と答える学生がいます。これは上のような説明が刷り込まれた結果です。

p. 85で引用したように教科書本文で "Do you want some?" などという「教師泣かせの困った疑問文」が登場しようものなら，このお決まりの文法説明はたちまち破綻します。実際，次の a. では肯定文で any が，b. では疑問文で some が用いられています。

2a. *Any pen* will do.（どんなペンでもかまいません。）
2b. Can I have *some more coffee?*
　　（もう少しコーヒーをいただけますか？）

"some" と "any" は，本来異なる意味をもつ語で，"some" は，「いくつかの，いく人かの，いくらかの量の」（an unspecified amount or number of）の意味を表し，"any" は，「その種類に属するものであれば，特に種類はこだわらず，数はいくつでも，量はいくらでもいいから，とにかく〜」という意味を表します。

3a. Are there *any temples* in this neighborhood?
　　（この辺りには，どんな宗派のお寺でもいいから，1つでも2つでもお寺がありますか？）
3b. I can't find *any dictionaries* on your desk.
　　（あなたの机の上にはどんな辞書も，1冊も見当たりませんよ。）

従って，最初に示した Do you have *any brothers*? という 1. の疑問文の意味を明確にするためにあえて日本語に訳せば，「brother と名のつく人であれば，兄か弟かを問わず，数は何人でもいいから，とにかくいますか？」という意味で，当然その応答は 1a. になります。質問文の意味を「何人かの（すなわち複数の）兄弟がいますか？」と考えると，「いいえ，1人だけです」

という 1b. を選ぶ生徒が出てきます。

　2a. の文は，「ペンであれば，色や種類を問わず何でもかまいません。用を足せます」の意味です。2b. について，江川（1991：109-110）は，疑問文では any を使うという原則が適用されない場合として，「 a）肯定の答えを期待する場合， b）人にものをすすめるとき， c）人にものを頼むときなどは，疑問文にもsomeを使う」としています。安井（1996：124）も，「疑問文の場合でも，肯定の答えを期待している場合には，some を用いる。」2b. の依頼文の場合に，Can I have *any*（more）coffee? と言うと，「言えばいただけるという前提を含まず，相手の好意を疑っている言い方になるから」失礼な言い方になると述べています。

　これで，生徒の質問に出てきた教科書本文を説明できますね。

Lisa：Do you have *any pets?*
　　　　（種類や数は問わないから，とにかく何かペットを飼ってるの？）
　Aki：Yes, I have *some hamsters.* How about you?
　　　　（ええ，ハムスターを何匹か飼ってるわ。あなたは？）
Lisa：I don't have *any pets.* How many hamsters do you have?
　　　　（私はペットと言えるものは1匹も飼っていないわ。あなたはハムスターを何匹飼っているの？）
　Aki：Yesterday, two. Today, eleven! Do you want *some*?
　　　　（きのうは2匹。今日は11匹よ！ 何匹かほしい？）

最後の疑問文は，「ほしければ，何匹かあげましょうか」とリサにすすめており，"You want *some,* don't you?" と同じ気持ちです。"some" は，文字通り "an unspecified number of" の意味ですね。

【5】"play the piano" における定冠詞の用法

　定冠詞 the の第一の機能は「特定化」，すなわち，任意（indefinite）のものではなく，特定（definite）のどれかを指していることを示します。

　例えば，定冠詞が初出する次の教科書本文に見られる the は，この基本用法です。

<イントロ> 加藤先生とヒル先生による英語の授業中です。
<イラスト> 黒板に柴犬とゴールデンレトリーバーの写真。

Ms. Hill : Is this a Japanese dog?

Kenta : Yes, it is.

Ms. Hill : Is that a Japanese dog, too?

Aki : No, it is not. It isn't a Japanese dog.

Mr. Kato : Good! *The big dog* is from England. It's a guide dog.

(2002年度版 *One World English Course 1*. Lesson 2, Part 2)

　しかし，定冠詞による特定化を「先に出てきた名詞を受けて，"その○○" と訳す」という理解だけでは，質問した生徒のように，"play the piano" で楽器の前になぜ the が付くのかを説明できません。実際，何の前触れもなく，初出の名詞に the が付いている用例も多数あり，中学校で最初に教わるであろう the の基本用法よりもその数は多いと思われます。

　織田（2007：26-27）では，このような「いきなりの the」を次のように分類しています。例文は，いずれも中学校検定教科書本文からです。

Group A.（発話場面からの特定化） 現実の発話場面の中で，その名で呼ばれるものがそれ1つしか考えられない場合

　a. You're wasting energy. Can you turn down *the heater*?

　b. Ken, where is *the computer room*? ― Oh, it's next to *the library*.

　c. Will you turn down *the CD player*? ― Oh, sure.

Group B.（社会常識からの特定化） 現実の発話場面とは関係なく，社会の常識として，その名で呼ばれるものが普通その1つに限られている場合

　a. I want pen-pals from all over *the world*.

　b. I also see *the Earth*. It's shining over *the horizon*.

　c. I like *the Beatles*. ― The Beatles? I like *the Yankees*.

Group C.（全体の中の部分の特定化） 1つの全体を構成するいくつかの部分のうちから，ある特定部分を指し示す場合

　a. Yoshio listened to music in *the morning*.

　b. I live in a big house in *the country*.

　c. I want to be a carpenter in *the future*.

Group D.（種類メンバーの特定化）１つの種類集合の中から，特定の構成
　メンバーを指し示す場合

a. *The ostrich* is the largest bird in the world.
b. I play *the piano*. ― Great! I love *the piano*.

以上の「いきなりのthe」の分類について，織田（*ibid.*：27-32）では，要約
すると以下のように説明しています。

　Group Aは，ある発話場面で，その名詞で呼ばれるものが１つしか考え
られない場合です。Group Bも，その特定の１つ以外に指示対象が考えら
れない場合ですが，それが世間の一般常識からの判断である場合です。こ
のGroup Bの "the" は「唯一物のthe」とも言われ，名詞句全体の働きと
しては固有名詞に近いもので，これは生徒にも理解が容易でしょう。

　AとBの２つのグループでは，同じ名詞で呼ばれる「同じ種類の他のもの」
からの特定化ですが，CとDでは，意味対象の特定化が，「他の種類」との
対照を通じてなされています。この理解は，生徒はもとより教師自身にも
難解です。

　Group Cは，ある１つの全体を構成するそれぞれ他の名称で呼ばれる「構
成要素」の中から特定化が行われます。a. では，一日を［朝・昼・晩］と
いう３つの時間帯に分け，その中で朝に "in *the morning*"（not in *the
afternoon* or in *the evening*）と特定化しています。b. では，人間の居住地
域を［都会と田舎］に二分し，"in *the country*"（not in *the town*）に住ん
でいることを表しています。同様に c. では，時を［過去と未来］に二分し，
"in *the future*"（not in *the past*）と特定化しています。１年という全体か
ら，その構成要素である［春・夏・秋・冬］を１つ特定化する場合の "in
the fall"（not in *the winter*）も同様です。Swan（1984：41）にも，*the*
with a singular countable noun が "general meaning" を表すとして，
Would you rather live in *the town* or *the country*? などの例文が示されて
います。the が「一般的な意味を表す」という解説に，驚かれるかもしれ
ませんね。

　Group Dは，基本的にはCの定冠詞の働きと同じです。ある１つの全体
を構成する「上位概念」の中で，それを構成する「下位集合（種類要素）」
を特定化する場合です。a. は，動物の中の「鳥」という上位集合の中で，"*the*

ostrich"（not *the hawk* or *the eagle*）と「ダチョウ」という種類集合を特定しています。*The lion* is called the king of beasts. も同じです。

さて，生徒の質問にあった，"I play the piano." の the もこのGroup Dです。次の図のように，同じ種類の piano 1, piano 2, 3, 4, 5… の中から「そのピアノ（= piano 1, 2, 3, 5ではなくpiano 4）」と同一種類内で個別特定しているのではなく，「楽器（musical instruments）」という上位集合の中から，"I play *the piano*."（not *the guitar* or *the violin* ...）と，それを構成するひとつの種類要素として「ピアノ」という種類の楽器を特定し，「私は（ギターやバイオリンでなく）ピアノ（というこの特定の楽器）を弾きます」と言っているのです。

Swan（*ibid.*：41）には，This is common with the names of scientific instruments and inventions, and musical instruments. として，次の例文が挙げられています。"I play *the piano*."と同じ種類メンバーを特定するGroup Dに属する定冠詞 the の用例です。

Life would be quieter without *the telephone*.

The violin is more difficult than *the piano*.

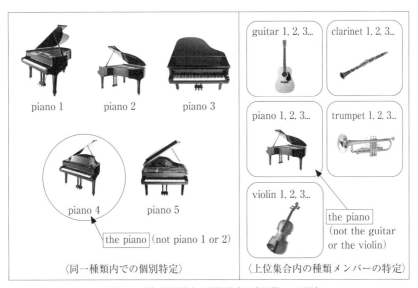

<図2.8.3.（1）個別特定と種類特定の定冠詞theの用法>

Swan (*ibid.*：42) には次の冠詞選択のフローチャートが掲載されています。X，X's に具体的な名詞を当てはめて日本語で提示してあげれば，生徒に対する指導でも活用できそうです。例えば，X（不可算名詞）としてwater，X's（可算名詞）としてbooks/erasersを具体的名詞の例として当てはめてみると生徒たちにもわかりやすいでしょう。

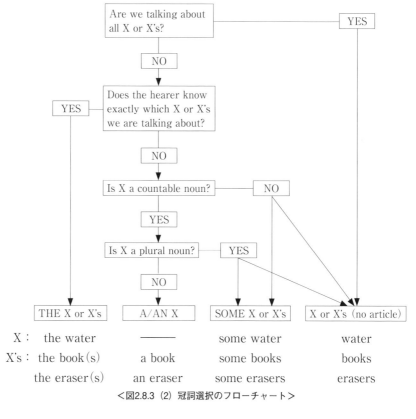

<図2.8.3 (2) 冠詞選択のフローチャート>

【6】 must と have to/has to

「must＝have to/has to」，「will＝be going to」などと，算数の公式のように教え，両者が全く同じ意味を表すかの如くに教える教師がいますが，【1】の不定冠詞 a/an と数詞 one の違いの解説でも述べたように，まったく意味が同じであれば，異なる2つの表現方法は必要なく，似通った2つの表現

が共存しているということは，そこには何らかの意味の違いがあるものです。

Swan（*ibid.*：156）では，*Must* and *have*（*got*）*to* are not exactly the same. We usually use *must* to give or ask orders — the obligation comes from the person who is speaking or listening.（「～しなければならない」という義務感は，話し手自身，または尋ねられた聞き手の判断）

We use *have*（*got*）*to* to talk about an obligation that comes from 'outside' — perhaps because of a law, or a rule, or an agreement, or because some other person has given orders.（「～しなければならない」という義務感は，決まりや共通理解，周囲の事情や社会的慣例による判断）と述べ，以下の例文を挙げています。

1a. I *must* stop smoking.（I want to.）
  b. I'*ve got to* stop smoking.（Doctor's orders.）
2a. This is a terrible party. We really *must* go home.
  b. This is a lovely party, but we'*ve got to* go home because of the baby-sitter.

  a. では，「禁煙しなくてはならない」，「パーティーを中座して帰宅しなくてはならない」という考えはともに話者自身の判断ですが，b. では，医者という他者の判断であったり，baby-sitter との契約というやむを得ぬ事情です。この意味の違いは，疑問文になっても同様です。

3a. *Must* you wear dirty old jeans all the time?
  （＝Is it personally important for you?）
3b. Do you *have to* wear a tie at work?（＝Is it a rule?）

a. では，聞き手自身の判断を問うていますが，b. では，聞き手の判断ではなく，それが会社の決まりかどうかを尋ねているのです。

【7】能動文（active sentence）と受け身文（passive sentence）

  異なった表現構造が共存しているのですから，能動態と受動態では伝達したい情報の焦点（information focus）が異なるはずです。

  Swan（*ibid.*：180）では，次のような2枚のイラストを示して，能動態と受動態の伝える意味の違いを解説しています。

Your little boy broke my kitchen window this morning.

That window was broken by your little boy.

We often prefer to begin a sentence with something that is already known, and to put the 'news' at the end.

英語の文の基本構造は，"Topic＋Predicate"で，「話題（topic）」には，話し手と聞き手，書き手と読み手の間で共通理解された「既知の情報（given information）」が来て，「述部（predicate）」では，その話題に聞き手や読み手に伝えたい「新情報（new information）」が付け加えられます。英語の文構造では，相手に伝えたい大切な情報は文末に置かれるのが普通です。これを**「文末焦点（end-focus）」**と呼びます（従って，英文を音読する際，たとえ長い文でも文末で声が小さく尻すぼみになってはダメで，しっかり明瞭に発音しないと大切な情報が伝わりません）。

それでは，イラストを見ながら，上の2文の意味の違い（情報の焦点の違い）を考えてみましょう。

In the first sentence, the hearer does not know about the broken window. So the speaker starts with the little boy, and put the 'news'— the window — at the end.

左のイラストの文では，近所の怖いおじさんがイタズラ坊主を捕まえて，母親のもとに連れて行き，「おたくの坊っちゃんね（＝共通理解された話題），（何したと思う？）今朝うちの台所の窓を割ったんだよ！（＝母親に伝えた

い新情報）」と言っています。

In the second sentence, the hearer knows about the window, but does not know who broke it. By using a passive structure, we can again put the 'news' at the end.

一方，右の文では，「あの割れた窓（＝共通理解された話題）見てよ。あの窓割ったのは，お宅の坊っちゃん！（＝母親に伝えたい新情報）」と言っているのです。

2つの文が伝えている内容は同じことですが，「何について・何を伝えたいのか」という情報の焦点が異なることがわかります。

このように，話者や書き手は，能動態か受動態かを意図的に選択して使用しているはずです。従って，話者や書き手に一言の断りもなく，機械的に言い換えたり，書き換えてよいものではありません。他人様の書いた文章でそんなことをしようものなら，文脈のつながりが壊されてしまい，文章が台無しになってしまうことがあります。高校教科書のテキストを見てみましょう。次の文章の中の第1および第3段落の〔　〕内には，(A)の能動文と(B)の受け身文のどちらのほうがより適切でしょうか？

Aristotle thought that the earth was fixed and that the sun, the moon, the planets, and the stars moved in orbits about the earth. He believed this because he felt, for mystical reasons, that the earth was the center of the universe. [(A) *Ptolemy developed this idea into a complete model of the universe in the second century A.D.* / (B) *This idea was developed by Ptolemy in the second century A.D. into a complete model of the universe.*]

According to Ptolemy's model, the earth stood at the center and was surrounded by eight spheres that carried the moon, the sun, the stars, and the five planets known at the time: Mercury, Venus, Mars, Jupiter, and Saturn. The outermost sphere carried the so-called fixed stars — they always stay in the same positions relative to each other but rotate together across the sky. What lay beyond the last sphere was never made very clear, but it certainly was not part of the universe observed by mankind.

Ptolemy's model provided a fairly accurate system for predicting the positions of heavenly bodies in the sky. His model was generally, although not universally, accepted. [(A)*The Christian church adopted it* / (B)*It was adopted by the Christian church*] because its picture of the universe was in accordance with the Bible. Besides, it left lots of room outside the sphere of fixed stars for heaven and hell.

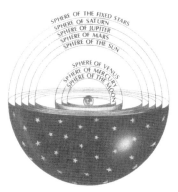

(1994年度版 *The CROWN English Series I*. L. 11 "Our Picture of Universe")

　第1段落の [　　] の前の2文では，アリストテレスが，神秘的なひらめきで地球が宇宙の中心であり，他の天体が地球の周りを回っていると考えたことが述べられています。ここでは，アリストテレスの唱えたいわゆる「天動説」が主題（topic）となっています。従って，これを受ける [　　] の文で，いきなり新情報のプトレマイオスが主語になるのは唐突です。既に述べられた了解済の話題（既知の情報）の This idea を主語にして，後半の述部で「プトレマイオスが紀元前2世紀にこれを集大成した」という新情報を読者に伝えます（end-focus）。続く第2段落の最初の文も，[　　] 内の受け身文で新情報として読者と共有した「プトレマイオスの天動説モデル（Ptolemy's model）」に新情報を加えながら解説しています。従って，第1段落の [　　] 内に入るのは(B)の文で，この文脈では受動態がぴったりです。(A)の能動態の文では談話（discourse）の流れが壊れてしまいます。

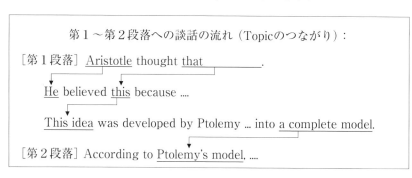

第1～第2段落への談話の流れ（Topicのつながり）：

［第1段落］Aristotle thought that　　　　　.

He believed this because ....

This idea was developed by Ptolemy ... into a complete model.

［第2段落］According to Ptolemy's model, ...

第3段落のほうの [　　] については，もう詳しい説明の必要がないでしょう。この段落の主題は，第2段落から引き続き「プトレマイオスの天動説モデル」です。この主題が，各センテンスの主語として，

"Ptolemy's model" → "His model" → "It" → "it"

の形で一貫して引き継がれ，文章は流れるように展開していきます。

受動態の指導のポイントは，単純に何でもかでも機械的に書き換えさせることではなく，「何を主語に選択するかで，後に続く述部の動詞の形が変わること」。そして「主語の選択はその文脈で何が話題となっているか（話題の一貫性）によること」にあります。単純・機械的な態の変換は文脈を崩し，時に非文を生むこともあります。

Tama eats rats.
→ *Rats are eaten by Tama. (not *by other cats.*)

タマという名のネコに関する最初の能動文は「タマはネズミを捕まえては食べる（＝タマの習性)」という意味ですが，「タスキ掛け」の公式に従って書き換えた受け身文では，「ネズミ（という生き物）は，（他のネコではなく）タマ（という名の特定のネコ）によって食べられる（＝一般論としての捕食関係)」となり意味的に非文になってしまいます。「札付きのタマ以外のネコは善良で安心だが，ネズミを襲って食べまくる指名手配中の凶悪ネコのタマにはご用心」，なんて特定のネコがいるわけではありませんから。

さて，いかがでしたか。文法を，無味乾燥な規則として暗記させるだけでは，文法用語を使って説明はできるが，コミュニケーションはできない生徒を作ってしまいます。言語活動と関連づけた，コミュニケーションに生きて働く文法指導のあり方が，これからの英語授業の大きな課題のひとつです。生きたことばとして文法を教え，生徒たちにことばの持つ豊かさやおもしろさを伝えることで，言語に対する興味・関心を高め，感受性を養ってあげること，それが外国語教育の目的のひとつであり，プロの英語教師の使命でもあります。そのためには「**教師として教えるための文法理解**」が**不可欠**です。

2.8.4. 英語教師のためのお薦め文法書
中・高生が持っているのと同じ参考書レベルの文法知識では，ゆとりを

持って生徒を指導することはできませんし，それを読んで尚かつ疑問を持つ生徒の質問に対応することは到底不可能です。「英語教師の専門性のひとつは，信頼できる参照文献（references）を持っていること」です。（→コラム④参照）

　中・高の英語教師に役立つ文法書や教育書は多数ありますが，例えば以下の文献を推薦します。

江川泰一郎（1991）『英文法解説』改訂三版 金子書房

織田稔（2007）『英語表現構造の基礎』風間書房

久野暲・高見健一（2004〜）『謎解きの英文法』シリーズ くろしお出版

隈部直光（2002）『教えるための英文法』リーベル出版

五島忠久・織田稔（1977）『英語科教育 基礎と臨床』研究社

安井稔（1996）『改訂版 英文法総覧』開拓社

Michael Swan（1984）*Basic English Usage*. Oxford University Press.

Michael Swan（2017）*Practical English Usage*, 4th ed. Oxford University Press.

Thomson, A. J., and Martinet, A. V.（1986）*A Practical English Grammar*, 4th ed. Oxford University Press.

　「10を知って1を教える」ために，まず，江川（1991）（高校生も対象に書かれた本ですが，研究に基づいた「解説」は教師にとっても有用で，用例も原典から採られています）や，より専門家向けの安井（1996）で文法理解を深めましょう。これらの本では文法事項を章立てして網羅的に詳しく取り上げており，研究に基づく記述内容は信頼できます。同様の内容を授業での指導に則して教師のために書かれているのが隈部（2002）です。五島・織田（1977）は，中高で指導する主な文法事項について取り上げながら，英語という言語における「ものの見方，とらえ方」に迫ります。文法が「無味乾燥な規則」ではなく「人の息づかい」が聞こえてくるように感じられ，学生時代に読んだ時はまさに「目から鱗」でした。名著ですが残念ながら絶版となり，入手が困難ですので，より専門的になりますが織田（2007）をお薦めします。また，久野・高見『謎解きの英文法』のシリーズも用例やイラストも豊富で読みやすく役立ちます（巻末の参考文献リスト参照）。

日本語の文献だけでなく，英語で書かれた文法・語法書も読んでみましょう。Thomson & Martinet（1986）は，江川や安井と同様に文法事項を章立てに分類整理して網羅的に扱った文法書です。実践的な用例文が多く，非常に役に立ちます。Michael Swan（1984）は，文法事項だけでなく，個別単語の語法や類語の意味の違いなども解説してくれます。イラストも豊富で，取り上げられた370項目はアルファベット順ですので，授業準備の際に辞書感覚で使える携帯可能な語法・文法書です。しかし，残念ながらこちらも2019年度で絶版となりましたが，同じ著者による文法・語彙編に分け計635項目を取り上げた親本の Swan（2017）があります。Thomson & Martinet（1986）と Swan（2017）は翻訳本も出版されていますが（参考文献参照），原書で読むことによって，文法事項を英語では何と言うのかがわかり，学習指導案を英語で書く際などにも役立ちます。

 コラム④ 　英語教師としての自信を持つ
　　　　　　　　——先輩体育教師Ｋ先生のことば

　私がかつて勤務していたのは大阪教育大学附属天王寺中学校でした。現在のように初任者研修の制度も義務もなかった時代のこと，私は教育実習でお世話になった同校に翌年新任英語教員として勤務することになりました。同じ学校であっても，実習生として指導を受けるのと，教諭として指導するのとでは責任の重さが違います。赴任１年目の秋の教育研究会で100名を超える参加者（自分より若い先生は皆無）の前で研究実践報告を行った翌日は首の筋を違えていました。よほど緊張してカチカチになっていたのでしょう。

　自分の周りの同僚を見ると，どの先生もプロ中のプロの教師，後光が差して見えたものです。体育のベテラン教員のＫ先生は陸上競技が専門分野，大阪国際女子マラソンが開催されると，指導員，審判員として役員揃えのウィンドブレーカーを着て大会運営に関わっておられました。ベテラン教員ばかりでなく，私の一年先輩の音楽教員Ｗ先生は声楽が専門，年に一度オペラやオペレッタの有料の舞台に立ち，バリトンの美声を観客に披露されていました。小柄な先生でしたが，舞台の上では大きく見えました。教師として生徒を指導するだけでなく，自分の専門分野で学校を離れても活躍する同僚の姿

に比べ，自分はいったい英語で何ができるのか，と考えたとき，何も思い当たらぬ自分に自信を失ったものです。

　ある日，K先生に「誇れるものがないうえに，生徒の質問にも自信を持って答えられないことがある。自分はプロの教師に値しないのでしょうか」と相談してみました。そのときのK先生のことばは今も鮮明に覚えています。このことばで私は救われ，今日に至っていると言っても過言ではありません。

K先生「疑問が生じたとき，生徒の質問に答えられへんとき，あの本を読めば答えが見つかるかもしれんという本に心当たりはあるか？」
私「あります。学生時代から恩師に薦められた本はできるだけ買いだめましたから。」
K先生「それでもわからんときには，教えを乞える先生はおられるか？」
私「はい，ご指導くださる恩師がいます。」
K先生「その2つがあれば，プロの教師や。」

2.9. 学習活動と言語活動の設計： 基礎練から紅白戦・練習試合へ

2.9.1.「学習活動」と「言語活動」を定義する

　2.6.では，新しい言語材料を口頭で導入し，目標文の意味・機能・構造（meaning, function, form）に気づかせ，mim-memを通して基本文を記憶させるまでの帰納的アプローチ（inductive approach）による新文型・文法事項の導入過程を見てきました。導入が成功すれば，次のプロセスとして，①練習活動を通じて記憶した基本文のより一層の定着を図り，②応用へのレディネスができれば，自己表現活動や情報伝達活動などの運用練習に移行しその習得を図ります。ここで行う①の活動を「学習活動」，②の活動を「言語活動」と呼んでいます。これら2つの活動のねらいと教師の役割を次にまとめてましょう。

①「学習活動」

　学習した言語材料の理解を深め，定着を図る文構造の操作練習を中心とするドリル的活動です。言語の正しい用法（usage）と文法的正確さ（accuracy）をねらいとする活動ですから，教師は目標文法構造に関する生徒の小さな誤

り（local error）も見逃さず指導する必要があります。

②「言語活動」

　自己表現活動（self-expressing activity）や情報伝達／情報交換活動など，伝達目的（communicative purpose）を遂行するために学習した言語材料を実際に使用する疑似コミュニケーション活動（pseudo-communication activities）です。実際に言語を使用し運用してみること（use）と多少の誤りがあってもなめらかに使用すること（fluency）をねらいとする活動です。従って，教師は伝達内容と伝達目的の達成度に注目して評価し，伝達に支障を及ぼす重大な誤り（global error）以外は活動後にフィードバックします。（誤りを放置するのではありませんので誤解なきように。→2.9.2. ②-1. p. 111）

　「口頭導入」と「学習活動」，「言語活動」の関係は，次のように図示することができます。

　(1)「口頭導入」で，理解可能なインプット（comprehensible input）として，意味ある文脈の中で新しい文法構造を含む目標文を与え，生徒にその意味（meaning）と形（form），コミュニケーションのどういう場面で使われ，それを使って何ができるのか（function）に気づかせ，(2)「学習活動」で

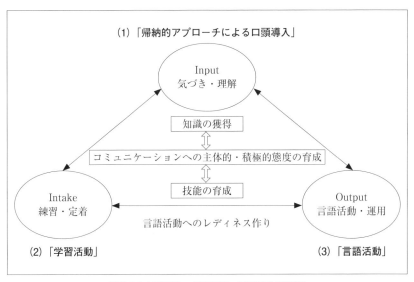

＜図2.9.1. 口頭導入・学習活動・言語活動の関係＞

のドリル的な操作練習（manipulation drill）を通して，意味と形の融合と定着を図り，発展活動へのレディネスを見極めたうえで，(3)の「言語活動」に移り，生徒の自己表現活動や情報伝達／情報交換活動を行わせます。部活動の練習にたとえれば，(2)の「学習活動」は基礎練習，(3)の「言語活動」にはさまざまなレベルの活動がありますが，ミニゲームから紅白戦，練習試合のようなものです。生徒たちは，(1)の口頭導入で教師からのインプットに触れる中で意味・構造・機能ということばを運用するための知識（knowledge）を得て，(2), (3)でのレディネスをふまえた段階的な練習や伝達活動を通してことばを運用する技能（skill）を身につけていきます。そして，これらの知識・技能の定着による成功体験が「主体的・積極的にコミュニケーションを図ろうとする態度」を育成し，この態度が知識・技能を養成する新たな学習への動機づけとなります。(→2.10.4. pp. 124-126)

2.9.2. 「言語活動」を創る*

① 言語活動の３つの成立要件

　高等学校用も含め，検定教科書には豊富な言語活動が掲載されていますが，万人向け，かつ，使用できる語彙の制約という教科書の宿命で，それらの活動が，必ずしも目の前にいる生徒の興味・関心を引き，参加意欲を刺激するものであるとは限りません。従って，自分の生徒に合った言語活動を教師が考案して提供する必要が生じてきます。

　キース・モロー（Morrow 1981）は，実際のコミュニケーションの持つ特性として，**1. information gap, 2. choice, 3. feedback** の３つの要素を挙げています。生徒の学習段階に応じて，これらの要件をできるかぎり満たす方向で考えれば，言語活動を自ら創ることができます。

1. インフォメーション・ギャップ（Information Gap）

　「インフォメーション・ギャップ」は，言語活動設計の合言葉的要素です。人間関係を円滑にするための，"Good morning." "Nice day, isn't it?"のような，情報の授受を伴わないあいさつなどの社会的コミュニケーションを除いて，コミュニケーションは，A，B ２人（または，それ以上）の人間の間で

---

*本項の2.9.2.は，高橋（2021：61-70）に加筆しまとめ直したものである。

行われる言語交渉であり，原則としてAがBの知らない情報を持ち，それを伝達しようとするときに成立します。コミュニケーションは，この両者の間に存在する情報の格差（information gap）を埋めようとする情報授受活動と定義することができます。従って，ハロルド・E・パーマー（Palmer 1925）の提唱した，鉛筆などを手に持って行う次のような活動（「定型会話」：conventional conversation）は，特殊な場合を除き，尋ねる前から聞き手自身にも答えがわかっており，英語を使ってインタラクションを行ってはいても，インフォメーション・ギャップが存在しないので，「言語活動」ではありません。

T：Is this a pencil?

S：Yes, it is.

T：Is this a pen?

S：No, It isn't.

T：What is it, then?

S：It's a pencil.

T：Is this my pencil?

S：Yes, it is.

T：Is this your pencil?

S：No, it isn't.

T：Whose pencil is it, then?

S：It's your pencil.

実際のコミュニケーションと考えれば，このやり取りは極めて不自然ですが，この「定型会話」はbe動詞の疑問文とそれに対する応答の仕方を定着させることを目的とした「学習活動」なのです。

一方，同じ言語材料を扱いながら，次のように各列の生徒の鉛筆を後ろから集めさせて最前列の生徒に渡し，英語を使ってそれぞれの鉛筆の持ち主を確認し返却させるというタスク（task）を与えれば，生徒間にインフォメーション・ギャップ，すなわち，質問する必然性が生まれ，初歩的な「言語活動」となります。

S_1：Excuse me.

S_2：Yes.

S_1：Is this your pencil?

S_2 : No, it isn't.

S_1 : Then, is this yours?

S_2 : Yes, it's mine.

S_1 : Here you are.

S_2 : Thank you.

S_1 : You're welcome.

　教室では，一部異なる2枚の絵や，互いに異なる情報を盛り込んだ2枚1組の表やカードをペアになる生徒に与えることにより，インフォメーション・ギャップを設定し，情報交換を行わせることができます。"information gap activity"と呼ばれるご存知の活動がこれです。

2. チョイス（**Choice**）

　2つめの要件である「チョイス」とは，情報伝達や自己表現のために使用する語彙（vocabulary），伝達形式（form），さらに伝達内容（content）を活動に参加する生徒が自ら「選択」できることを言います。

　最も初歩的なものは，語の選択です。例えば，be動詞の文を学習した中学1年生の入門期に，モデルとして，I'm in a <u>sport</u> club. I'm on the basketball team. / I'm in a <u>cultural</u> club. I'm in the English club. という文を与えたとします。言語活動に先立ち，これら2文を誤りなくすらすらと言えるように，自分の所属するクラブとは無関係に反復模倣させて記憶させ（mim-mem），さらに，track and field, gymnastics, brass band, volunteer など，学校にあるクラブ名を指導した後に，絵を見せながらスピーディに口頭練習を行わせます（「学習活動」）。その後，モデル文の下線部を自分に当てはめて語彙を選択させて発表させれば，初歩的な（教師からのコントロールの強い）自己表現活動，つまり「言語活動」になります。

　学習段階が進めば，同じ内容を伝達するのに，どのような表現形式（form）を用いて伝達するか，すなわち，生徒に表現形式の選択の余地を与えることも可能になってきます。例えば，S_1 : I have a sister who studies music at a university in Tokyo. という関係代名詞を用いた1文のメッセージは，S_2 : I have a sister. She's (*a*) university student. Her university is in Tokyo. She study (*studies*) music there. という単文4文でも表現することができます。どちらも，伝達している情報量は同じであり，実践的なコミュ

ニケーションとしては等価です。もし，このとき，S_1は結果的には1箇所の文法的誤りもなくこの文を言うことができたが，発話する前にまず考える時間を取ってノートに書き，確認し見直した上で，1分後に発話したのに対して，S_2は，上例のように不定冠詞や三単現の -s の欠落は見られるが，間を置かずに即座に発話した，そして，それを聞いていたALTは，どちらの伝達内容も完全に理解したとすれば，S_1，S_2いずれのコミュニケーション能力（communicative competence）が高いのでしょうか。一概にどちらとも決めかねる難しい問題です。S_1 は正確さ（accuracy）は高いが，流暢さ（fluency）に欠け，S_2 は正確さでは劣るが，流暢さは S_1 よりも高い，ということになります。コミュニケーション能力において，accuracy と fluency はともに大切な能力なのです。個別指導レベルでは，S_1，S_2 に対して異なる助言や指導が必要となるでしょう。

　さて，コミュニケーションにおける究極の選択は，言うまでもなく「何を伝えるのか」，「どのような情報を求めて尋ねるのか」という伝達内容の選択になります。例えば，自由にテーマを選んで行うスピーチや創作スキットの発表などがこれに当たりますが，日常のQ&Aにおいても，教科書本文の事実情報を尋ねる質問（display questions）ばかりでなく，題材に関わって，生徒自身の経験や考え，感想などを求める質問（referential questions）を織り交ぜたり，「教師＝質問する人」，「生徒＝教師の質問に答える人」という役割の固定概念を打ち破って，生徒に質問させる機会を与えたりすれば，伝えるべき内容（what to communicate）を育て開拓することに寄与するでしょう。

3. フィードバック（Feedback）

　最後に3つ目の要件である「フィードバック」について見ておきましょう。オーラル・コミュニケーションでは，Aが質問すれば B がそれにフィードバックを返す形で応答する，これが1回のインタラクション（interaction）です。これを1回きりで終わらせず，インタラクションの継続を図る手立てを考えることにより，言語活動の質を高めることができます。この視点は，「聞くこと」，「話すこと」の言語活動ではいたって明瞭ですが，学習指導要領にもあるように，「言語活動」は聞くこと，話すことばかりではなく4技能のそれぞれにおいて行うことが求められています。例として，「書くこと」

の言語活動を考えてみましょう。

　生徒に手紙を書かせるとします。書くことの言語活動には，読み手が不可欠です。「先生，だれ宛てに書くんですか？」，「だれでもいい，とりあえずMr. Xということにしておこう。」「Mr. Xってだれですか？」，「そんなことはどうだっていいから，とにかく書きはじめなさい！」では困ります。熱心な教師が，生徒が書いた内容は評価せず，使命感と親切心から単語のつづりや細かな文法的誤り（local errors）を一方的に訂正し，真っ赤になった手紙を返却してやったとしましょう。生徒が，「やっぱり英語で手紙を書くなんて無理に決まっている。二度とやめておこう」と思ったとすれば，これは言語活動の名を借りたペテンということになり，教師の努力も水泡に帰して生徒の表現意欲を損なう本末転倒の結果を生みかねません。

　ALTに対して手紙を書かせ，返事をもらえるとなれば，生徒の意欲は俄然高まります。書かれた内容を大きく評価しながら返信する中で，伝達に支障を来たすような大きな誤り（global errors）を1，2箇所だけ訂正しておいてやれば，それは必ず定着するでしょう。ただし，小規模校であればともかくも，百数十人もの生徒に返事を書かされるALTはたまったものではありません。そこで，Dear friend, で手紙を書かせ，書きあがった手紙を他のクラスで無作為に配布し，それを読んだ生徒から当該生徒に，今度は，Dear ○○, と宛名を明記して返信させることにすれば，生徒の書く動機を高めながら，「書くこと」と「読むこと」を統合した言語活動（integrated activity）を無理なく行うことができます。

② 生徒の積極的参加を促す方策

　以上，言語活動考案に際しての，information gap, choice, feedback の3つの条件を見てきましたが，冒頭で述べたように，これらの条件すべてを同時に満たすことはできない場合もあります。要は，生徒の発達段階に応じて，これらの要素をできる限り満たすように心がけて，生徒の能力にあった言語活動を考え，実施することです。ここで明記しておきたいことは，これら3つの条件は，言語活動考案に際しての必要条件ですが，授業実践への十分条件ではないということです。生徒とは恐ろしいもので，とりわけ対象年齢が下がれば下がるほど，指導は難しくなるものです。教師が，仮に，「この活動は，モローという偉い学者が提唱している3つの要件に鑑みて作った

言語活動である」と胸を張って言ってみたとしても、「あっ、そう。でも、おもしろくない！」と言われてしまえば、それでおしまい。授業とはそういうものです。

そこで、生徒の積極的な参加（participation）を促すための活動への味付けが必要になってきます。筆者は、言語活動の設計に際して、**1. Task-based activities，2. Game-like activities，3. Pair/Group activities，4. Creative activities** の4つの要素を活動に加味することを念頭に置いています。

1. タスクに基づく活動（Task-based Activity）

① 1.で示した事例の、「英語を使って鉛筆の持ち主を確認し、返却しなさい」といった達成すべき具体的な伝達活動の目標（communicative purpose）を与えます。このような課題をタスク（task）と呼びます。「できた」、「できない」がはっきりとする具体的なタスクを与えることで、生徒の活動への意欲（motivation）は高まります。タスクが難しければ難しいほど、できたときの成就感、達成感が高まることは言うまでもありません。

学習活動などドリル的な活動では、生徒は今どの言語材料を練習しているのかわかって練習しているので、その言語形式（form）に注意が向いています。意識下での練習ゆえに、誤りはあまり起こりません。しかし、ここで安心してはいけません。タスクに基づいた活動に従事させると、生徒の関心は言語形式よりも目標の達成、つまり伝達内容（content）に向きますので、学習活動では起こらなかった文法上の誤りを犯しがちです。間違いを犯す生徒がいれば、その生徒は未だその言語材料を「習得」するには至っていないのだということを教師は把握することができます。このとき、2.6. や 2.7. で述べた prompt や recast など教師からの適切な働きかけによって、生徒に文法構造に再度意識を向けさせ、自分の誤りに気づかせます（focus on form）。誤りを犯す生徒の数が多ければ、より徹底した学習活動で定着を促進する必要性が生じるかもしれません。生徒の習得の度合いを確認するうえでも、タスクに基づく言語活動を行わせることが重要です。

2. ゲーム的要素を取り入れた活動（Game-like Activity）

生徒はクイズやゲームが大好きです。これを単なる気分転換のレクリエーション的な単発の活動として行うだけなく、授業の中核とも言える言語活動に加味してみましょう。例えば、同じ活動でも、ルールを決めて得点を競う

とか，制限時間を設定してタスクの達成の所要時間を競うとか，ちょっとした工夫で生徒はやる気を起こすものです。英語「楽習（がくしゅう）」をめざしましょう。

　次に示すのは，私が中学校教員時代に指導した教育実習生が作成したものです。中学1年生1学期の一般動詞の疑問文および what で始まる疑問文の定着を図るべく考えたゲーム活動です。絵の少年になったつもりで，帽子，ポケット，かばん，手の中にそれぞれ何を持っているか好きな動物を自由に選んでプリントに書き込ませた後，相手の持つものを推理してペアで尋ね合い特定するという一種の guessing game です。Do you have a frog in your cap? などのYes-No疑問文で3回まで尋ねることができ，当たれば得点（1回でズバリ当たれば3点，2回目の質問で当たれば2点，3回目なら1点）が与えられます。3回尋ねて当たらない場合は，give upして，What do you have in your cap? のように尋ね，相手から直接情報を入手することになります（この場合，得点は0点となります）。

　What を使う必然性もあり，なかなかおもしろい活動で生徒たちも楽しそうに活動に取り組んでいました。ただし，名推理で即座に当たり，高得点を

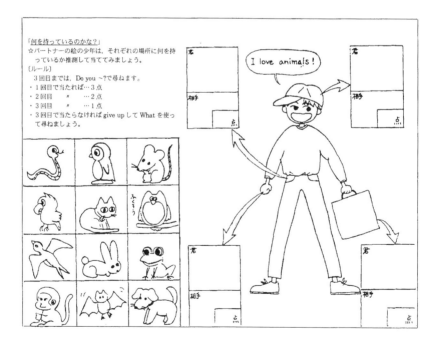

112

得た生徒ほど英語の発話量が少なく，目標文のひとつである what で始まる疑問文を使わずに活動を終えてしまい，総得点が0点という生徒が最も多くの言語運用の機会を得られるという，得点と学習効果が反比例する奇妙なゲームです。とは言え，実習生としてなかなかのヒット作でした。

3. ペア／グループ活動（Pair/Group Activity）

　人前に立って，一人で発表するような個人活動は生徒に緊張感を強いるものです。だれしも人前で恥をかきたくはありません。過度の緊張感や失敗を恐れる気持ちは，言語習得を阻害する壁となります。このような壁をクラッシェンは「情意フィルター」（affective filter）と呼び，これを下げることが，与えられたインプットを学習者が内在化（intake）することを容易にし，言語習得を促進すると述べています（Krashen & Terrell 1983：37-39）。個人活動はもちろん大切ですが，学習の目標や活動の種類に応じて，ペアやグループ活動などさまざまな学習形態，活動形態を採用することで授業に変化をもたらすとともに，生徒の情意フィルターを下げ，より活発な活動を促すことができます。

4. 創造的活動（Creative Activity）

　自分の表現したい内容を伝えようとするときに，生徒は目を輝かせて活動に取り組みます。生徒の伝達意欲（communicative desire）を高めるためにも，与える課題はひとつでも，十人十色のアウトプットが生み出されるような活動，言い換えれば，生徒の個性・創造性を引き出すような活動を設計し，与えたいものです。

　作品Aは，助動詞canの学習後にペアで実施したcreative writing「こんなロボットが欲しいなぁ」の生徒作品例です。

　自分のできることを表現させると，なんだか自慢たらしく感じてあまり表現が進みません。こんなときには，思い切って「空想の世界」に遊ばせるのも有効な方法です。この活動では，This is my robot. His/Her name is 〜. という書き出しと，I want such a robot. という終わりの文を教師が与え，その間にそのロボットの能力を can を使って表現させ，ロボットのイラストも描かせました。

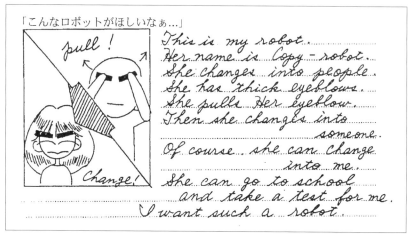

「こんなロボットがほしいなぁ…」

This is my robot.
Her name is Copy - robot.
She changes into people.
She has thick eyeblows.
She pulls Her eyeblow.
Then she changes into
                    someone.
Of course, she can change
                into me.
She can go to school
    and take a test for me.
I want such a robot.

▲作品A

　与えた課題は同じですが，生み出されるアウトプットはひとつとして同じものはありません。作品Bは，与えた課題を勝手に変更した，「こんなロボットなんていりません！」という作品です。

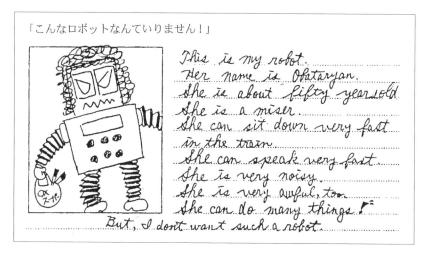

「こんなロボットなんていりません！」

This is my robot.
Her name is Obataryan.
She is about fifty year old.
She is a miser.
She can sit down very fast
in the train.
She can speak very fast.
She is very noisy.
She is very awful, too.
She can do many things!
But, I don't want such a robot.

▲作品B

2.9.3.「言語活動」のレベル分類

　先にも述べた通り，部活動にたとえるならば，言語活動にもミニゲームから紅白戦，練習試合など様々なレベルがあります。私は，言語活動を以下の3種類に分類しています。

①目標言語材料を使用することでその定着を促す言語活動
②目標言語材料を特定しない総合的コミュニケーション活動
③目標言語材料を特定せず，複数の技能を使う統合的コミュニケーション活動（integrated activity）

① 目標言語材料を使用することでその定着を促す言語活動

　2.9.1.〜2.9.2.で例示してきたような基本的な言語活動で，現在学習している目標言語材料を何らかの伝達目的を持って使用する活動です。例えば，「自分の将来の夢を友達に告げ，自分と同じ夢を持つ友達を見つけよう」というタスクを与えて行うインタビュー活動は，不定詞（名詞的用法）という学習中の文法事項を実際に使いながらその定着を図ろうとする目標言語材料を指定した one language item の活動です。

② 目標言語材料を特定しない総合的コミュニケーション活動

　「総合的コミュニケーション活動」とは，生徒は伝達目的達成のために，学習中の特定の目標言語材料を用いるのではなく，「既習事項を総合的に活用し，自ら使用する言語材料を選択（select from language store）して行なう活動」のことをいいます。現実のコミュニケーションでは，① のように使用する言語材料が明確に指定されていることはまずありません。② の「総合的コミュニケーション活動」では，生徒が自分の習得している言語材料を自ら選択して使用する，より実践的なコミュニケーションを促す活動を考案します。例えば，「ALTのために学校や地域を紹介する英文パンフレットを作ろう」という活動では，必ずしも現在あるいは最近学習した文法事項を使わねばならないという拘束はありません。生徒たちは，既習事項の中から伝えたい内容を書くために必要，あるいは有効な既習の語彙や表現形式を，自己の言語材料の蓄え（language store）の中から選び出して使用します。

③ 複数の技能を使う統合的コミュニケーション活動（Integrated Activity）

　「統合的コミュニケーション活動」とは，聞くだけ，話すだけ，読むだけ，

書くだけ，といった単一の技能（a single skill）を扱うのではなく，相手が話したことを整理して感想を述べる，意見を述べ合ったことをもとに，さらに自分の意見を書いてみるなど，2つ以上の技能を連続して使用し展開する活動のことをいいます。例えば，教科書本文を読んだ後（R），友達と英語で感想を述べ合い（S, L），それをもとにして自分の感想を書き（W），グループ内で発表します（S, L）。上記 ② の「学校・地域紹介パンフレット作り」の活動例でも，グループで書きあげたパンフレットの英文（W）をメモを見ながらALTの前でプレゼンテーションさせ（S），ALTからの質問に即興で答えさせる（L, S）といった展開をすれば，複数の技能を統合したコミュニケーション活動に発展させることができます。ALTとの質疑では，即興性も要求される現実のコミュニケーションに最も近い活動となります。

　筆者が指導する複数のゼミ生が卒業研究で調査したところでは，平成5年度版中学校教科書では，①の one language item を扱う言語材料が圧倒的多数でしたが，平成14年度版では，②の総合的コミュニケーション活動が増加し，③の統合的コミュニケーション活動も見られるようになりました。中学校，高等学校の学習指導要領で，学習した言語材料の「総合的な活用」が求められていることを受けて，平成24年度版では②や③の活動の比率が一層増加し，令和3年度版では③の統合的活動の数が大幅に増加しました。ただし，教科書任せではなく，教師自らが生徒の興味・関心や学力の実態に合わせて様々なレベルの言語活動を考案，創造できることが望まれます。

➡ *Self-development Task 12* ―学習活動と言語活動

【1】あなたが今使っている教科書に掲載された活動を「学習活動」と「言語活動」に分類してみましょう。

【2】上で分類した「言語活動」をそのレベルによって，2.9.3.の分類に従って，①目標言語材料を使用する言語活動，②目標言語材料を特定しない総合的コミュニケーション活動，③目標言語材料を特定せず，複数の技能を使用する統合的コミュニケーション活動，に分けてみましょう。

2.10. 授業を構想する： レディネスをふまえた理詰めの作業
―単位授業の展開モデルと指導案の書式―

> 行き当たりばったりの思いつきでは授業はできない！
> 授業とは，設定した目標にすべての生徒を到達させるための，
> 「科学的」で「理詰め」のプロセスである。

2.10.1. 登山のたとえ

　授業とは，設定した目標へとすべての生徒を導くプロセスです。そのためには前もって設定した道筋が必要です。授業開始のチャイムから終了のチャイムが鳴るまで，授業をどのような手順で進めるのか，この授業展開計画を「指導過程」（teaching procedure）と呼びます。指導過程の構築は，レディネスに配慮した科学的で理詰めの作業であり，「なぜこの順序でこれを行うのか」，授業で行う一つひとつの活動やその手順を教師は説明できなくてはなりません。これは次の図に示すように登山にたとえることができます。生徒を到達させたい目標は山の頂上，生徒の現在の学力が現在地点，現在地点とゴールである頂上との標高差が指導すべき事項であり，指導過程は両地点を結ぶ最適な登山ルートといえます。登山の図を借りて，第1章〈図1.3.〉（p. 18）で述べた教師に必要な知識・技能を再確認しておきましょう。

[教師に必要な能力 ①〜⑥]　　　　　　[生徒に登らせたい山の図]

① **目標設定能力**（＜教育理念）…………… 到達させたいゴール（指導目標）
・育てたい生徒像は？　英語の学力とは？
・抽象的な目標を具体的に活動化する
・達成可能な具体的目標を設定する

GOAL
登山ルート
（＝年間指導計画や単位授業の指導過程）
標高差
（＝生徒に育成したい能力）

② **生徒観察能力**（学力の現状把握能力）… 生徒たちの現在地点（学力の現状）

③ **授業設計能力**（指導計画・指導過程の構築能力）
・ゴールへの「道筋」を描き，「点」として存在した授業を「線」で結ぶ
（＝Backward designは，目標準拠（絶対）評価の要諦！）

・なすべきことを明確にし，レディネスに配慮してその順序を決定する
・ゴールに到達するまでの**無理のない授業時数を配当する**

④ **指導能力**（教育的人間力，英語力，指導技術，クラス・マネージメント）

⑤ **(外国語)教育に関する専門知識**（言語習得理論，教授法，教育課程）

・**「自分が教わった通りに教える」ことから脱却する**
　　　　　　　　　　（自己の経験の再生産のみでは，プロの名に値せず！）

⑥ **授業評価・改善能力**

2.10.2. 抽象的目標を具体的に活動化する

　授業のゴールである到達目標は，「主体的な学習態度とコミュニケーション能力を育成する」など，抽象的であっては看板倒れに終わり，役には立ちません。生徒一人ひとりにとって「できた／できない」がわかる具体的な目標であればこそ，生徒のやる気を引き出し，教師の「評価」も可能になります。具体的に目標を設定するとは，例えば，「準備した上で，原稿を見ずに1分間程度ショウ＆テル形式でスピーチができる。聞き手は，友達のスピーチの要点を理解して，英語でひと言感想を述べたり，興味を持った事柄について質問したりすることができる」，「教科書本文を理解し，著者の主張に対する自分の意見を，理由を付けて書くことができる」など，「抽象的目標を具体的に活動化する」ことです。

　「目標なきもの授業にあらず。」学習到達目標は授業の要（かなめ）です。目標の設定に際しては，学習指導要領に示された「資質・能力の三つの柱」とそれらをふまえた「観点別学習状況」の新たな三つの観点を意識して，その具体化を図りましょう。

　「資質・能力の三つの柱」
　　1. 知識及び技能
　　2. 思考力・判断力・表現力等
　　3. 学びに向かう力，人間性等

「評価の三観点」
1. 知識・技能
2. 思考・判断・表現
3. 主体的に学習に取り組む態度

　改定されたこれら評価の3観点は，旧4観点とは違って互いにオーバーラップしており，絶対評価は難しくなり，現場での混乱が予想されます。新観点での評価への対応法については，髙橋（2021:22-27）をご参照ください。

➡ *Self-development Task 13* ―新指導要領をふまえた授業設計と改善の視点

　新学習指導要領では，「三つの柱」となる資質・能力を育成すべく，「主体的・対話的で深い学び」（アクティブ・ラーニング）を促す授業が求められています。「三つの資質・能力」と「三つの学び」を縦軸・横軸に取った次のマトリックス表*を見て，①〜⑨のそれぞれで英語教師として授業で何ができるか，何をすればよいかを考えてみましょう。

「資質・能力の三つの柱」と「三つの学び」のマトリックス表
What can/should we do? Please think and fill in the "matrix" below.

アクティブ・ラーニング 三つの学び／資質・能力の三つの柱	主体的な学び	対話的な学び	深い学び
A. 知識及び技能	①	②	③
B. 思考力・判断力・表現力等	④	⑤	⑥
C. 学びに向かう力，人間性等	⑦	⑧	⑨
（共通）	【指導・活動手順】⑩ ➡	➡	

*横浜国立大学名誉教授・佐野正之氏に示唆を得た「三つの柱」と「三つの学び」を軸としたマトリックス表を用いた本タスクは，髙橋（2021：19, 41）に解説を加えたものである。

☞ *Check It Out 13* ―新指導要領をふまえた授業設計と改善の視点

　筆者が考える授業設計と改善のポイントは次の通りです。あなたの考えと比較し，授業実践をふり返ってチェックしてみましょう。

「資質・能力の三つの柱」と「主体的・対話的で深い学び」を軸とした
中・高の授業設計と改善の指針（授業設計マトリックス私案）

アクティブ・ラーニング 三つの学び／資質・能力の三つの柱	主体的な学び	対話的な学び	深い学び
A. 知識及び技能	・英語で進める授業 ・生徒の「気づき」を促す導入や，やり取りを通した教科書本文・題材理解 ・文脈のある自己表現活動や伝達活動	・T-S，S-Sの「やり取り」を通したインタラクティブな授業展開 ・英語で自己を語る教師のティーチャー・トーク	・生徒による「気づきの言語化」 ・教材研究に基づく教科書題材の深化 ・教科書本文等の批判的な読み（Critical reading）
B. 思考力・判断力・表現力等	・教科書本文との対話：解釈と意見構築 ・自らの体験や考えを伝え合う総合的・統合的・創造的な言語活動	・本文を生徒の身近に引き寄せる導入・展開 ・ペアやグループでの協働学習 ・意欲を高める「発表」の場の提供	・生徒の思考を促す教師の発問と言語的・内容的フィードバック ・各種モードでの補足資料の提供による言語活動の高度化（伝達内容の価値の向上）
C. 学びに向かう力，人間性等	・(中長期～短期) 目標の設定とふり返り ・自学帳のすすめ，ポートフォリオの活用（学びのセルフ・モニタリング） ・学び方を学ばせる（自律した学習者の育成）	・（学び方や学ぶことの意義に関する）仲間や教師との対話の場の設定 ・学び合い，認め合い，伸ばし合う協働学習と相互評価	・外国語（英語）を学ぶ意義を考える ・言葉の豊かさ，言語への関心 ・異文化の理解と尊重・共生，平和・人権
（共通）	【指導・活動手順】　Think　➡　Pair/Group　➡　Share＋T's feedback		

　A.「知識・技能」を①「**主体的な学び**」で促すには，新出文法事項の導入もできる限り英語で進め，説明して教え込むのでなく帰納的アプローチで生徒自身に意味や形，使い方に気づかせます。また，自己表現や伝達活動で

自分のメッセージを伝達する機会を与えます。②「**対話的な学び**」としては，T-S, S-Sの英語でのやり取りの機会を多く設けましょう。モデルとして教師自身が自分のことを語り聞かせることも大切です。③「**深い学び**」を促すには教材研究が不可欠です。特に教科書本文は表面的な訳読に終わらず，英語での導入を通じて題材への深い理解を促しましょう。それが生徒の思考を誘発します。文法指導では，気づきを自分の言葉で整理させることも大切です。

B.「**思考力・判断力・表現力**」を④「**主体的な学び**」で促すには，教科書本文を理解したうえで，関連する自分の体験や考えを発表させます。ここでは，教師の発問（参照質問：referential question）が決め手です。⑤「**対話的な学び**」としては，本文を生徒の身近に引き寄せる口頭導入から，ペアやグループでのやり取り，全体の場での発表へと展開しましょう。⑥「**深い学び**」を促すには，導入などで生徒の思考や感情を刺激する映像・音声・文字情報を与えることと，生徒の発表に対する教師からのフィードバックが大切です。

C.「**学びに向かう力，人間性**」を⑦「**主体的な学び**」で促すには，長期・中期・短期の目標をCAN-DOで具体的に提示し，適宜ふり返りを行わせること。自学帳への取り組みを奨励したり，ライティングなどの作品をポートフォリオとしてファイルさせ自己の成長を確認させたりしましょう。授業を通じて学び方を教え，自ら家庭学習に取り組めるよう指導します。⑧「**対話的な学び**」として，仲間との協働学習の場を作り，学び，認め，高め合う学習集団づくりをめざしましょう。⑨「**深い学び**」として，英語の授業を通じてhow to ばかりでなく，豊かな言葉への気づき，異文化への共感的理解と共生，人権・平和などwhat to communicate（伝えるべき自己）の開発をめざしましょう。

⑩は，A～Cの育成のすべてに共通する［**Think→Pair/Group→Share**］という「**指導・活動の手順**」です。授業のさまざまな場面で，まず生徒一人ひとりに考えさせ，それをペアやグループでのやり取りで報告し合い学び合わせます。最後にそれを全体での発表を通して教師も含むクラス全員で共有します。このとき，教師による共感的な言語的・内容的フィードバックが大切です。

2.10.3. 授業展開の基本モデルと学習指導案の書式サンプル

　次に学習指導案（teaching plan）の書式サンプルを示しておきます。英語教員が集う学会や研究会では，次ページに示すような英語で書かれた学習指導案を配布することもよくあります。他教科の先生方と合同で行う校内研修会や他教科の先生方にも参観指導いただく教育実習生の研究授業*などでは，日本語で書いた指導案を配布するのが一般的です。指導過程の主な項目については，日本語での項目名も示しておきますので，日英語のどちらでも書けるようにしましょう。

　指導案サンプルには，第2章「初伝」のまとめを兼ねて，各項目に関連する本章の番号とタイトルを示しましたので，指導過程の各項目（チャンク：chunk）に関わる重要事項を再確認してください。Ⅶ.の Teaching Procedure では，中学校の授業を想定した基本的な指導過程のモデルを示していますが，目標が変われば，そこに至る道筋としての指導過程も変わることは言うまでもありません。また，当然ながら指導過程の各チャンクに配当する時間も，Warm-up は5分間などと決まっているわけではありません。あくまで目安としての一例と考えてください。

Teaching Plan

Instructor: ○○ ○○

Ⅰ. **Date**: Tuesday, May 31, 2022

Ⅱ. **Time**: The 3rd Period (10:40〜11:30)

Ⅲ. **Class**: The 2nd-year, Class 3 (18 boys and 17 girls)

　　　　　○○ Junior High School, Kanagawa-ku, Yokohama City

Ⅳ. **Text**: △△*English Course 2.* Lesson 3 "○○○○○" (pp. 15-20)

Ⅴ. **Aims of This Lesson**: （**本課の目標**）

　　1) To familiarize the students with (*a specific language material*)

　　2) To encourage and enable Ss to (*do something in English*)

　　3) To make Ss notice and deepen their understanding about (*the topic in the text*) … cf. 2.10.2.「抽象的目標を具体的に活動化する」

Ⅵ. **Allotment of This Lesson**: （**本課の時間配当**）

---

*教育実習で配布する指導案では，次のように授業者（実習生）指名の上に，教科の指導教諭名も書きます。

Adviser: Mr. Takahashi
Instructor [Student Teacher]: ○○○○

5 periods, This being the 2nd

　　　　　　　　　　… cf. 2.10.1.「登山のたとえ：授業時数の配当」

Ⅶ. **Aims of This Period**：（**本時の目標**）

　1)　　　　　　　 … cf. 2.10.2.「抽象的目標を具体的に活動化する」

　2)

　3)

Ⅷ. **Teaching Aids**：（**教具**）

　Picture charts, cut-out pictures, task card, …

Ⅸ. **Teaching Procedure**：（**指導過程**）

　　　… cf. 2.1.「授業の鉄則：レディネスを作る」, 2.10.1.「登山のたとえ」

A. **Warm-up** [5 minutes]（**ウォームアップ, 授業への導入**）

　1) Greetings　… cf. 2.2.「ウォームアップ」, 2.3.「ティーチャー・トーク」

　2) Singing an English song "○○○"

　　（Chant, Bingo, tongue twister, small talk, chat, etc.）

B. **Review** [5 min.]（**復習**）　… cf. 2.1.「授業の鉄則：レディネスを作る」

　1)　　　　　　　　　　 2.10.1.「登山のたとえ：点の授業を線で結ぶ」

　2)

C. **Presentation and Practices of the New Language Materials**
　[19 min.]（**新しい文法事項の提示と練習**）

　1) Oral presentation of today's target sentences

　　　　　　　　　　　　　 … cf. 2.6.「新しい文法事項の導入」

　2) Explanation/Confirmation of the points（＝Meaning, Form,
　　&Function）　　　　　… cf. 2.8.「教えるための語法・文法理解」

　3) Mim-mem（mimicry-memorization）

　4) Manipulation drills　　　　　　　　 … cf. 2.9.1.「学習活動」
　　（e.g. Pattern practices, chart drills, oral composition, etc.）

　5) Communication activity/Self-expressing activity

　　　　　　　　　　　　　　 … cf. 2.9.2.「言語活動を創る」

D. **Reading Today's Text** [18 min.]（**本文の導入と展開**）

　1) Oral introduction/interaction　… cf. 2.7.1., 2.7.2.「本文の口頭導入」

　2) Check of understanding（e.g. Q&A, True or False quiz, etc.）

        … cf. 2.7.3. 「Q&A」, 2.7.4. 「答えられない生徒への支援」

 3）Pronunciation drill of the new words & phrases with flashcards

 4）Listening to the CD/teacher … cf. 2.4. 「Model Reading: 教師の範読」

 5）[Further explanation of the text（when necessary）]

 6）Reading aloud   … cf. 2.4.1. 「Model Reading: 教師の範読」

  ⅰ）Chorus reading after the teacher   2.4.2. 「さまざまな音読練習法」

  ⅱ）Read & Look-up

  ⅲ）Buzz reading

  ⅳ）Individual reading

 7）[Text-related communicative activity]

  e.g. Skit playing, retelling, opinion-making & sharing, discussion, debate

      … cf. 2.5. 「②本文題材の研究」, 2.7.3. 「Q&A: Referential Q's」,

       2.9.3. 「言語活動のレベル分類③」

E. Consolidation & Assignment of Homework [3 min.]

（本時のまとめと家庭学習の課題の指示）

2.10.4. 「態度」の育成と「技能」の育成

 次ページに，児童・生徒の情意面の変容と教師の指導の関係図を示します。本章のまとめとして，また，第3章へのイントロとして，この図をもとに日本の学校英語教育の問題点と改善すべき課題について考えてみましょう。

 この図が示すように，「コミュニケーションへの主体的・積極的な態度の育成」は一朝一夕に成し得るものではなく，「技能の育成」による継続的な学習者の成功体験に裏打ちされて，「一時的な興味」が「持続的な関心」へ，さらに「永続的な態度」へと形成されていきます。小・中・高の英語授業を頻繁に参観している経験をもとに，この図に照らして各校種の英語教育の課題を整理してみると，以下のことを強く感じます（新学習指導要領をふまえた小・中・高での英語指導法については，樋口・髙橋ほか編 2015, 2017, 2019の『Q&A中学／小学／高校英語指導法事典』もご参照ください）。

 小学校英語では，旧教育課程での「外国語活動」研修会などでよく耳にした「態度の育成が主目的であって，技能の育成は必要ない」という極論の影

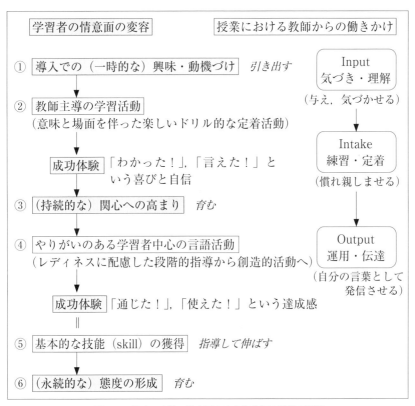

<図2.10.4. 児童・生徒の情意面の変容と教師の指導の関係>

響だと思いますが，上の図に示した②が弱い授業が多いようです。活動への
レディネス作りに不可欠な練習なしに，すぐに児童主体の活動に移るため，
活動の到達度が低く，児童が戸惑い，人前での失敗に対する抵抗感が強まる
高学年では児童が自信を失い，英語嫌いを生む原因となります。「態度の育成」
と「技能の育成」は２項対立関係にあらず。両者は不可分・相補的なもので
あり，体育の鉄棒や水泳の例を挙げるまでもなく，真の態度育成は技能の育
成に裏打ちされたものです。「教師主導で教え込むこと」と「必要な練習を
保障し，児童ができるようにしてあげること」（レディネス作り）は全くの
別物です。校種を問わず，「できるように指導・支援し，できたことを褒め
てあげる」のが，指導の鉄則です。（樋口・大城・國方・髙橋（編）2010：39-41）

中学校の英語授業では，従来④が弱い授業をよく見かけます。活動内容が生徒の精神年齢や興味・関心と乖離しており，いつまでも教師主導で生徒の創造的活動が少ないため，実践的な表現能力・運用能力が育成されていません。到達目標として設定する「言語活動の質的充実」とそれを担保する「学習活動の精度向上」を図る必要を感じます。教科書本文を深め，生徒の「思考・判断」を促し，理解から表現・発表へとつなげる指導も重要でしょう。

　高等学校の英語授業では，まず，① ③ ⑥など生徒の情意面への配慮が不可欠です。旧態依然とした参考書を読めばわかる教師の文法説明と訳読による予習の答え合わせでは，積極的態度も主体的態度も運用力も育たず，4技能の評価へと移行しつつあるこれからの大学入試にも対応できません。中学校で述べた課題に加えて，生徒主体の活動的な授業への構造改革が求められます。コミュニケーションに生きて働く文法指導も大きな課題となるでしょう。（中高の授業改善の課題は，樋口・緑川・髙橋 2007：3-8を参照）

コラム⑤　初任教員のふり返りと気づき

　筆者が会長を務めていた英語授業研究学会の関東支部では，月一度例会を開催し，年度末には新任教員特集を行っています。そこで実践報告をしてくれたK.R.さんは，私立高校の専任教員として勤務する初任者教員です。本書では，教員が自分自身の授業実践をふり返り，省察（reflection）して改善を図ることの重要性をくり返し述べていますが，彼女は初任者として試行錯誤をくり返し，時には精神的・身体的な不調を覚えながらも，それを実践してきました。Kさんの了承を得て，以下にその一端を紹介します。

① 新年度のスタートと同時にぶつかった壁

　習熟度別の slow learners のクラスを担当。40人中30人以上が私語をし，ともすれば大騒ぎのクラスだ。周りの先生方も忙しそう，同期の教員も男性ばかりで気軽に相談できる相手を見つけるのが難しい状況だった。授業は成立せず，慣れない出張，その他ストレスが重なり，不眠症で体調を崩す。心身ともに限界を感じ，若い女性教員の悩みを理解してくださりそうな先生に思い切って相談した。「それって立派なうつ病よ。放っておいちゃダメ！」これを機に悩みを打ち明け，授業も見ていただいた。この先生のアドバイスが私の「転機」となった。「今のままの授業ではよくない。たとえうるさいクラスでも，先生が変われば生徒は変わる。自分自身が受けてみたいと思う授業を考えてごらんなさい。」

② 生徒観察と情報収集

・生徒を観察し理解に努める。生徒の中には，中学1年生の学習内容すら十分に理解できていない者がいることを初めて知った。「大人が当たり前にできること＝生徒が当たり前にできるわけじゃない」ことを肝に銘じよう。例えば，「板書を正しく書き写す」，「自己採点を間違えずに行う」，「配布物を整理して管理する」，「連絡事項をきちんと聞いて理解する」等々。

・先輩教員のことば。「自分が受けた授業と同じ授業を行っていてはダメ。あなたが理解できた授業も，同じ教室にいたクラスメートの8割は理解できていなかったかもしれない。そういう授業をすれば，8割の生徒を切り捨てることになる。」

・障害児について学ぶ。担当クラスに弱視の生徒がいることを知る。私学には初任者研修制度がないので書物などで独学する。プリントの文字も10.5ポ

イントではよく読めないが12ポイントなら読める生徒がいることも知った。
・他県の情報も集める。板書を書き写す時間短縮のためにプリントを大量配布した岩手県の数学教育で学力低下を招いたという新聞記事を読む。「プリントを一方的に配るだけでは一方通行のコミュニケーションに陥りがち」なことに気づく。プリントに頼らない授業を考えよう。配るなら，「回収→添削」など，配りっぱなしにならないようにしよう。資料整理のできない生徒がいるので，配ったらその場でノートに糊づけさせよう。

③ 授業改善への取り組みと小さな成果

・生徒との信頼関係を築く。まず，生徒の話はきちんと聞こう！ 先生が生徒の話をちゃんと聞かなければ，生徒も先生の話を聞かない。授業中の生徒の発言にはできるだけ応えよう！ それが，発言しやすい環境づくりにつながるはず。授業に関係ない不規則発言をする生徒が，授業に関連し，授業を盛り上げる発言をしてくれるようになった。「どんな褒め言葉にも惑わされない人間でも，自分の話に心を奪われた聞き手には惑わされる。」(ジャック・ウッドフォード『人を動かす』)

・双方向のコミュニケーションを大切にした授業づくりをする。中学の題材を使った復習の時間も取り入れる。レベルの高すぎるリスニング教材などは難度を下げたオリジナル教材を作って使用し，難しい教材は情報を絞って答えさせるなど，生徒の力に合った授業内容を心がけた。わかる授業，できる活動を行うと，騒いでいた生徒も「これならできる！」と取り組んでくれるようになった。騒ぐのにも理由があるんだ！ ベテランの先生の助言で，ノートの取り方も一から指導した。生徒のモチベーションを上げる工夫をする。答えを配って自己採点させるのをやめ，出来たら私のところに持ってこさせて，目の前で丸付けをして一言コメントしてあげることにした。提出物は，課題によっては添削して返却，堅苦しい検印を押すのをやめて，ポケモンのスタンプにした（カワイイと好評！）。すべての提出物を添削できないので，たくさんの☆のスタンプをその場で押してあげるようにした。私の時間節約にもなり，何より一人ひとりとコミュニケーションできる場が増えた。

・スケジュールを管理し，その場でアタフタしない。先を見て指導できるようエクセルを使ってスケジュール管理をし，指導計画を教室に掲示，自分の仕事計画も作るようにした。「試験前に範囲が終わらない」という悩みから解放された。定期試験の問題も時間のあるうちに骨子を作っておく。これは

授業での指導にも役立ち，定期試験は4回連続で一番に提出できた！

・同僚の先生方から学ぶ。ベテランの先生のアドバイスは，「自分には無理」と思わずに素直に実行してみる。失敗しても得るものはあるはずだから。他の先生の行動を観察して，これはと気づいたことはメモをして取り入れる。授業以外でも，教室の掲示物の掲示の仕方，清掃の指示の出し方，職員室の机の整理まで，いろいろ学んだ。

　初任者として，ただただ「お見事！　立派！」のひと言です。昨今，「同僚性」という学校の文化が失われつつあることが問題視されていますが，Kさんの場合には，良き先輩に恵まれたこと，そして何よりKさん自身が自ら勇気を出して自分の授業を見てもらい，悩みを打ち明けて助言を求め，自ら生徒のために努力と工夫を重ねたことが，生徒との信頼関係を作り，それを基盤として授業を成立させたのです。プロとして成長する教師に共通する資質をKさんに見ることができます。「教師が変わらなければ生徒は変わらない。それには教師の勇気とチャレンジが必要なのだ。チャレンジには苦しみがつきまとう。それを恐れていては成長はない。（佐野 2011）」Kさんの今後の一層の成長を見守り，応援したいものです。

第3章 「中伝」
指導案分析による授業改善トレーニング

　第2章の「英語授業 基礎知識・技能トレーニング」で詳しく学んできたことをもとに，第3章では，具体的なひとつの指導案を取り上げ，授業分析と改善案を検討してみましょう。本章では「中伝」として，第1章でも取り上げた教師としての成長に重要かつ不可欠な「授業分析能力」と「授業改善能力」を伸ばすための視点を具体的な演習課題を通して養います。

3.1. 指導案分析演習の意義

　学習指導案から当該の授業を頭の中で vivid に映像化（visualize）して，授業展開をイメージしながらその問題点を探り，より良い代案を検討するのは，教師の成長を図る有効な研修方法のひとつです。
　本章で取り上げるのは中学校3年生の指導案で，新出文法事項は「関係代名詞who」（関係代名詞は本課が初出）です。この指導案は，筆者がかつて勤務した大阪教育大学附属天王寺中学校の『教育実習指導講話集』に掲載されていたもので，1980年代前半に作成されたものです。実習生のための授業モデルとしてよくできた指導案ですが，1976年に告示され1981年度（昭和56年度）より実施された当時の学習指導要領に準拠したものですので，その後4回の指導要領改訂を経た現代の視点から見れば，改善できる点も少なからずありそうです。この指導案を精査し，改善可能な問題点を抽出して，具体的な改善案をともに考えてみることにしましょう。

3.2. 分析対象指導案

　学習指導案を示します。授業展開をイメージしながら熟読してください。

Teaching Plan

Instructor: _____

Ⅰ. **Date & Time**:

Ⅱ. **Class**: Third-year, Class A, ○○ Junior High School

Ⅲ. **Text**: *New Horizon English Course 3.*

Review Material: "On the Telephone" (p. 29)

New Material: Lesson 6, Part 1 (p. 31)

Ⅳ. **Aims of Today's Period**:

1. To comprehend and produce orally a restrictive relative pronoun 'who' as used in a sentence consisting of words familiar to the learners

2. To recognize and pronounce the following words and phrases: *village, Mt., cool, cloud, climb, yet, rise, at the foot of, some day*

Ⅴ. **Teaching Procedure in Detail**

A. **Review**

1. **Listening and reading of the previous material on p. 29**

2. **Role playing**

Let the learners work in pairs on the basis of the following:

> *A*：午後から，級友を病院に見舞いに行く。一緒に行こう。
> *B*：入院したことは最近聞いた。見舞いに行くつもりだった。
> 　　お見舞いは何がいいかな？
> *A*：本（花，果物）はどうだろう？　バスで行こう。
> *B*：了解。バス停で14:00に会おう。

B. **Presentation of the New Language Material**

1. **Oral introduction and practice of 'who'**

T：I'm going to ask some of you to do something for me.　A, go to the blackboard and clean it, please.　B, go to the windows and open them wide.　C, turn on the light, please.　Shut the door, D, will you?　Draw the curtains, E and F, will you?　Thank you, everybody. By the way, was A the girl who cleaned the blackboard?

Ss : Yes, she was.

T : Yes. A was the girl who cleaned the blackboard. Was C the boy who opened the windows?

Ss : No, he wasn't.

T : C wasn't the boy who opened the windows. Then, who was the boy?

Ss : B was.

T : Yes. B was the boy who opened the windows. Was C the girl who turned on the light?

Ss : Yes, she was.

T : Answer in a long sentence.

Ss : C was the girl who turned on the light.

2. **Explanation of the structure**

3. **Substitution practice**

Letting the learner choose a sequence of words from the frame below and make sentences.

I know	a person		has been to the North Pole
I don't know	a boy		likes playing the mandolin
I have met	a girl	who	goes fishing every Sunday
I haven't met	a man		likes collecting dolls
We're looking for	a woman		has many records of pop music

C. **Reading the Text**

1. **Pre-reading introduction showing the letter and envelope**

~Questions to be asked are as follows:

1. Who wrote this letter?

2. Who did Mary write this letter to?

3. When did she write it?

2. **Silent reading for comprehension**

　〜The following questions are put on the board：

1. Where does Mary live?

2. Is Mary staying in Tokyo?

3. Has Mary climbed Mt. Fuji yet?

3. **Reading aloud**

　The text is read aloud chorally several times, first, sentence by sentence after the model, and then read through. After that, group reading is practiced, in which one person in a group reads the text while the others listen for the meaning with the books closed.

4. **Comprehension questions**

1. Does Mary often write letters to Kathy?

2. Where is the village?

3. Is it hot in the village in July?

4. Which is cooler, Tokyo or this village?

5. Can they often see the top of Mt. Fuji?

6. Have you ever seen the top?

7. Why does Mary want to climb Mt. Fuji?

8. Have you ever climbed Mt. Fuji?

9. Would you like to climb Mt. Fuji some day? Why?/Why not?

D. **Further Practice**

　Pairing off learners, the teacher gives S_1 'set A', and S_2 'set B' of the pictures below. The two sets are different from each other in that one set is provided with the names of the characters which are lacking in the other set and vice versa. By engaging in the following dialog, each of the members fills in the missing parts without looking at the set of the other members.

・**Questions to be asked**：

Do you know the boy/girl who likes ＿＿＿＿＿＿?

Yes. I know the boy/girl who likes_____. He/She is_____.

Bill	Jane	Dick	George
play the guitar	sing songs	read a book	watch television
ski	play baseball	cook	play tennis

<Set A>

play the guitar	sing songs	read a book	watch television
Kate	Tom	Susan	Betty
ski	play baseball	cook	play tennis

<Set B>

134

3.3. 分析の視点と授業改善への課題提議

　指導案を読みながら，教師の働きかけや生徒の反応など授業を映像化（visualize）することができたでしょうか。「指導案から授業展開を具体的にイメージすることができる。」これは，教師にとっての重要な能力のひとつです。これができる人は，例えば，授業研究会で事前に配布された指導案に目を通し，授業をイメージしたうえで，これから始まろうとする授業の，注目して観察したい点や学びたい点を明確にして参観することができます。何も考えずに漫然と見ているのとは学びの質が違ってきます。

　それでは，次に第3章の *Self-development Task 14* として，指導過程に沿って【1】～【6】の検討課題を提示しますので，問題意識を持って，再度，上記指導案の該当するチャンクを見直してみましょう。

➡ *Self-development Task 14* —指導案の分析と改善案の検討

【1】Ⅳ.の「本時の目標」について

① 現在の学力観や指導要領の趣旨をふまえて，この目標に何か違和感を覚えませんか。

② この当時は，ここまで指導することになっていたのですが，2011年度までの旧学習指導要領であれば，その枠を超えた目標が含まれています。それは何でしょうか（2012年度実施の旧指導要領では，再びこのレベルまでの到達度が要求されることになりました）。

【2】Ⅴ.「指導過程」A. 2.「復習」の Role playing について

①「学習活動」でしょうか，それとも「言語活動」でしょうか。ここで復習しようとしている3年生の重要な既習の文法事項は何だと思いますか。

② 言語の使用場面と復習すべき文法事項に配慮して，中学3年生に提示するのにふさわしい model dialog を考えてみましょう。

③ 上記の model dialog を学習する際に，①で確認した目標文法事項以外を扱うとすると，どのような言語材料を扱えるでしょうか。

④ この活動は厳密に言うと"role play"と呼ぶには弱いように思えます。Role play とは，どのような活動なのでしょうか。

【3】B. 1. の「関係代名詞 who の口頭導入（oral introduction）」について

① 新出文法事項の口頭導入では，あなたはどのような点に配慮して，どん

な手順で導入していますか？

② この導入の展開はステップが少々粗いと思いませんか。このアイデアで導入すると仮定して，問題点を整理したうえで，生徒のレディネスに配慮して，より丁寧にT-Sインタラクションを補ってみましょう。

【4】B. 3. のドリル（substitution practice）について

① この「チャート・ドリル」の問題点を2つ挙げてみましょう。

② その問題点をふまえて，より良い代案を考えてみましょう。

【5】C. のReadingの新教材（教科書本文）の展開手順と内容について

① 1.～4. の指導手順（procedure）は，これでよいでしょうか。再検討してみましょう。

② 4. のcomprehension questionsに異なるレベルの質問があることを念のために確認しておきましょう。

【6】D. の言語活動（Further Practice）について

① この「言語活動」の問題点を3つ挙げてみましょう。

② その問題点をふまえて，インフォメーション・ギャップ活動の改善案を考えてみましょう。

※ *Check It Out 14*を以下に掲載しますが，まずはご自身でじっくりと考えてみてください。「自分のこれまでの学びや経験と照らし合わせながら，自分の頭で考える！」その自律性（autonomy）が教師には不可欠です！

☞ *Check It Out 14* ─指導案の分析と改善案の検討

それでは，【1】～【6】の課題について検討を始めましょう。たくさんの課題を列挙したので，以下，小見出しに分けて記述していくことにします。

3.4. 本時の目標設定

【1】Ⅳ. の「本時の目標」について

> ① 現在の学力観や指導要領の趣旨をふまえて，この目標に何か違和感
> を覚えませんか。

　指導案の「本時の目標」（Aims of Today's Period）に掲げられた目標は次
の2項目でした。

1. To comprehend and produce orally a restrictive relative pronoun
   'who' as used in a sentence consisting of words familiar to the learners
2. To recognize and pronounce the following words and phrases :
   village, Mt., cool, cloud, climb, yet, rise, at the foot of, some day

　目標 1. は「新出文法事項」（ここでは関係代名詞who），2. は「新出語句」（こ
こでは7つの単語と2つのフレーズ）です。かつての学習指導案の目標記述は，
このパターンが多かったようです。2.10.1.の「登山の図」（p. 117）を再度確
認してみましょう。

　「目標」は，授業を通して生徒達を導きたいゴールであり，「教育」として
の授業の価値を決定づけるものです。確かに，英語学力の基礎・基本として
文法と語彙は重要な指導事項ですが，「学校英語教育」の目的は，果たして
それだけで十分でしょうか。

　学校英語教育で何を教え，どのような生徒を育成しようとするのか。学校
英語教育における基礎・基本とは何なのか。生徒に育成したい英語の学力を
どう捉えるのか。教育の「目標」は，教育者（educator）としてのこのよう
な「教育理念」（「教師の信念」としての教科教育観，学力観，指導理念：
teacher's beliefs／principles, philosophy）を具現化しなくてはなりません。

　さて，「目標の設定」に際して，思い起こし確認すべき事柄がありましたね。
それは何でしょうか。すぐに思いつきましたか。2.10.2.に示した「観点別学
習状況」の新たな3つの観点（pp. 118-119）です。学年末にこれら3観点に
ついて，指導する生徒一人ひとりについて，目標準拠の絶対評価を行わねば
なりません。言い換えれば，

> あなたは教師として，授業の中の「どこで」，「どのようにして」，あなたの生徒たちに
>
> 1. 英語についての「知識」を与えるだけでなく，実際に使える「技能」を養っていますか？
> 2. 「思考・判断」させ，考えたことを英語で「表現」する機会を与えていますか？
> 3. 「主体的に学習に取り組める場」を与え，自律的な学習者へと育てていますか？

という問いに答えることができなくてはなりません。「指導あっての評価」，指導していないことは評価できませんし，授業で指導していないことを評価すべきではありません。

もちろん，日々行う毎授業ごとにこれら3つの観点のすべてを揃えることはできないでしょう。しかし，念頭に置いて考える必要はあります。そして，1単元，1学期，1年間，3年間などの中・長期的スパンの中で，偏りのないようバランスをとることが必要です。

分析対象指導案の Aims of Today's Period では，目標文法事項（関係代名詞who）の理解と運用，および文法知識（関係詞節による後置修飾構造）の理解と語彙の知識（＝観点1）について取り上げています。しかし，観点2や3についてはどうでしょうか。新たに学習したこれらの言語材料を，生徒たちがどのような場面で使用し，コミュニケーションとして何をできるようにしてあげるのか，どのような活動に取り組むことによって，生徒一人ひとりの思考を促し，個性・創造性を発揮して主体的かつ積極的にコミュニケーションを図ろうとする態度を高めようとするのか，その具体的な行動目標（behavioral objectives）が記述されていません。

例えば，「関係代名詞を使って説明される英語の職業名を理解できる。(To make the learners understand what profession it is through listening/reading the definitions of the words presented through the Bingo Game.)」(2.2.3. pp. 33-34 の「職業ビンゴ」参照) ／「関係代名詞を使った文を含む数文で，自分の好きな「歴史上の人物や有名人クイズ」を作って，グループで出題し合うことができる。(To encourage the learners to make and enjoy "Who am I? Quiz" in groups using the target structure.)」など

138

の，「できた／できない」が生徒にもわかる活動化された具体的目標がほしいところです。現代の視点から見て，何か物足りないと感じるのはこの点にあるのだと思います。

---

② この当時は，ここまで指導することになっていたのですが，2011年度までの旧学習指導要領であれば，その枠を超えた目標が含まれていますね。それは何でしょうか。

1998年（平成10年）告示，2002〜2011年度実施の『中学校学習指導要領』では，関係代名詞は「理解の段階に留める」文法事項とされていました。すなわち，関係代名詞は，それを使って文を書いたり，話したりするproductionレベルまでは要求せず，聞いたり，読んだりして正しく文の意味を理解できればよいという recognitionレベルが共通の到達目標とされていたのです。従って，"To comprehend and produce orally a restrictive relative pronoun 'who' as used in a sentence …."という目標1は，この旧指導要領下では指導要領の目標を超えた「発展的な学習*」ということになったのです。

ちなみに，この「ゆとり教育」と呼ばれた旧指導要領で「理解の段階に留める」とされた関係代名詞を含む3つの文法事項をご存知でしょうか。それらは，以下の3つでした。

① 「主語＋動詞＋間接目的語＋直接目的語」の文型のうち，
   「主語＋動詞＋間接目的語＋how（など）to 不定詞」
② 関係代名詞のうち，主格の that, which, who 及び
   目的格の that, which の制限用法の基本的なもの
③ 「主語＋動詞＋目的語」の文型のうち，
   「主語＋動詞＋what などで始まる節」

学習指導要領では，「文法事項」はこのような抽象的な書き方をするので，

---

*2002年1月の遠山敦子文部科学大臣による「学力向上のためのアピール2002『学びのすすめ』」により，初めて指導要領のいわゆる「歯止め規定」としての法的拘束力が緩和され，「学習指導要領に示す内容は最低基準」とされたことにより，その内容を十分理解している児童生徒に対しては，学習指導要領の内容に留まらず，理解を深めるなどの「発展的な学習」に取り組ませることも可となった。

どんな文なのか，具体的例文を思い浮かべながら読まなくてはなりません。上記①，③の例文として，中学生に提示するのにふさわしい例文がすぐに思い浮かびますか。次に例文を示しますので，まず，ご自分で書き出してから確認してください。

＜例文＞
① I told him how to make a pizza.
　　Could you tell me what to do next?
③ I don't know where she lives.
　　Do you know how old he is?

③の「主語＋動詞＋目的語」の文型のうち「主語＋動詞＋what などで始まる節」とは，一般に「間接疑問／従属疑問」（indirect [dependent/reported] question）と呼ばれる構造です。

　なお，2008年（平成20年）告示，2012年度（平成24年度）実施の『中学校学習指導要領』では，
・小学校高学年で「コミュニケーション能力の素地を養う」ことを目標とする，年間35時間（週1時間）の「外国語活動」が必修化されたこと*
・中学校外国語（英語）科の授業時数が，3学年とも年間140時間（週4時間：3年間の総時数は9教科中最大）に増えたこと
などの理由から，「理解の段階に留める」という文言は消え，これらいずれの文法事項についても production レベルまで求められることになりました。関係代名詞を使って話したり，文を書くことまで，再び求められるようになったのです。（→「コラム⑦」pp. 171-174 参照）

---

*小学校「外国語活動」の必修化の背景，その内容や研究開発学校等による実践研究事例等の詳細については，樋口・大城・國方・髙橋（2010）および「コラム⑥」を参照。

コラム⑥ Beyond Fun & Games
──小学校英語教育からの示唆

　2020年度（令和2年度）より，小学校3・4年生に領域としての「外国語活動」が早期化され，5・6年生では教科としての「外国語」が必修化されました。それに先立ち，2011年度（平成23年度）から，「外国語を通じて，言語や文化について体験的に理解を深め，積極的にコミュニケーションを図ろうとする態度の育成を図り，外国語の音声や基本的な表現に慣れ親しませながら，コミュニケーション能力の素地を養う」ことを目標に，すべての小学校で5・6年生を対象に週1時間（年間35時間）の「外国語活動」が始まりました。実際には高学年だけでなく，学校裁量の時間等を使って低学年や中学年から英語に触れさせている地域がたくさん見られました。

　筆者は，外国語活動の必修化による全国一斉実施を迎えるまでの数年間，横浜市，川崎市，横須賀市，小田原市，南足柄市など神奈川県内のいくつかの文部科学省研究開発学校や地域の拠点校の運営指導委員として，「英語活動」の先行実践研究の支援に関わってきました。そこでの体験から，ある市での実践研究から得られた興味深いデータについて紹介します。

　この市では，3年間にわたり小・中学校の英語教育の連携を研究テーマに取り組みました。研究校として教育委員会の指定を受けたA小学校とB中学校は，道路一本隔てた隣同士の学校で児童・生徒は一貫ですが，研究開始当時は管理職を除き一般の先生方の多くは互いに顔も名前もわからない，ほとんど交流のない状態にありました。

　小・中連携英語教育の出発点は，小学校担任教諭（HRT）と中学校英語科教諭（JTE）の相互理解と協働から。授業はHRTとJTEのティーム・ティーチング（TT）で1年生から6年生までの英語活動を，授業案作りから活動準備，指導実践，ふり返りまで協力・連携して実施。中1での教科書を使った授業にも小学校のHRTが参画してTTを行いました。同じ指導体制で小1から中1までの7学年の英語指導を行ったのです。研究の最終年に児童・生徒に対して実施したアンケート調査の結果を見てみましょう。

　「英語活動／英語の授業が好きですか？」という質問に対する肯定的回答の比率は，小学校1・2年生で90%超，3・4年生では約70%，そして5・6年生では，残念ながら50%をやや下回る結果が出ました。高学年の指導が

悪かったわけではありません。指導体制はもとより，指導内容も歌やゲーム，体験的なアクティビティーなど，小学校全学年を通じて共通していました（実は，ここに問題があったのですが）。児童のこのような英語活動に対する90→70→50％という肯定的回答の学年別推移傾向は，この学校に限らず多くの地域や学校に見られる共通した現象です。さて，中学1年生の回答はどうだったでしょうか？　さらに低下して30％前後？　と思いきや，70％台にV字回復したのです。

　「英語活動／英語の授業が好きと答えた人は，なぜ好きなのか自由に書いてください」という問いへの自由記述回答も見てみましょう。低学年児童に共通する回答例を要約すると，「英語自体はあまりわかんないけど，歌を歌ったり身体を動かしたり，やることが楽しいから英語の時間は大好き」というのが圧倒的でした。この回答は中学年でも多数を占めましたが4年生では減少傾向が見られ，高学年では明らかな減少が見られました。そして私が最も注目したのは，中学校1年生ではこの種の回答がゼロ％！　なんとひとりもいなかったことです。

　これらのデータから中1での「V字回復」の理由を推測してみましょう。中学校では音声のみでなく文字も学んで読み書きも行い，文法も体系的に学習します。小学校英語活動での「もやもやした霧が晴れた！」それが中学1年生の知的好奇心を刺激した。これが私の推測です。

　次は別な市のC小学校の担任の先生方が，英語活動の指導を通して感じた「児童の発達段階と学習上の特性」をまとめてくださったものです。

＜低学年＞
・好奇心が旺盛で，未知のもの，異質なものへの抵抗感が少ない。
・仮に意味がよくわからなくても，抵抗なく耳にした音声をそのまま真似ようとし，模倣能力に優れている。
・周囲を気にせず，積極的に楽しんで表現しようとする。恥ずかしがらず身体を動かすことにも積極的に取り組むが，ひとつの活動に長時間取り組むのは苦手である。

＜中学年＞
・新しいものに進んで挑戦したいという気持ちが出てくる。友達と協力して関わり合う活動を好み，身体を動かす活動も楽しむ。

・4年生後半頃から知的欲求が出始め，理解できないと不安を抱くようになり，間違いや失敗に対する抵抗感を持ち始める。

<高学年>
・知的欲求が高まり，ゲームなどの表面的な楽しさのみでは飽き足らなくなり，関心ある内容や，考えて行う活動に興味を持つようになる。
・論理的思考力・理解力が高まり，知識を体系化する能力が高まってくるが，自信を持って理解できないと消極的になり，声が小さくなる児童が目立ち始める。
・文字に対する興味が高まり，英語を自分で読みたい，書きたいという願望が生じてくる。音声のみで，なんとなくわかるだけでは物足りなくなり意欲を失う。

　小学生は中学生にも増して大きな身体的成長を遂げますが，大脳も劇的に発達し，思考方法が子どもの思考から大人の思考へとある時期に大きく変化します。個人差はありますが，早い児童では4年生後半からその変化が現れ，高学年ではそれが顕著に現れることがわかります。高学年になると，ピアジェ（Piaget）の言う認知発達の「形式的（抽象的）操作期」に入り（樋口・髙橋ほか編 2017：16），大人と同様に論理的思考力が高まり，知識を体系化しひとつの理解から他を推測することができるようになってきますが，その反面，不確かな理解に対する不安感や失敗に対する抵抗感を感じ，自信がないと声が小さくなったり，歌ったり踊ったり，単純に得点を競ったりといった表面的楽しさだけでは物足りなく感じ始め，やりがいと達成感，力がついているという実感など，学ぶことの意義が感じられないと次第に興味を失い，ついて来なくなります。このC小学校担任教師による児童分析は，A小・B中の前掲のアンケート調査結果とも符合します。

　「楽しい英語授業」をスローガンに，得点を競うゲームやごっこ遊び的なinformation gap 活動を取り入れた中学校の授業が多く行われていますが，小学校高学年にして既に，表面的楽しさのみでは学習意欲を維持することはできないことがわかります。英語を初歩から指導する中学校英語教師は生徒を子ども扱いしがちですが，中学生はもはや幼児でないことを肝に銘じるべきです。Beyond Fun & Games! 高校生相手なら「何をか言わんや」です。

3.5. 復習活動のModel Dialogと学習のポイント

【2】 V.「指導過程」A. 2.「復習」のRole Playingについて

> ① これは「学習活動」でしょうか，それとも「言語活動」でしょうか。
> この活動で復習しようとしている３年生の重要な既習の文法事項は何
> だと思いますか。

この活動は，次のような手順で進みます。

1. 与えられた日本語を見ながら，ペアで対話文を英訳する。
2. 完成した英語の対話文をAまたはBの役割を決めて音読する。

教師はおそらく，2. の前か後に生徒に英訳を発表させ，必要に応じて誤り
を訂正したり，修正を加えたりしながら，模範となる対話文を提示するでしょ
う。

　「ペアで英語のやり取りをする」ということに惑わされず，「言語活動の成
立要件」（→2.9.2. pp. 106-110）を思い出してください。この活動は，ペアに
よる英作文と，できた対話文の役割音読練習（composition & role-reading
practice in pairs）であり，活動に従事する生徒間に information gap は存
在しません。また，１か所だけ「本，花，または果物」からひとつを選ぶ部
分はありますが，それ以外，表現内容はすべて与えられていて choice の余
地はありません。これは，既習文法事項の定着を図る「学習活動」です。

　さて，この活動で定着を図ろうとしている既習の目標文法事項は何か分か
りましたか。中３で関係代名詞の前に学習する重要な文法事項のひとつ──
「現在完了」です。対話文のどこで現在完了が登場するのでしょうか。

> ② 言語の使用場面と復習すべき文法事項に配慮して，中学３年生に提
> 示するのにふさわしい model dialog を考えてみましょう。

　私が考えたモデル・ダイアローグを示します。あなたが作成した対話文と
比較してみてください。この対話が行われている場面（言語の使用場面）は，
休み時間や放課後の学校かもしれませんが，指導案のⅢの復習教材のタイト
ルが "On the Telephone" となっていますので，次のモデルでは「電話」だ
と推測しました。課題には記されていませんが，対話者A・Bと入院したと

144

いう友達には名前が必要です。いきなり唐突に要件を切り出したり、「バス停で会おう」という提案で終わったりするのは会話として不自然ですから、課題には明記されていないセリフを補う必要もありそうです。

(*The phone rings.*)

A : Hello. This is Mary speaking. Can I speak to Osamu, please?

B : Hi, Mary. This is Osamu. What's up?

A : I'm going to see Kenji in the hospital this afternoon. Why don't you go with me?

B : Sure. I heard he was in the hospital. <u>I've wanted to go and see him.</u> What shall we bring him?

A : Let's see …. How about some fruit?

B : Sounds good.

A : Let's go by bus, shall we?

B : OK. Let's meet at the bus stop at 2:00.

A : All right. See you then.

B : Goodbye, Mary. Thank you for calling.

下線部の現在完了（継続）の文が目標文です。「見舞いに行くつもりだった」の部分です。生徒の多くは、「〜するつもり」という日本語に反応して、'be going to 〜' を思い出し、"I was going to see him." などと表現しそうです。しかし、ここで単純過去形（simple past）を用いると、「現在とは切り離された過去の事実」を表しますので、"I was going to see him [but I gave it up].（見舞いに行く予定だった［が、やめにした］）" という意味を暗示します。「彼が入院したことを聞いた時に "見舞いに行ってあげたい" と思い、それ以来、今も変わらずそう思っている」ということでしょうから、「過去のある時点の気持ちや状態が現在まで持続している」ことを表す現在完了（継続）の出番となります。

③ 上記の model dialog を学習する際に、①で確認した目標文法事項以外を扱うとすると、どのような言語材料を扱えるでしょうか。

目標文法事項は，上で見たように現在完了だと思われますが，「文法事項」だけでなく，「言語の働き（function）」の観点から見れば，この対話文には以下のように生徒に注目させて指導してやりたい表現形式がたくさん含まれています。

(例)・電話で相手を呼び出す　　Can I speak to 〜, please?
　　・用件を尋ねる　　　What's up?/What are you calling for?
　　・予定を言う　　　I'm going to 〜.
　　・相手を誘う　　　Why don't you 〜?　Let's 〜.
　　・提案する　　　How/What about 〜?
　　・誘いや提案を承諾する　　Sure./Sounds good.　OK.　All right.

---

④ この活動は厳密に言うと"role play"と呼ぶには弱いように思えます。
　Role playとは，どのような活動なのでしょうか。

---

①で述べたように，この活動は「学習活動」としての，ペアによる英作文とできた対話文の役割音読練習です。本来の「ロール・プレイ」（role play）とは，例えば，2章 2.6.2. の *Self-development Task 6*（p. 66）に示した role card のように，生徒が自ら与えられた役割を演じる創造的な言語活動です。

次の3.6.1.ではレディネスに配慮しながらスモール・ステップを踏んで，基礎的な活動から創造的な活動へと導く際の留意点を，3.6.2.では②に示した「モデル・ダイアローグ」をもとにして，真の「ロール・プレイ」へと導くさまざまな対話活動のフォーマットを検討します。

3.6. さまざまな対話活動のフォーマット

3.6.1. 易から難へのグレーディングの２つの観点・４つの要素

　1時間の授業過程の設計や中・長期的な指導計画の策定で述べた，ゴールに向けて「点として存在した授業を線で結ぶ」視点（→ 2.10.1. p. 117）は，活動にも当てはめることができます。目標とする発展的・創造的な活動に向けて，易から難へと活動の難度を徐々に上げ（shifting gradually step by

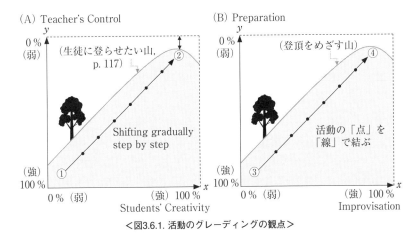

(A) Teacher's Control

0 %
(弱)

y

(生徒に登らせたい山,
p. 117)

②

Shifting gradually
step by step

(強)
100 %

①

0 % (弱)   (強) 100 %   x

Students' Creativity

(B) Preparation

0 %
(弱)

y

(登頂をめざす山)

④

活動の「点」を
「線」で結ぶ

(強)
100 %

③

0 % (弱)   (強) 100 %   x

Improvisation

<図3.6.1. 活動のグレーディングの観点>

step),活動の「点」を「線」でつないでいくことで無理のないルートを設定します。活動の易から難へのグレーディングを行う際に,次の2つの観点・4つの要素に留意するとよいでしょう。

(A) Teacher's Control vs. Students' Creativity

活動の計画的配列の最初の観点は,「活動に対する教師のコントロール」(teacher's control)と「活動における生徒の自由度」(students' creativity)のバランスです。これら2つの要素は相反するもので,例えば,準拠CDの音声を忠実に真似て行うテキストの暗唱発表など,教師からの条件づけや制約が100%のy軸上にある活動では,生徒の自由度はゼロになります。一方,完全な自由テーマに基づくスピーチ発表やオリジナル・スキットの発表など,すべて生徒達の自由な創造性にゆだねる100% x軸上の活動では,教師からのコントロールは存在しません。教師のコントロールが強く,生徒の自由度の少ないグラフ(A)の①の領域の活動は基礎練に相当する「基礎的な学習活動」,生徒の自由度が高く,教師のコントロールが少ない②の領域は「より実践的なコミュニケーション活動」と言え,2. 9. 3. pp. 115-116の言語活動のレベル分類では,目標言語を特定しない「総合的コミュニケーション活動」や「統合的コミュニケーション活動」に相当します。①の領域の基礎的活動からスタートし,②の領域の実践的活動へ向かっていくわけですが,一足飛びに「基礎」→「応用」へと,この間の段差が大きすぎると生徒を「落ちこ

ぼし」，全員を目標地点まで引き上げることができなくなります。このルート設定に際して，長期的な視点に立って，ゴールとして生徒を導く山の頂上をめざして teacher's control を徐々に弱めながら，students' creativity の比率を上げていく教師の適切な「さじ加減」が求められます。

(B) Preparation vs. Improvisation

　活動配列の第2の観点は，前もって活動の「準備」（preparation）ができることと「即興」（improvisation）で対応しなければならないことの両者のバランスです。この2要素も(A)と同様に相反するもので，例えば，原稿を準備し教師の指導も受けて十分練習した後に発表する prepared speech には即興の要素はありません。一方，テーマを与えられて，原稿を書くことなく即興で挑戦する impromptu speech では，頭の中で構想をめぐらしながら話すわけで事前の準備はできません。しっかりと準備して取り組むグラフ(B)の ③ の領域の活動は，生徒の学びを促し，正確さ（accuracy）を高めるなど「質的変容」を進める基礎となる活動です。しかし，このような活動だけでは，いくら内容が豊かになったとしても，即興で対応する力は養われません。「生徒は訓練していないこと，体験していないことはできない」からです。人間は体験から学ぶのです。たとえ，小さな誤り（local errors）があっても，即興でコミュニケーションをなめらかに展開する力（fluency）は，即興で対応する活動を体験する中でのみ養われます。③と④の領域の両方の活動が必要な理由はここにあります。③から④へと向かうルートでも(A)の場合と同様に，生徒達の学習段階に合わせて，段階的に即興で対応せざるを得ない部分の割合を増やしていく配慮が必要です*。

　それでは，これらの「2つの観点・4つの要素」を頭に置いて，3.5. ②に示した「モデル・ダイアローグ」から，実践的・創造的な「ロール・プレイ」へと移行するさまざまな対話活動のフォーマットを見ていきましょう。

3.6.2. Talk & Listen

　これは，リチャード・バイア（Via & Smith 1983）が提唱した対話練習の

---

*Teacher's controlとstudents' creativityに留意した段階的な「オリジナル・スキット・プレイング」の実践，preparationとimprovisationの割合に配慮したロール・プレイ「記者会見からニュース生中継」の実践事例については，髙橋（2021：102-122）を参照。

形式です。ペアになる2人の生徒に次のような異なるカードを与えます。それぞれのカードには，自分が発話すべきセリフは書かれていますが，相手のセリフは書かれていません。ペアでの音読や暗唱発表を行うと，生徒は自分の言う文に気を取られて相手の言うことをまったく聞かずに，質問される前に答えてしまうなどということがよく起こります。このTalk & Listenでは，自分のセリフを暗記する負荷を取り除く代わりに，相手の発話をよく聞いてその意味を理解しながら，タイミングを外すことなく適切な瞬間に自分のセリフを発することが求められます。

Card for Student A

・相手の顔を見ながら，発言を聞いてタイミングよく応答しよう。

（　　）内は自由に補って話そう。

A：Hello. This is（自分の名前）speaking.
　　Can I speak to（相手の名前），please?

B：

A：I'm going to see（友達の名前）in the hospital this afternoon.
　　Why don't you go with me?

B：

A：Let's see …. How about some（お見舞いの品）?

B：

A：Let's go by（交通手段），shall we?

B：

A：All right. See you then.

B：

Card for Student B

・相手の顔を見ながら，発言を聞いてタイミングよく応答しよう。

（　　）内は自由に補って話そう。

A：

B：This is he/she. What's up?

A :

B : Sure. I heard he/she was in the hospital. I've wanted to go and see him/her. What shall we bring him/her?

A :

B : Sounds good.

A :

B : OK. Let's meet (待ち合わせ場所) at (時刻).

A :

B : Bye.

3.6.3. Open Dialog

次に示すのは，Open Dialog と呼ばれる対話練習フォーマットです。ペアになる生徒Aにのみ Talk & Listen と同様に発話すべきセリフを与えます。生徒Bには，Aからの問いかけに対応する際の条件のみを指示します。生徒BはAの発話を聞いて，即興で対応することが求められますので，Talk & Listen よりも難度は高くなります。生徒Aについては，Bの発言を理解してタイミングよく自分のセリフを言う点で Talk & Listen と同じです。

Card for Student A

・相手の顔を見て話しかけよう。相手には first name で呼びかけよう。相手の返答を待って，タイミングを逃さず次の発言に移ろう。（ココがポイント！）

A : Hello. This is (自分の名前) speaking.
    Can I speak to (相手の名前), please?

B :

A : I'm going to see (友達の名前) in the hospital this afternoon.
    Why don't you go with me?

B :

A : What shall we bring him/her?

B :

150

A : Sounds good. His/Her hospital is in (*Chigasaki**).
    How shall we go there?

B :

A : When and where shall we meet?

B :

A : All right. See you then.

B :

Instruction to Student B

・相手の顔を見て話しかけよう。相手には first name で呼びかけよう。相手の問いかけをよく聞いて，タイミングを逃さず応答しよう。（ココがポイント！）

【Directions】

・相手の誘いを断らずに受けること。

・相手の問いかけをよく聞いて，自分の判断で応答しよう。

・相手のことばが聞き取れなかったときは，次のように聞き返そう。

　　Eg. (I beg your) pardon? Excuse me?

　　　　Could you speak more slowly again?

3.6.4. Cued Dialog

Talk & Listen や Open Dialog とは異なり，発話する英文そのものは提示せず，対話の状況（situation）と発話内容を示すヒント（cues）を与えて対話させます。活動する生徒達には，相手の発話をよく聞いてタイミングよく反応することに加えて，cue を見て自分で英文を作って発話することが求められます。

---

*場所は，例えば，現在地点は神奈川大学正門前，最寄り駅はみなとみらい線「新高島」，または徒歩→「横浜」でJR東海道線乗り換え→「茅ヶ崎」など，生徒に馴染みの深い場所を選ぶとよい。

Card for Student A

【Situation】　休み時間に友達と入院中のクラスメートの健二のことを話します。

・指示に従ってパートナーと話そう。相手の発言をよく聞き，顔を見てタイミングよく発言しよう！

A：Bに挨拶し，入院中の健二のお見舞いに行こうと誘おう。

B：

A：Bの質問を聞き，提案しよう。

B：

A：Bの提案に賛成し，待ち合わせ場所と時刻を尋ねよう。

B：

A：Bの提案を了承し，再会の約束をして別れよう。

B：

Card for Student B

【Situation】　休み時間に友達と入院中のクラスメートの健二のことを話します。

・指示に従ってパートナーと話そう。相手の発言をよく聞き，顔を見てタイミングよく発言しよう！

A：

B：Aの誘いを受けて，お見舞いの品は何が良いか意見を求めよう。

A：

B：Aの提案に賛成し，電車で行こうと提案しよう。

A：

B：Aの質問を聞き，提案しよう。

A：

B：Aに挨拶して会話を終了しよう。

なお，中学校3年生や高校生レベルでは，次の例のように cue を英語で与えることも可能になります。一見難しそうですが，英語の cue 自体が英文を作るヒントとなるので慣れれば案外簡単です。活動の重点は，文を作ることよりも，読んで理解することに移ります。

例. Greet B, and ask him/her to go and see Kenji in the hospital./
　　Accept A's proposal, and ask him/her what you should bring to Kenji.

3.6.5. Cues & Information

Cues & Information は，Cued Dialog の発展形です。ペアになる生徒Aには，演じるべき役割（role）と状況（situation），発話内容を示す cues を与え，Bには演じる役割と状況に加え，Aとのインタラクションに必要な情報（information）を英文で与えます。Bは，Aの問いかけの意味を理解したうえで，与えられた英文情報を読んで理解し，その中から対応に必要な情報を見つけ出して，それを使って応答することが求められます。

このあたりから，「ロール・プレイ」と呼ぶに値する内容重視の創造的な活動になってきましたね。

Card for Student A

【Role & Situation】
　君は中学生です。授業後の休み時間，ALTのMr./Ms. Brownに髙橋先生のことを尋ねます。指示に従って，パートナーと会話しよう！

【Cues】
① ブラウン先生に挨拶し，最近，髙橋先生を見かけないが，先生はどうしたのか尋ねよう。
② 先生のお見舞いに行こうとブラウン先生を誘おう。
③ お見舞いは何がいいか尋ねよう。
④ 病院への道順を確認し，待ち合わせの日時と場所を約束しよう。

【Role & Situation】

　君はALTのMr./Ms. Brownです。休み時間に生徒Aから高橋先生のことを尋ねられます。次の情報をもとにAの質問に答え，会話しよう！

【Information】

・Mr. Takahashi has been sick in a hospital.

・His hospital is right in front of the south exit of the JR Chigasaki Station. It's just a two-minute walk from the station. You can see the patients from 4:00 to 6:00 pm.

・He is getting better. However, he has nothing to do in the hospital and feels bored.

・He likes reading history novels and wants to read some.

・He is a Beatles fan and wants some CDs to listen to.

・He has got a big appetite. He loves sweets, especially *ohagi* and *mitarashi-dango* are his favorites.

3.6.6. Improvisation

　最後は，これぞ「ロール・プレイ」と呼ぶにふさわしい "Improvisation"（即興劇）です。ペアになる生徒に次のような対話の概要を示す項目のみを記した共通のタスク・カードを与えます。生徒には前もってノートに英文を書かせたりはせず，必要に応じて短時間，頭の中で対話の展開を構想する時間だけを与えます。ただし，このときも，即興性を保つために生徒同士で相談する時間は与えません。

Card for Student A & B

＊会話を始める前に，各自で2分間，頭の中で展開を考えよう！
　（相談禁止！　文を書いちゃダメ！）

【Situation】　英語科の高橋先生が入院されたそうです。

154

【Task】 次の点をパートナーと電話で相談，確認し，お見舞いに行く
　　　　約束をしよう。（話す順序は問いません。落とさないように話し
　　　　た項目の□に✔を記入しよう。）
□ お見舞いに持参する品物
□ 先生に会ったときに言うお見舞いのことば
□ ほかに誘いたい友達
□ 病院の場所と行き方
□ 待ち合わせの日時
（面会時間　9:30-11:30／16:00-18:00）

3.7. 関係代名詞の口頭導入の問題点と修正バージョン

【3】B. 1. の「関係代名詞 who の口頭導入」について

① 新出文法事項の口頭導入では，あなたはどのような点に配慮してど
　んな手順で導入していますか？

　2.6.2.で取り上げた「帰納的アプローチによる文型・文法事項の導入・展
開モデル」を即座に思い出していただけたでしょうか。pp. 62-66のモデルと
その解説①〜③を復習し，要点を再確認してみましょう。これが，次の課題
について考える基礎となります。

② この導入の展開はステップが少々粗いと思いませんか。このアイデ
　アで導入すると仮定して，問題点を整理したうえで，生徒のレディネ
　スに配慮して，より丁寧にT-Sインタラクションを補ってみましょう。

① 関係代名詞の口頭導入の問題点
　指導案を見ると，ここでの口頭導入（oral introduction）は，厳密に言えば，
生徒を巻き込んだ T-S のインタラクションを通して展開していくoral
interactionです。再度確認していただいた2.6.2.の「導入モデル」を参考にし
ながら，その展開について検討してみましょう。

1) 関連既習事項の復習を行い，円滑で効果的な学習へのレディネスを作る

"A, go to the blackboard and clean it, please. B, go to the windows and open them wide." など，教師の命令文を受けて行動した生徒について，「だれが何をしたか」を十分確認することで，後のインタラクションの際に記憶の不確かさから生じる混乱を取り除いておく必要があります。この点が不明確になり生徒の記憶に混乱が生じると，下記 3)のQ&Aを通して生徒の応答を引き出しながら「意味と構造への気づきの確認」を行う段階で，万一生徒がうまく応答できない場合，その原因が「内容記憶の問題」なのか，「文構造理解の問題」なのかを特定できなくなるからです。「生徒の理解度評価が不可能な状態」を未然に防ぐためにも，急がば回れ，本質以外の瑣末な点で生徒が混乱しないように，丁寧に展開しておく必要があります。

この「だれが何をしたか」を確認する際に，中1以来慣れ親しんできた既習事項の「疑問詞 who」を意識化することにより，新言語材料である「関係代名詞 who」との**対比 (contrast)** が可能になります。新しいものだけをいくら見ていてもその正体はつかめないものです。IT製品などの「当社比」やTVショッピングの宣伝（記憶容量が○○に増え，処理速度も○○に速まり，液晶画面も○○大きく鮮明になって「価格は据え置き」！）と同じで，「既知のものと対比することによって，新しいものの正体（文法事項の導入では，意味・機能・形）が鮮明に見えてくる」ものです。

2) 「出会いがしらの提示」は「導入」にあらず

"By the way, was A the girl who cleaned the blackboard?" という唐突な発問に，"Yes, she was." と答えられる生徒はたいしたものです。塾などで習って前もって知っているから答えられただけかもしれず，答えられなくても当然です。初めて学習する生徒にも分かる道筋としてのレディネスに配慮した合理的な手順がなければ，いきなり目標文を提示しても，「**導入の第一段階**」としての「**正しい意味類推**」を保証できず，効果的な導入とは言えません。多くの授業でしばしば見られることですが，目標文の「出会いがしらの提示」は，合理的手順としての「導入」とは言えません。

3) 生徒に目標文を発話させる際の手順が粗く，「構造への気づき」を十分に 焦点化できていない

T：Was C the girl who turned on the light?

156

Ss：Yes, she was.

T：Answer in a long sentence.

Ss：C was the girl who turned on the light.

「導入の第二段階」は「構造への気づき」を促すことです。すなわち，「今日はこういう意味の文を使えるようにするんだな。そういう意味を伝えるにはどう言うのだろう？ 今まで知っている文と，形や単語の並び方がどう違うのだろう？」というように，**文の意味（meaning）から構造（form, structure）**へと生徒の意識を転換させ，**「規則を発見」**させます。そのためには，**構造への意識の焦点化（focus on form）**が必要で，帰納的アプローチによる口頭導入ではこれに配慮したよりていねいな展開が求められます。

② 口頭導入の補充改善案

それでは，同じアイデアを踏襲しながら，上記1）～3）をふまえて不足と思われる部分を補充した改訂版の oral interaction の例を次に示してみましょう。授業展開をイメージしながら，読んでみてください。

T：Hmm, it's noisy outside. A-kun, go and shut the door, please. Thank you. （なぜ頼むのか，できるだけ自然な状況を設定する。）Well, it's still noisy. Oh, there's a P.E. class on the ground. B-san, will you close the window? Thanks. It's a bit dark. C-kun, could you go and turn on the light? Thanks a lot. Today I'm going to show you a DVD, so D-san, please draw the curtains, will you? Thank you for your help. I must say thank you to the students one by one, but I'm very forgetful these days. （質問する必然性を演出する。）Well, did B-san shut the door?

Ss：No, she didn't.

T：She didn't? Who shut the door for me? Please tell me.

Ss：A（shut thedoor）.

T：Oh, he did! A-kun shut the door for me. Then, what did B-san do for me?

Ss：She closed the window.

T：She did, she did! B-san closed the window because it's noisy outside. （同様に）Who turned on the light?/Who drew the curtains?

（後に対比すべく既習の疑問詞Whoを使った疑問文を聞かせ，生徒A〜D全員の行動を確認して記憶を強化し，次の段階の目標文導入へのレディネスを作る。生徒とインタラクションしながら「Door：河合君」，「Window：小島さん」などと板書しておいてもよい。「だれが何をしたか」の記憶の不確かさによる混乱やロスタイムを防ぐ「効果的指導と学習のための素地づくり」）

T：All right. Now let's check it out once again.

（関係代名詞節を含む目標文のインプット開始。肯定文と否定文）

B-san is not the student who shut the door for me.

The student who shut the door is not B-san but A-kun.

A-kun is the student who shut the door. Am I right?

Ss：Yes!（意味への気づきの確認）

T：Please repeat. <u>A-kun is the student who shut the door.</u>

Ss：A-kun is the student who shut the door.

（最初の目標文の mim-mem による定着）

T：B-san is not the student who shut the door.

B-san is the student …

（関係代名詞節に焦点を当てて，目標構造を引き出すための prompt）

S_2：… <u>who closed the window.</u>

（目標構造である who で始まる関係詞節を引き出す。重要部分をフォーカスし追加させることで，who の認知と構造への気づきを確認する。）

T：Good! Repeat after me, class. <u>B-san is [the student who closed the window]. [The student who closed the window] is B-san.</u>（2番目の目標文の mim-mem。ここでは，文末追加型だけでなく，主語が先行詞になる「埋め込み型の関係代名詞節」も併せて mim-mem させることにより，「窓を開けた生徒」という名詞句（NP: noun phrase）のかたまりで認識させる。Mim-memは，[chorus → individual check → chorus] の手順で，全員が自信を持って言えるまで行う。）

T：C-kun is not the student who shut the door for me. He is not the student who closed the window.

C-kun is …（関係代名詞節によって修飾されたNPを引き出すprompt）

Ss：C-kun is [<u>the student who turned on the light</u>].

158

T：Yes, he is. He is the student who turned on the light.

　Can you tell me about D-san?（自力での目標文生成を促すprompt）

　OK. Make a sentence and check it with your partner.

　（自分で文を作りペアで確認させた後，ひとりの生徒を指名して確認）

S₃：D-san is the student who drew the curtains.

T：Very good. Say it all together!

　（全員で大きな声で繰り返して導入を終了する。）

＜目標文の板書と説明＞

　目標文の板書に際しては，教師が一方的に書き与えず，生徒の気づきを引き出し（elicit）ながら目標文を書いていきます。一方的に説明するのでなく，生徒の気づきを確認し，整理（confirm）してあげます。

　説明（explanation）は，だらだら長々と行わず，日本語で要点を簡潔かつ明瞭に整理します。様々なレベルの生徒の気づきを要領よくまとめることで，全員の理解を均一化し共有させてあげることがここでの目的です。説明が長引いてしまうのは，導入がまずかった証拠です！

3.8. チャート・ドリルの問題点と修正バージョン

【4】B. 3. のドリル（Substitution Practice）について

> ① この「チャート・ドリル」の問題点を2つ挙げてみましょう。

　このようなチャート・ドリル（mechanical chart drill）は，短時間に多くの文を作り発話させる密度の濃い練習（intensive practice）ができる効果的な学習活動のひとつです。しかし，この授業で行うチャート・ドリルには，次の2つの考慮すべき問題点があります。

1) 生徒が意味を考えない／意味を考えなくてもできてしまう

　この活動は意味を考えなくても，組み合わせて読み上げていけばできます。文構造の定着を目的とする学習活動においては，形（form）にのみ教師の意識が向きがちです。こういうドリル的活動であっても「意味を伴ったドリル」（meaningful drill）にする工夫が求められます。

2) たとえ意味を考えて活動したとしても，内容に現実感（reality）がなく，つまらない

生徒に「だからどうしたの？（So what?）」と思われるような活動では，生徒の興味・関心を引くことはできず，練習意欲も起こるはずがありません。一方，身近で reality のある内容は，自己表現へと結びつきます。

---

② その問題点をふまえて，よりよい代案を考えてみましょう。

上記2つの問題点の改善を図ったチャート・ドリルの代案（meaningful chart drill）を示します。これを参考にして，あなたも同僚の先生（学生の場合は，大学の先生や友人）について，チャートを作成してみましょう。

<Task 1> Who is the teacher? Can you guess?

君たちの学年を担当する先生方の知られざる一面を紹介します！ どの先生のことか予想してノートに文を書こう。

1. Mr.Takahashi			has three-year-old twins.
2. (　　　　)			is a great fan of the Takarazuka Operetta Troupe.
3. (　　　　)			is the best *enka* singer in our school.
4. (　　　　)	is the teacher	who	volunteers as a sign language interpreter.
5. (　　　　)			is an excellent *igo* player.
6. (　　　　)			played lacrosse in college.
7. (　　　　)			likes traveling abroad and has been to Vietnam, Finland, and Argentina.
8. (　　　　)			practices *iaido* with his real Japanese sword.

指導案に示された活動とよく似た形式のチャート・ドリルですが，実在する学年の先生方に関する本当の情報ですので，生徒にとってのインパクトが違います。思考と推測を要する改訂版のこのドリルは，意味を考えなくては行うことができません。未習単語も含まれますが，recognition レベルでは少々難しくても大丈夫。生徒達は興味があれば自分たちで意味を推測しなが

ら，自発的に辞書を引いて意味を確かめようとします。

　ペア活動を行った後の確認のための全体練習では，次のようにチャート・ドリルで作った文に教師がもう 1 ～ 2 文付け加えてくり返させます。

例.　Mr. ○○ is the teacher who has three-year-old twins. Their names are Mika and Rika. They are very cute.

　　　Mr. ○○ is the teacher who is a great fan of the Takarazuka Operetta Troupe, because one of the top stars was in his class. So he goes to see her opera very often.

　　　Ms. ○○ is the teacher who is the best *enka* singer in our school. She likes to sing Ishikawa Sayuri's songs.

　　　Ms. ○○ is the teacher who volunteers as a sign language interpreter. She began to learn sign language when she was in high school. I'd like to ask her to teach it to me.

身近でrealityのある内容ですので，これらがモデルとなり，刺激剤となって，次の<Task 2>のような言語活動（自己表現活動）にも容易に発展させることができます。

<Task 2>　上で作った文を参考にして，友達の知られざる一面を紹介する英文を書いてみよう。授業で先生がやったように，できればもう 1 ～ 2 文付け加えてみよう。自分の好きな有名人やアニメのキャラクターなどを紹介する文でもいいですよ。

3.9. 教科書本文の指導展開：手順と内容の再吟味

【5】C. の Reading の新教材（教科書本文）の展開手順と内容について

> ① 1.～4. の指導手順（procedure）は，これでよいでしょうか。再検討してみましょう。

　教科書本文の口頭導入（oral introduction/oral interaction）については，2.7. で詳しく述べましたが，テキストの難易度や生徒の学習段階によって，

目的別に次のように類別することができます。

① **基本型**…教科書を開く前に，既習の文構造や語彙を用いて，新語（未知語）の意味や本文の概要・要点を生徒に伝え，理解させる口頭導入の基本型。

② **情報補足型**…題材内容が高度になる中学高学年や高校などで，本文には書かれていない背景情報や行間に隠された情報などを教師が補足して導入することで，本文のより正確で深い理解へとつなげる補充発展型の口頭導入。

③ **突き放し型**…①・②では，教科書を開く前に生徒の困難点を除去し，スムーズに読めるレディネスを作るが，親切も過ぎるとあだになる。Spoon-feeding ばかりでは，自分で読む力がつかず，読む楽しみも奪ってしまう。①・②を通じてある程度生徒に理解の能力がついてきた段階では，独力で読む力をつけるために，映画の予告編のように教師による導入はあえて最小限に抑え，リーディングのポイントを提示して興味を持たせ，生徒自らに読み取らせたい。入試対応も念頭に置いた突き放し型の口頭導入。

1. の Pre-reading introduction では，教科書の手紙文に基づいて教師が用意した下のような封筒と手紙の文面とを示しながら，これから読もうとする手紙文の概略「だれが，いつ，だれに書いた手紙か」をQ&Aを通して導入（oral interaction）します。

Mary Davis
c/o Mr. Saburo Honda
4801 Uchino, Oshino-mura
Minamitsuru-gun, YAMANASHI
401-05 JAPAN

VIA AIR MAIL

Miss Kathy Johnson
1558 33rd Avenue
San Francisco, CA 94122
U.S.A.

◀宛名書き
サンプル

2. の Silent reading では，事前に reading points として手紙に書かれた内容に関する3つの質問を与え，黙読させて自らその概要を読み取らせます。何の課題も与えずに，漫然と黙読させるのではなく，読む目的を明確にして黙読させています。この 1. ～ 2. の指導手順では，先ほど示した導入の類型の③「突き放し型」口頭導入を採用していることがわかります。

さて，ここまでと，この後の指導手順を見ると，3年生のこの時期に至るまでの指導で，すでに生徒たちには自力で英語を読む力がかなり養成されていることが推測されます。ここまでの指導で，本文の意味を十分に理解でき，この後，教科書を閉じた他の生徒に意味が伝わるように音読できる（one person in a group reads the text aloud while others listen for the meaning with the books closed）という教師の「確信」があるからこそ成り立つ指導手順です。もし，そこまでの力が備わっていない生徒が対象ならば，その生徒たちのレディネスに配慮した異なる手順を考える必要が生じます。

ここでは，そのような生徒を対象とした授業を想定し，この後の展開について，より基本的な手順を吟味してみましょう。3. Reading aloud の位置について検討の余地がありそうです。

ひと口に「リーディング」といっても，目的によってその方法は異なります。

> 1) Reading for comprehension（内容理解のためのリーディング）
> 2) Reading for expression & delivery（表現・伝達のためのリーディング）

2) は，2.4.2.で扱った音読（reading aloud）です。1) は音読に先んじて行われるテキストの内容理解のためのいわゆる「読解」としてのリーディングですので，声に出して文字を音声化することは，むしろ理解の妨げとなります。従って，意味理解に集中するための読み方としては，声に出さない黙読（silent reading）が適しています。

表現・伝達活動としての「音読」は，次のように定義することができます。

> 音読（reading aloud）とは，意味を十分に理解した本文を，親や幼稚園の先生が子どもに本を読み聞かせるときのように，テキストを持たない人にも分かるように，その内容を音声で伝達する表現活動であり，

スピーキングへの橋渡しとなる活動である。

　分析対象の指導案におけるグループ内での「音読の読み聞かせ合い」は，まさにこれを意識させるための方法です。従って，「音読練習」に入る際には，次の点に留意する必要があります。

・意味理解が不十分な状態で音読に入ってはならない。
　（意味もわからず記号を音声化するのみでは意味がない。）
・音読に入るレディネスとして，確実な意味理解が不可欠である。
　（意味が理解できているからこそ，文の適切な区切り方や強勢の置き方，自然な抑揚がわかる。）

　課題として提示した C. の Reading の procedure については，指導過程 1. および 2. の段階では，生徒たちに本文の概要しか捉えさせておらず，必ずしも細部までの理解には至っていません。4. の Comprehension questions のうち，本文の理解を確認する display questions や文脈から推測して行間に隠された情報を読む inferential questions は，3. の Reading aloud の前に行い，関係代名詞節を含む目標文や難しい文については，教師の補足説明も含め十分な理解を担保しておく必要があります。ただし，生徒自身の体験や意見などを引き出す referential questions については，本文内容に関連する言語活動として音読練習の後に実施してもよいでしょう。

② 4. の Comprehension questions に異なるレベルの質問があることを念のために確認しておきましょう。

　発問の種類を確認するために，新教材の教科書本文（本時に扱うPart 1のみ抜粋）を見ておきましょう。

　Kathy has a friend who lives in Tokyo. Her name is Mary. She often writes to Kathy. Here is one of her letters.

July 12, 1981

Dear Kathy,

I am now staying in a small village at the foot of Mt. Fuji. It is much cooler here than in Tokyo. Mt. Fuji is the highest mountain in Japan, and its top is above the clouds. I have not climbed it yet, but I would like to climb to the top some day. They say the rising sun seen from the top is very beautiful.

（以下，Part 4まで手紙文が続く。）

(1981年度版 *New Horizon English Course 3*. Lesson 6)

次の質問はすべて，本文に書かれた事実情報を問うdisplay questions（事実質問）で，正解はひとつです。

1. *Does Mary often write letters to Kathy?*

2. *Where is the village?*

3. *Is it hot in the village in July?*

4. *Which is cooler, Tokyo or this village?*

質問5. *Can they often see the top of Mt. Fuji?* と 7. *Why does Mary want to climb Mt. Fuji?* は，行間や文章全体を読み取る inferential question（推測質問）です。テキストに明示的には書かれていませんが，文脈から Mary の滞在するその村から富士山が望めること，メアリーが自分も富士山頂から美しい御来光を眺めてみたいと思ったことが推測されます。

以上は，生徒の本文理解を確認し理解を深めるための質問ですから，音読練習に入る前に扱っておきたい質問です。

残る質問 6., 8., 9. は，生徒自身の体験や考えなどを問う open-ended な referential questions（参照質問）です。音読練習を通して，テキストに十分習熟したうえで，本文内容に関連した自己表現活動として問いかけたい質問です。

6. *Have you ever seen the top (of Mt. Fuji)?*

8. *Have you ever climbed Mt. Fuji?*

9. *Would you like to climb Mt. Fuji some day? Why?/Why not?*

3.10. 言語活動の再検討と修正バージョン

【6】D. の言語活動（Further Practice）について

> ① この「言語活動」の問題点を3つ挙げてみましょう。

　この言語活動は，典型的なインフォメーション・ギャップ活動ですが，この種の "simple information-gap activities" では次のような点について吟味・検討する必要があります。

> 1）活動における言語構造の focus はどこに当たっているか？
> 2）活動で交わされる interaction はコミュニケーションとして自然か？
> 3）生徒の発達段階と興味・関心を適切に捉えているか？

1）活動における言語構造の focus はどこに当たっているか？
　この言語活動を行っている最中に，生徒の意識は言語構造のどの部分に向けられるでしょうか。インタラクションのフォーマット（Questions to be asked）を見てみましょう。

Do you know the boy who likes *playing the guitar*?

Do you know the girl who likes *singing songs*?

生徒たちの意識は，当然のこととして，イラストを見ながら自力で語句を補充する下線部に向けられます。生徒たちの思考中の心の中でのつぶやきは，「"likes *play* the guitar" じゃなくって，"*playing* the guitar" だ」，「"*sing* songs" のままじゃダメで，"*singing*" に変えないと！」といった具合でしょう。このフォーマットで行うこの活動では，文法構造上のフォーカスが，目的語として用いられる動詞の ing 形（動名詞：gerund）に当たり，目標構造である関係代名詞 who とそれが導く節には当たりません。生徒は，本来注目させたい語句や構造に注意を向けることなく，ほとんど無意識に与えられた例文を読んでしまいます。従って目標構造への意識化が弱く，学習効果が低いと考えられます。

2）活動で交わされる interaction はコミュニケーションとして自然か？
　与えられた＜Set B＞の絵を指しながら，たとえば，"Do you know the

boy who likes playing the guitar?" と尋ねられたときには，"Yes. He is Bill."
で十分であり，それがコミュニケーションとして自然な応答です。"Yes. *I
know the boy who likes playing the guitar*. He is Bill. という応答の第2文は
情報伝達上まったく不必要で，むしろ尋ねた相手をいらだたせることでしょ
う。これは，「学習している関係代名詞をできるだけ使わせたい。どこで使
わせることができるだろうか？」という教師の親心から生じる問題点で，「熱
心な先生が陥りやすい落とし穴」です。これは，言語形式の練習を行う「学
習活動」ではなく，実際にことばを使って疑似コミュニケーションを行う「言
語活動」です。いかに学習効果を狙うとはいえ，実際には言わない不自然な
インタラクションを，さもそう言わねばならぬように何度もくり返し言わせ
ることは，不自然なやり取りを刷り込むことになりかねません。

　かつて，こんなことを言った生徒がいたそうです。「英語を話す人たちって，
とってもていねいなんですね。だって，言わなくてもわかることをいつも言
うし，『私は〜です。あなたは〜なのですか』ってしゃべり方も超ていねい
だもん。」意味よりも形式を重視した機械的練習と形式的な訳読とが招いた
ひとつの結果ではないでしょうか。

3) 生徒の発達段階と興味・関心を適切に捉えているか？

　この活動には，対話者間にインフォメーション・ギャップが設定され，そ
のギャップを埋めるべく，たしかに情報交換が行われます。これは，紛れも
ない「言語活動」です。しかし，生徒を活動に動機づけ，「コミュニケーショ
ンへの積極的で主体的な態度」を育成するうえで重要なのは，情報交換が行
われるという事実だけではなく，そこで交換される情報が生徒達にとって価
値あるものであるかどうか（the VALUE of information to be exchanged）
なのです。

　「交換する情報の価値」という観点からは，そもそもどこのだれかもわか
らぬ架空の人物である Bill や Jane の趣味がギターであろうが合唱であろう
が，Tom や Betty が好きで行うスポーツが野球でもテニスでも，生徒たち
にとっては，「だから何なの？ So what?!」の世界です。学習や活動を自分
に引き寄せて考え，自らと関連づけて表現したときに真の学びが起こるとい
う考え方からしても，効果は薄いと言わなくてはなりません。

② その問題点をふまえて，インフォメーション・ギャップ活動の改善案を考えてみましょう。

3.8.では <Task 1> Meaningful chart drillから発展させた表現活動として <Task 2> の人物紹介作文を示しましたが，ここでは，関係代名詞を使った文の意味理解（recognition）を中心とした，基礎的なインフォメーション・ギャップ活動例を示してみます。

Find someone who ...

[1] _____ is a student who likes watching baseball games and has been to the Tokyo Dome more than five times. He/She is a fan of the _____ .（ジャイアンツ以外のチーム）

<Task 1>　きみの課題は「どんな生徒」を探すこと？　（Pre-activity）

<Task 2>　席を立って自由に相手を選んで英語で対話し，該当する人を探し，文を完成しよう。（While-activity）

<Task 3>　先生の質問に答えて，活動の結果を報告しよう。
（Post-activity）

<Task 1> では，まず自分に与えられた空所付きの英文を読み，どんな人を探すのか，そのタスクを理解します。<Task 2> は，席を立って相手を次々と替えながらインタラクションを行うメイン活動（flexible pair work）です。この際，対話者間にインフォメーション・ギャップを作るために，次のように，グループ（例えば，座席の列）ごとに異なるタスク・カードを与えます。

---

[2] _____ is a student who likes skiing and goes skiing almost every year. He/She usually goes skiing to _____.（場所）

168

[3] _____ is a student who likes seeing foreign movies and goes to a movie theater often. He/She saw _____ recently. （題名）

[4] _____ is a student who has a personal computer and surfs the Internet often. His/Her computer is (a)_____. （メーカー／商品名）

[5] _____ is a student who likes cooking and sometimes cooks for his/her family. He/She is good at making _____. （料理名）

　これらは，すべて「どんな生徒」を探すのか，読んで理解することを求める recognition 活動であり，教師が文を与えるので，生徒に production を求める場合よりも難度を上げた長い修飾節を伴う文を与えることができます。[1]～[5]の第１文の先行詞 "a student" を修飾する関係代名詞節はすべて２文を等位接続詞 and で結んだ重文（compound sentence）で構成されています。学習の初期段階に生徒達に production を求めるには難度が高すぎるでしょうが，recognition としては十分理解可能でしょう。このように recognition レベルで与える英文と production レベルで引き出す英文が同じレベルである必要はなく，両者の難易度に差をつけることができます。

　この活動の課題では，関係代名詞節を重文で構成するとともに，もう１文付け加えることにより，タスクの遂行で要求される情報量を増やしています。その結果，＜Task 2＞のやりとりの中で，生徒は関係代名詞を使いませんが，次のように活動中の生徒の発話が増え，インタラクションのターンも一度では済まず，複数回のやり取りが必要になります。

S_1：Hi, S_2. May I ask you some questions?

S_2：Sure.

S_1：Do you like watching baseball?

S_2：Yes, I do. I like baseball a lot.

S_1：Have you ever been to the Tokyo Dome?

S_2：Oh, yes.

S_1：How many times（have you been there）?

S_2 : (I've been there) many times!

S_1 : Are you a Giants fan?

S_2 : No, I don't like the Giants. I'm a Swallows fan.

S_1 : I see. Thank you. （S_1は課題達成！）

S_2 : You're welcome.

＜Task 3＞は，事後活動としてのレポーティング。聞き・話すメイン活動の結果をここで関係代名詞も使って次のような形で報告させます。

T : What person did you try to find? Tell me in Japanese.

S_1 : 野球観戦が好きで，東京ドームに5回以上行ったことがある人で，ジャイアンツ・ファン以外の人。

T : OK. Have you found such students?

S_1 : Yes.

T : How many students have you found?

S_1 : I've found three students.

T : Three students? That's great. Please tell me one of them.

S_1 : Sure. Hiromi is a student who likes watching baseball and has been to the Tokyo Dome many times. She is a great fan of the Swallows.

T : Oh, really? Hiromi, who is your favorite player?

S_2 : I like Yamada Tetsuto. He is a great batter and a fast runner!

最後のS_2への質問のように，post-activity のレポーティングの際には，報告で名前の挙がった生徒を指名して，即興でのインタラクションへと展開することができます。これは，教師がレールを引いた「疑似コミュニケーション活動」（pseudo-communication activity）とは違う「リアル・コミュニケーション」の場となります。

　本章では，ひとつの指導案をさまざまな角度から分析し，問題点を特定し改善策を検討してきました。指導過程（procedure）を書き表した学習指導案は，授業目的を達成する合理的な道筋であり，ゴールとしてめざす目標地点が変わればそこへのルートは変わりますし，同行者の体力（授業であれば学習者の学力段階）によりルートや進行スピードも変わります。2.10.3.（pp. 121-124）に示したように，1単位授業の指導過程には，基本的な展開の型はありますが，それは絶対的なものではありません。大切なことは，手段と目

的を取り違えぬこと。特定の型にとらわれることなく，教師が自分自身の眼で生徒を観て，適切な目標を設定し，レディネスに配慮して全員が目標に到達できる最適な指導過程を考える主体性と柔軟性を持つことです。

 関係代名詞の指導
　　　―伝統的指導法の固定観念を打ち破る！

　第2章 *Check It Out 5*（pp. 66-67）でも見たように，関係代名詞の指導と言えば「2文を1文につなぐ」のが定番です。この伝統的指導法の問題点を考え，固定観念を打ち破る新たな指導方法を検討してみましょう。

　3. 7. ①（p. 155）でも述べたように，文法事項を理解しようとするとき，例えば，現在進行形や過去形を学習して，既習の単純現在時制の表す意味が理解できたり（知識の再構成），それらと対比することで現在完了の意味を理解できたりと，「既知のものと対比することによって，新しいものの正体が鮮明に見えてくる」ものです。関係代名詞を指導する際，例えば文法のまとめの時間など，みなさんはこの文法事項をどのような視野（perspective）で捉え，どの既習事項と関連づけて指導ユニットを構成しますか。

　「英語の名詞修飾構造」という perspective の中で関係代名詞節を見るとどうでしょうか。例えば，「どんな犬？」というテーマで，英語の名詞修飾テクニックをまとめてみると，次のように整理できます。これらの修飾構造はすべて中学校3年間で学習します。

① 形容詞で修飾： a **white** *dog*，a **big, white** *dog*
　（現在／過去分詞1語での修飾）： a **running** *dog*，an **abandoned** *dog*
　＊英語での前置修飾（pre-modification）はこれだけ。その他はすべて以
　　下のように後置修飾（post-modification）となる。
② 前置詞句で修飾： a *dog* **in the yard**，a *dog* **on the sofa**
③ 動詞句で修飾： a *dog* to **feed**，a *dog* to **walk with**
　　　　　　　　　～不定詞（*to*-infinitive）の形容詞用法（adjectival use）
　　a *dog* **running around in the yard**，a *dog* **sleeping on the sofa**
　　a *dog* **loved by kids**，a *dog* **caught in the town**
　　　　　　　　　～現在分詞／過去分詞（present/past participle）

④ 文による修飾： a *dog* **that [which] leads a blind person**
　　　　　　　　 ～主格の関係代名詞節（nominative relative clause）
the *dog* **my father bought** = the *dog* **that [which] my father bought**
　　　　　　　 ～接触節（contact clause）
　　　　　　　 目的格の関係代名詞節（objective relative clause）

　固定観念に縛られない新たな文法指導を考えるには，不定詞を教えるときは不定詞だけ，関係代名詞を教えるときは関係代名詞だけを見るのでなく，このような関連する文法事項全体を見渡せる perspective を持つことがまず大切です。では，「2 文を 1 文につなぐ」伝統的指導法について考えてみましょう。

【問題】関係代名詞を用いて，次のそれぞれの 2 文を 1 文にしなさい。
　① Carlos is a boy. He speaks Spanish and English.
　② The boy is Carlos. He speaks Spanish and English.

よく見かける定番問題です。答えは，
　①-a. Carlos is a boy who speaks Spanish and English.
　②-b. The boy who speaks Spanish and English is Carlos.
となります。「それが何か？」と思われる方。ちょっと待ってください。①-a，②-bとできた文は正しいのですが，問題文の第 1 文はどちらも変だと思いませんでしたか。これを見て何の違和感も覚えないようでは困ります。Carlos is a girl. なら言う価値もありましょうが，ʔCarlos is a boy. は当たり前。「太郎君は男の子です」とあえて言う必要はありません。また，*The boy is Carlos. などと言って澄ましていると，即座に "Which boy do you mean?" と尋ねられることでしょう。これは，単独文としては非文です。
　さて，関係代名詞節を伴う①-a と②-b では，どちらが生徒たちにとって難しいでしょうか。文の補語や目的語が先行詞になる①-a のような「文末追加型」の関係代名詞節よりも，主語が先行詞となり，元の文の中に節が割り込んで挿入される②-b のような「埋め込み型」の関係詞節（embedded relative clause）の方が生徒には難しく，次のような誤文を書きがちです。
　②-c. *The boy is Carlos who speaks Spanish and English.
これは，授業でより高い頻度で行われ刷り込まれる基本練習が問①のような

文末追加型であることから生じる「過剰一般化」(overgeneralization) による誤りです。"We have three boys named Carlos in our class — Carlos who speaks Italian, Carlos who speaks Portuguese, and Carlos who speaks Spanish and English. The boy I mean is the Carlos who speaks Spanish and English." のような特殊な場合を除き，通常，固有名詞が「限定用法」の関係代名詞節の先行詞になることはありません。たとえ同姓同名の人物がいたとしても，世界にひとりしか存在しないカルロスを，さらに限定する必要はないからです。ただし，高校で学習する「継続用法」でコンマが入れば正しい文になります。次の②-dでは，関係代名詞節が先行詞を直に修飾してその意味を限定しているのでなく，補足説明を加えています。

②-d. The boy is Carlos, who speaks Spanish and English.

現行の学習指導要領では，関係代名詞も「理解の段階」に留めず，再びproductionまで求められるようになりました。そこで指導法改善のための課題を設定します。

＜リサーチ・クエスチョン＞

> プロダクション・レベルで，「埋め込み型」の関係代名詞節にも抵抗なく対応できるようにするには，どのような指導方法が有効だろうか？

ここで最初の修飾構造全体を見渡す perspective が生きてきませんか。そう，「どんな犬？」の発想です。次のように文にする前に，まず「名詞のまとまり」すなわち「名詞句」(NP: noun phrase) で捉えさせる発想です。

① 「ニューヨークから帰ってきた女の子」a/the girl who came back from New York（数名の女子の名前を出して，「NYで生まれた女の子」，「NYに行ったことのある女の子」，「NYに行きたい女の子」などを対比しながら，どの子のことか説明しながら導入する。）

② 私が尊敬する人物 a/the person (that) I admire

③ お父さんが先月買ってきた子犬

　a/the puppy (that/which) my father bought last month

④ お父さんが私に買ってくれたコンピュータ

　a/the computer my father bought for me

> 　いきなり文を作らせるのではなく，このようなNPでの練習，特に口頭練習を徹底し，「2文を1文につなぐ」のでなく，「どんな○○」なのか，「名詞のまとまり」（NP）として捉えさせ，定着させれば，「文末追加型」でも「埋め込み型」の関係代名詞節でも，生徒にとっては同じであって，難度の差は生じないのではないか。

上記①のNY帰りの女の子を例に，*a girl who came back from New York*
＝[　A　]として，文構造を示せば，

　Emi is *a girl who came back from New York*.　　　　Emi is [　A　].
　I know *a girl who came back from New York*.　　　　I know [　A　].
　A girl who came back from New York will join our class.

　　　　　　　　　　　　　　　　　　[　A　] will join our class.
上記③の子犬を例に，*the puppy my father bought last month* というNPが文の構成要素としてどの位置に入るかを示せば，次のように表せます。

　Pochi is *the puppy my father bought last month*.　　SV[C]
　We all love *the puppy my father bought last month*.　　SV[O]
　We named *the puppy my father bought last month* Pochi.　　SV[O]C
　The puppy my father bought last month is getting bigger and bigger.

　　　　　　　　　　　　　　　　　　　　　　　[S]VC
NPのまとまりで定着させれば，どれも大差なしということになります。

　コラムにしては長くなりすぎましたが，このコラムでは第4章の「奥伝」へのイントロの役割も兼ねて，「アクション・リサーチ」による授業改善の手順の概略も示してみました。固定観念を打ち破ることができれば，様々な新たな指導方法を創造し，自分が教わった通りに教えることからの脱却を図ることが可能となります。そのためには，perspective を拡げ，思い込みや決めつけといった束縛を脱し，自分の頭で自由に発想することが何より大切。それが教師に求められる「自律性」（autonomy）です。
　それでは，いよいよ第4章「奥伝」へと歩みを進めましょう！

第4章 「奥伝」
Professional Developmentをめざした
授業改善能力育成シミュレーション

　第3章では，具体的な指導案を取り上げて「授業分析と改善の視点」を学んできました。本章では，「奥伝」として，全国学力調査の結果に見られる生徒の英語学力の問題点を分析し，それへの対応策を考え，「アクション・リサーチ」による授業改善方法を紹介します。また，稲岡章代先生が兵庫県姫路市立豊富中学校で 2007年と 2010年に行った中学校2年生1学期の同一単元の2つの授業を取り上げて対比分析することを通して，「教師の成長」（professional teacher development）の事例を考察します。

4.1. 教師の学び—Three Types of LTE
(Language Teacher Education)

　教師が教師として成長していくためにはさまざまな研鑽の道がありますが，大きく分けると次の3つのタイプの方法があります（Roberts 1998：106-123）。言い換えれば，これらは教員養成や現職教員研修など教師教育における指導法ともいえます。

4.1.1. Craft Model (Traditional Craft)
　「伝統的な職人芸の伝達」とでも言うべきモデルで，昔から行われてきた方法です。新任や経験の浅い教師（novice teachers）は，信頼すべきベテラン教員（established teachers）の授業実践を見学して真似たり，その教えや助言を受けて学んでいくなど，職人の徒弟制度（apprenticeship）に似た伝統的方法です（Novice teachers should learn by imitating the expert's techniques and by following his/her instructions and advice.）。
　日本の伝統芸能や武道の世界には，「守破離」ということばがあります。

最初は，伝承された教えや掟（決まりごと）を正確に身につけてこれを守り，それができれば，自分らしさを出すため，あるいは新たな可能性を求めてあえてその掟を破り，最後は教わった掟から離れて，自分独自の新たな一流一派を開くという道程を言い表したものです。「守破離」ということばは，すべてのプロの仕事に当てはまり，教師の自己研修や成長にも通ずるものがあります。「学ぶことは真似ることから始まる」とも言われ，教師の成長は，まず「自分もこういう授業ができるようになりたい」という真似るべきモデルとなる先輩教員を見つけることから始まるといえるでしょう。そのような先達が同僚として同じ学校にいれば幸運ですが，いなければ同じ地区の他校に，あるいは研究会や学会参加，書籍購読などを通してより広く求めることもできます。

　しかし，ここで注意すべきことは，「自分という教師は，自分であって他人ではない」こと。「自分が，この学校のこの教室で教えるこの生徒たちというこの環境（context）は，ここにしかない特殊なものである」ということです。いくら優れた先輩教師Ａ先生の授業実践を真似ても，「表面的なモノ真似」（"rituals" — borrowed routines with no investment by the person, display lessons in imitation of the given model without their true teaching selves（Roberts *ibid.*：60, 164））に終われば，うまくいく保証はないのです。あなたはＡ先生ではなく，教える生徒たちも違うのですから。信頼し尊敬する教師の真似をした結果の失敗は，次のいずれかの「負の遺産」を残します。

　ア．「生徒の出来が違うのだ」と失敗の責任を生徒に転嫁する。
　イ．「自分はＡ先生のような能力がないダメな教師だ」と自己否定し，自信を失う。

アのように，すべての責任を生徒に転嫁して憚らぬようになると，教師としての成長は止まります。気まじめな先生はイのように自己否定しがちですが，自信を失った教師に生徒を導くことができるでしょうか。これは，教員研修を行う指導者（mentor）にとって留意すべき重要事項です。教師の自信を打ち砕くだけの研修は何の益もなく，むしろ害となるからです。

　他の教員が試行錯誤の中に工夫を重ねてたどり着いた活動や指導法を，自ら考え，咀嚼することなく真似るのは，「人のフンドシで相撲を取る」ことにほかならず，プロの教師としてのモラルに反します。大切なことは，なぜ

A先生はそうするのだろうか，その根底に流れる教育理念（teacher's beliefs／principles, philosophy）を見極め，学び取ることです。理念を理解すれば，枝葉末節でないA先生の指導のすべての根幹が見えてきます。それは，自己の授業実践への応用を可能にしてくれるはずです。

4.1.2. Applied Science Model
(The Technical Rationality Approach)

これは，言語習得理論や教授法の理論を学び，それぞれの教授法に特有の指導手順や指導技術を身につけて，授業実践に生かそうとするものです（The acquisition of empirical scientific knowledge as the basis for effective practice, a theory-into-practice approach.）。近年の第二言語習得（L2 acquisition）に関する実証的科学的な研究の成果はめざましく，そこで得られた知見に基づいたさまざまな指導法が提唱されています。このような新たな知識や技能は，教職を長く経験するだけでは身につかず，その習得は，自ら研究会に参加したり，専門書を購読したりするなどの努力を要します。すべての職業において，時代の進展とともに新たな学びが必要であるのと同様に，これはプロの教員として必要な学びです。いわゆる「理論」を知り，それを「実践に応用できる」ということが専門職の証しのひとつだということです。

しかし，ここで注意すべきことは，どのような優れた教授法でも「どこでも誰にでも通ずる（context-free）完全無欠な方法はない」ということです。抽出したある集団内でいかに実験的な手法を用いて統計的有意性が証明されたとしても，4.1.1.の Craft Model の中でも述べたように，その結果を全世界のあらゆる教室環境に当てはめられる保証はありません。従って，特定の教授法の絶対的信奉者（partisan）になることは危険です（"Partisan" approach to LTE design：the scientific knowledge is independent of and external to individual perception, teachers are in a socially subordinate position.）。指導法は「手段」であって，それ自体が「目的」ではありません。大切なことは，それぞれの教授法の根底にある理念とその具体的な指導方法を知ることにより，授業のさまざまな場面で，教師自らが生徒のために最も適切な方法を選択して使用できる「手の内」を豊富に持つことです。教授法は，授業や生徒に最終責任を持つ教師が目的に応じて選択して使用するものであって，それに従属すべきものではありません。「教育は，現場が本場！」，

教師の自律性・主体性（autonomy：the ability to act and make decisions without being controlled by anyone else ［*OALD*：*Oxford Advanced Learner's Dictionary* より引用]）を伸ばすことこそが重要です。

4.1.3. Reflective Model（Inquiry Model）

「ベテラン教師の技を盗む」のでもなく、「科学的な理論や教授法を学び、それを信じて授業に応用する」というのとも異なる、第3の方法です。4.1.1.や4.1.2.で述べてきた「教室環境の特殊性」と「一人ひとりの教師（SELF）」に着目し、それを重視する教師教育のモデルです。それが人であれ理論であれ、規範を真似るのでなく、一人ひとりの教師が自分自身の授業実践をふり返り、省察（reflection）する中から、自分の生徒たちのために改善したい自己の授業の問題点を抽出し、生徒を観察し、その声も聞きながら、自ら問題克服のための仮説を立てて実践し、授業を続けながら授業を改善していきます（Developing expertise by direct experience and conscious reflection about the experience; enabling development by exposing assumptions that underlie routine behavior and considering alternatives.）。近年、注目されている、教師自身が実践しながら省察すること（reflection-in-action）を重視する「リフレクティブ・ティーチング」（reflective teaching）や「アクション・リサーチ」（action research）と呼ばれるシステマティックな授業改善法がこのタイプです。教師の自律性（autonomy）を重視した研修方法と言えるでしょう。

　以上、3つのタイプの教師の自己研修や教員研修の方法を概観してきました。いずれも大切ですが、本書、とりわけこの第4章では、教師がプロの教育者として自信を持ち、生徒を指導しながら自らも成長し続けられる教師たることをめざして、特に4.1.3.のReflective Model を中心に取り上げていきます。

　この Reflective Model では、教師の「学び」は "assimilation" ではなく、"accommodation" であるべきだと考えます（Roberts *ibid.*：23-27）。

① Assimilation

「学習者は与えられた新たなインプットを自己の既存の知識や体験を土台

として，それをもとに解釈して取り込む。自己流の解釈でインテイクするので，往々にして誤解が生じることがある（to interpret the input to fit with their existing knowledge, often misinterpreted with the bias of their own personal knowledge）」と考える学習観です。

　学習は，ブロックを積み重ねるように直線的には進みません。優れた指導力を持つ教師の同じ指導を受けても，生徒の理解度や定着に差が生まれるのはこのためです。指導を受ける生徒一人ひとりが異なる人間——異なる体験，異なる英語学力，英語学習に対する異なるイメージなどを持つ「別人」なので，同じ授業を受けても，何に反応し，それをどう解釈してどう取り込むかは十人十色で，ここから個人差が生じます。これは，教師として心しておくべきことでしょう。「授業で教えたのに，なぜできないんだ!?」，「Aさんは理解できているのに，君は怠けているからできないんだ！」などとは一概に言えないということです。

　教師の研修や成長についても同じことが言えます。「授業とはかくあるべし」といった教師の固定観念，「これが自分のやり方だ！」といった教師独自の指導観などの思い込み（personal theory）のバイアスがかかっている限り，どのようなインプットを受けても，それを拒絶するか，自己流にしかインテイクできず，本質的な変化・成長は望めないということです。

② Accommodation

　「新たなインプットを自己の体験や既存の知識の中に取り込み，ミキサーにかけるが如くに融合させ，自己の知識を再構成していく（to intake the input into their existing knowledge and reconstruct their personal theory）」という構成主義（constructivism）の学習観です。

　生徒に英語を指導する場合，できるだけ生徒の身近な話題を取り上げ，生徒が「自分ならどうするか？」と学習事項を自分自身に引き寄せて自ら考え，表現したときに "accommodation" が生じ，真の学びが生まれます。社会構成主義（social constructivism）の学習観では，このときに，教師主導の講義ではなく，先生や仲間とのインタラクションなどの社会的な相互交渉を通して，気づきや学びが深まると考えます。

　教師の成長についても，このことは重要です。① の "assimilation" のように教師の固定観念にとらわれている限り大きな成長・脱皮は望めません。

教師の成長（professional teacher development）とは，「自らの personal theory を自律的に進化させることである」と定義できるでしょう。

　この「自律性」の育成を重視する立場から言えば，大学における教員養成（ITE: initial teacher education）では，英語教員をめざす学生たちに，未知の重要な知識を与え，必要不可欠な技能を育成する "training" に軸足を置きながら，マイクロ・ティーチングや模擬授業等に向けて，グループの仲間とともに自ら主体的に考え，実践し，ポートフォリオ（portfolio）に気づきをまとめるなど，その体験をふり返る "self-development" の機会を与えることが有効だと考えます。一方，現職教員研修（INSET: in-service education & training）では，自己の授業実践をふり返り省察しながら，改善したい課題を自ら抽出し，具体的な改善策を考えて実行する個々の教員の主体的な授業改善を支援することを中心に "self-development" を促し，必要な知識・技能についてはそのノウハウを適宜提供していくのがよいと考えます。（→ p. 23〈図1. 5.「教師の成長プロセス」〉）

4.2. 学力調査に見る生徒の英語学力の現状と問題点

　さて，授業改善の営みを通した教師の成長を考える前提として，生徒の英語学力の現状と問題点について確認しておくことにしましょう*。

4.2.1. コミュニケーション能力育成をめざした授業をするために
　　　　―「ゴール」を明確にし，「現在地点」を確認する

　学習指導要領にも明示された英語教育の目標は，「コミュニケーションを図ろうとする積極的かつ主体的な態度と，それを支えるコミュニケーション能力を育成すること」です。この大目標を念頭に，われわれ英語教師はあるべき授業を求めて日々の実践を継続しているのですが，単に「コミュニケーション能力を育成しよう！」と教室で連呼するだけでは，何の役にも立たず，何ひとつ達成することはできません。「コミュニケーション能力のある生徒（人間）とは，具体的にどのような能力を持ち，どんなことのできる生徒（人間）なのか？」その具体的なイメージを持って目標としてめざす「ゴール」

*本節 4.2.および4.3.は，樋口・緑川・髙橋（2007：271-278）に新たなデータを加えて加筆したものである。

180

を定め，生徒の学力の「現在地点」を確認することが必要であり，そこから，「ルート」設定，すなわち授業設計がスタートします。

「コミュニケーション能力」と一口に言いますが，communicative competence には，それを支えるいくつかの能力があると言われています（Canale & Swain 1980）。

① 文法能力（grammatical competence）

「文法能力」が外国語学習に不可欠な能力であるのは当然です。しかしながら，文法偏重の授業によって生徒の英語嫌いが増えた過去への反省から，特に中学校では，近年「文法をあまり教えないこと，生徒の誤りを訂正しないことがコミュニカティブな授業だ」という極端な反作用が見受けられることがあります。文法とは自分の伝えたい思いを誤解なく相手に伝えるためのことばの決まりごとであり，この指導なくしてコミュニケーション能力養成はありえません。文法指導とコミュニケーション能力育成は相対立し二者択一（dichotomize）すべきものではなく，grammatical competence は，communicative competence を支える不可欠な能力なのです。ただし，ここで言う「文法指導」とは，従来型の高等学校の授業にしばしば見られるような，教師が文法用語を駆使して日本語で説明し，生徒に文法規則を覚えさせ，穴埋め，書き換え問題を行わせるといった文法のための文法指導ではありません。そのような授業の背景には，文法を積み上げて教えていけば，そのうちにコミュニケーション能力は自ずとついてくるであろうという考えがあったようですが，そのような仮説は "too optimistic a view to take" であるというWiddowson（1978：19）の指摘を待つまでもなく，その虚構を誰よりも身をもって感じ，知っているのは，実は私たち英語教師自身なのです。

今求められているのは「コミュニケーションに生きて働く文法指導」のあり方です。2008年に告示された『中学校学習指導要領』の「言語材料の取扱い」には，「イ．文法については，コミュニケーションを支えるものであることを踏まえ，言語活動と関連付けて指導すること。ウ．文法事項の取扱いについては，用語や用法の区別などの指導が中心とならないよう配慮し，実際に活用できるよう指導すること」と書かれており，その翌年に告示された『高等学校学習指導要領』の「言語材料の指導に当たって配慮すべき事項」にも，ほぼ同じ文言が記されているのはこのためで，これは2017年・2018年

の新指導要領にも引き継がれています。

　このような意味での文法能力の育成はコミュニケーション能力育成に不可
欠ですが，これだけでは不十分です。なぜなら，コミュニケーション能力を
支える以下に見るような異なる能力があるからです。

② 社会言語学的能力（sociolinguistic competence）

　これは，時と場，目的や相手（TPO）に応じて，適切な言葉づかいを選
択して使用できる能力（言語使用の appropriateness）のことを言います。
社会生活上重要な能力で，日本人の場合も，就職に際して敬語の使い方も心
得ず「ため口」しかきけない人間は社会人として認知されず，仕事上の能力
以前の問題として不合格となります。英語で相手の名前を知りたければ，
What's your name? と尋ねることができます。この文は文法的には正しい
（grammatically correct）ですが，使う場面や話しかける相手によっては不
適切（inappropriate）となることもあります。例えば，ホテルのフロント
係が訪れたゲストに対して，What's your name? と下降調のイントネーショ
ンで「尋問」しようものなら，支配人が現場を目撃していれば解雇の対象と
なり得ます。May I have your name, please? など「ていねいな依頼」が，
この場にふさわしい適切な表現です。

③ 談話能力（discourse competence）

　これは，ひとつの話題（topic）について，文と文とを適切に結びつけて
まとまりのある文章（discourse：a connected series of utterances；a text
or conversation）を構成して書いたり，話したりできる能力のことです。こ
の能力については，次の 4.2.2.で詳しく考察しますが，中高生ともにほとん
ど育成されていない傾向が見られます。（→ 2.8.3.【7】pp. 97-101）

④ 方略的能力（strategic competence）

　この能力は，コミュニケーションで障害にぶつかったときに，それに対処
する方法（communication strategies）を身につけているかということで，
いろいろなコミュニケーション方略があります。例えば，定期テストに自由
作文を出題すると，本当に書きたいもっと深い内容があるのに，ミスをして
減点されると損なので，より簡単で他愛のない内容を書く生徒がいます。「回
避（avoidance）」という消極的方略を採用したのですが，このような生徒は

伸びません。指導し伸ばしてあげたいのは，例えば，単語を知らないが，それを自分の英語力で何とか言い換えて相手に伝えようとする（paraphrasing）などの積極的な方略です。難しい単語や不慣れな構文を使うのでなく，「自分の身の丈にあった英語で，自分の本当に言いたいことを伝えることのできる力」を育ててあげたいものです。

このような観点から，みなさんの生徒さんは何ができて，何ができないのか？　それぞれの能力はどの程度育ちつつあるのか，あるいは，未だ手つかずの状態でまったく育っていないのか？　生徒たちの学力の「現在地点」を的確に把握することから，授業設計や授業改善がスタートします。そして，将来，育て上げたコミュニケーション能力を使って，何を考え，どんなことのできる生徒を育てようとしているのか，英語の授業を通じて育てたい生徒の具体的なイメージ（＝教師の英語教育観）が授業改善でのめざすべき「ゴール」となるのです。

4.2.2. 中学3年生の英語学力の現状分析と問題点の抽出

① 「教育課程実施状況調査」に見る生徒のライティング能力

さて，全国的に見た生徒の英語学力の現状はどうでしょうか。2007年度（平成19年度）からは，それ以前の抽出調査でなく全国悉皆の学力調査が実施されています。被験者数が膨大なため，実施教科は国語と算数・数学のみに限られていますので，2001年度に中学3年生を抽出して実施された「教育課程実施状況調査」の中学校・英語科の結果を見てみることにしましょう（国立教育政策研究所 2003）。

＜技能別達成状況＞に関する分析評価結果は，以下の通りです。
・「聞くこと」及び「読むこと」…「おおむね良好」といえる
・「書くこと」…「おおむね良好」とはいえない
・（「話すこと」に関しても「おおむね良好」とはいえない状況と間接的に推測される）
ここで確認しておきたいことは，「おおむね良好」とはどのくらい良好なのか，ということです。本調査では，さまざまな能力を個別に測定する問題が出題されていますが，問題作成者が合議検討のうえ，各問題について，「例えば，小問5問中3問は正答もしくは準正答が得られるだろう」といった予

想される到達度の%（設定通過率）を設定します。その設定通過率の上下５％の範囲に全被験者の50％以上が収まるか越えていれば、「おおむね良好」という判断を下すのです。従って、「おおむね良好とはいえない」という結果は、相当深刻、期待する力がついていない、と解釈しなければなりません。

　さて、上記の技能別達成状況を当時の「４観点」に移し替えてみると、
・「コミュニケーションへの関心・意欲・態度」…「おおむね良好」
・「表現の能力」…「おおむね良好」とはいえない
・「理解の能力」…「おおむね良好」
・「言語（や文化）についての知識・理解」…「おおむね良好」とはいえない
となります。

　次に実際に出題された調査問題（中学３年生対象、「書くこと」のトピック指定問題）を見てみましょう。

【資料１】中学３年生対象、ライティング・テスト

> 　自分が「大切にしているもの」や「宝物」について、他人に英語で説明するスピーチの原稿を４文以上で書きなさい。ただし、最初の文はThis is に続けて書き始めなさい。

　(1)話題は「大切にしているもの」や「宝物」。(2)分量は４文以上。(3)形式については、最初の文は This is に続けて書き始める、という３つの条件が課されています。

　まず、条件(2)で、「書こうとする意欲」すなわち「コミュニケーションへの関心・意欲・態度」を測ろうとしています。この種の自由英作文で、過去の調査では目立って多かった白紙答案が有意差をもって減少しています。また、「４文以上書け」と言われて実際に４文以上書いた生徒は、全受験者の45.5％おり、設定通過率50％のマイナス５％の範囲内にぎりぎり収まりました。それゆえに「コミュニケーションへの関心・意欲・態度」は「おおむね良好」と判断しているのです。

　しかし、これは「量的評価」にすぎません。一方、その内容の自然さ、豊かさや文法・語法の正確さなどの「質」に評価の眼を移して「表現の能力（ここではライティング能力）」を診てみると、全体の通過率は26.6％と「おおむね良好」には、はるかに及ばぬ状況にあり、たくさん書いてはいるが、文

単位で見ても，何を伝えようとしているのか意味が理解できないものも少なくありませんでした。極端なつづりの誤りによってどの単語を書こうとしていたのか想像がつかない，語順や語形変化が滅茶苦茶なため，文意の類推さえ成り立たない「英文もどき」の文が多く見られたのです。「言語についての知識・理解」が「おおむね良好とはいえない」という評価はここからも来るのですが，4.2.1.で見た①「文法能力」の未熟さが顕著に現れています。よく「日本人は聞き，話すことは苦手だが，文法には強い」と言われますが，問題集レベルでの正答は得られたとしても，文法知識を実際の表現やコミュニケーションで「活用」できるかというレベルでは心もとない限りです。

　さらに，文章全体の構成に視点を移してみると，仮に文法的誤りがゼロだとしても，次のようなものが典型的な解答例として共通して見られたのです（ちなみに，このような文を書く生徒は，必ず頭揃えをして書き，右にいかに余白があろうと1文ずつ改行して書くことも共通しています）。

> This is my important book.
> This is my important watch.
> This is my important bag.
> This is my important video game.

これらは，箇条書き羅列文で，文と文とのつながりも文章としてのまとまりもありません。4.2.1.で述べた4つの能力のうち，③「談話能力」の未発達，と言うよりも，意識の芽生えすらない，と言ったほうが正しいようです。

② 「特定の課題に関する調査」に見る生徒のスピーキング能力

　国立教育政策研究所が実施する学力調査の中で，従来の紙媒体の学力調査問題（ペーパーテスト）では測れない能力を測定しようとする調査は「特定の課題に関する調査」と呼ばれます。①で見た「教育課程実施状況調査」では，表現の能力のうち「書くこと」については「おおむね良好とはいえない」と判定しましたが，「話すこと」に関しては「おおむね良好」とはいえない状況と「間接的に推測される」という分析に留めました。スピーキング能力は実際に話させてみなくては評価できないからです。これを補完すべく実施されたのが「特定の課題に関する調査（英語：「話すこと」）」です。生徒のスピーキング能力を測定する問題が初めて開発され，2006年度に全国から無

作為に抽出された中学３年生1,090名を対象に実施され，2007年にその結果が公表されました（国立教育政策研究所 2007）。この調査では，ヘッドセットを装着した被験者が１人ずつコンピュータに向かい，画像と音声を視聴しながら指示に従って英語で応答し，その音声は分析データとして録音されます。メモを取ったり，英語を書いて読みあげたりすることは一切できません。以下，４つのセクションから構成される出題の概略と正答率を示します。

【資料２】中学３年生対象，スピーキング・テスト

§1：単語力（知識と発音能力，絵を見て単語を発音，解答時間５秒）
［平均通過率 79.7%］

1) bird　　　2) water　　3) twelve　4) first　　　5) September
6) Thursday　7) children　8) rain　　9) spring　10) breakfast

§2：文の再生能力（3〜8語文を２度聞き，発信音のあとRepetition）
［平均通過率 46.1%］　　（注）　│　%│ は，§4の(準)正答率を表す。

1) We are students.［正答49.6%, 準正答46.8%］　│31.7%│
2) I don't play basketball.［83.1%, 2.9%］　　　│35.9%│
3) I gave my friend flowers.［17.3%, 20.3%］　　│54.6%│
4) There are many buildings in Tokyo.［11.7%, 20.8%］　│55.6%│
5) I have lived here for five years.［5.2%, 4.0%］
6) When I left my house, it was raining.［2.9%, 9.0%］　│78.4%│
　　　　　　　　　　　　　　　　　　　│73.0%│

§3：英問英答能力（イラストを見ながらQ×2 & A—5秒）
問題省略［平均通過率 61.4%］

§4：即興スピーチ能力（Impromptu Speech）│正答 5.6%, 準正答 26.6%│
［誤答 56.0%, 無答 11.8%］

英語の授業で，クラスの友だちに「季節」について話すことになりました。あなたが好きな季節をひとつ選んで，それを選んだ理由やその季節にどのようなことをしたいかなどについて話してください。
それでは，30秒間考えて下さい。
…（発信音）では話してください。（解答時間：１分間）

ここで注目したいのは，§2 と§4 の結果です。§2 は２度聴いた文を一瞬の間を置いてリピートさせる問題ですが，３語文から８語文へとセンテンスが長くなるに連れて当然ながら正答率は下がります。これは，文が長くなるに連れて，単なる瞬間的な一時記憶（short-term memory）に依存するだけでは全文のくり返しに対応できなくなるからです。文を聞いて瞬時にその意味を理解し，音声記憶を活用しながらも，自分自身でその文を再生する能力が必要となってきます。当然ながら，5）の７語文（現在完了の文），6）の８語文（従属接続詞 when を使った複文）となると正答率は３～５％と極端に低くなり，伝達に大きな支障を及ぼさないような細かな文法的誤り（local errors）や不正確な発音などの問題を含む準正答を含めても，10％前後という通過率となります。

　さて，【資料２】の§2に示した □□□□ 内の％をご覧ください。この数値は，§2の各小問で正答または準正答となった被験者が，§4の「即興スピーチ」でも正答または準正答を得た割合を示しています。1）の３語文を再生できた生徒のうち，§4の即興スピーチになんとか対応できた生徒は 31.7％に過ぎませんが，5），6）の７語文，８語文を再生できた生徒のそれぞれ 78.4％，73.0％ が，§4で正答もしくは準正答の評価を得ていたのです。一見関係なさそうに思われがちな文の模倣反復という「基礎的練習活動」と，即興スピーチという「実践的表現活動」の間に相関関係が見られたことは興味深いことです。この結果は，「基礎練習なしの応用活動は有り得ない」ことを示しているといえるでしょう。

　とは言え，§4 の即興スピーチの正答は 5.6％（100人のうち，対応できた生徒は５，６人）に過ぎず，応答時間の１分間，一言も英単語すら発することができず，まったくの「無答」に終わった生徒は正答者に倍する 11.8％もいたのです。このデータは，即興スピーチに対応できるなどの実践的運用能力を養うには，いかに「基礎訓練」を行ったとしてもそれだけでは不十分で，「即興での表現力を伸ばすための継続した指導と体験が必要」であることを示唆しています。

　ちなみに§4 の評価基準は以下の通りです。

・正答：「好きな季節」，「選んだ理由」，「その季節にしたいこと」の３つの
　　　　要素について，さらに説明を付け加えるなど，まとまりをもって話
　　　　せている。（5.6％）

・準正答：3つの要素について言えているが，1文レベルで＋αの展開がない。（26.6%）

・誤答：3つの要素が揃わず，1文レベル。または，伝達不能。（56.0%）

　準正答率 26.6% に対して正答率が 5.6% に過ぎないのは，①の学力調査（ライティング・テスト）と同様に「談話能力」の弱さが露呈していると言えるでしょう。

③ 学力調査結果からの示唆

　2つの学力調査のデータを考察してきましたが，なぜこういう結果になるのでしょうか？　生徒の「学力低下」が原因なのでしょうか？　「積極的な表現意欲」は過去よりも伸びているのです。にもかかわらず，なぜ，こうなるのでしょうか？

　　——「授業でふだん指導していないことはできない。」

というのが，筆者の見解です。

　2つの学力調査結果が示唆することをまとめてみると，次の3点に集約することができます。

---

① 1つの話題について文章を展開する「談話能力」（discourse competence）が決定的に欠如しており，即興でのスピーキング能力も育っていない。

② 授業における反復・音読・暗唱など基礎的訓練が，即興発表力など実践的コミュニケーションを下支えしている。

③ Impromptu speech/conversation などができる実践的能力を育成するには，それに対応した継続的な指導・訓練・体験が不可欠である。

　授業において②や③の指導が十分に行われていないことが，①の結果を招いていると考えられます。「生徒は（人間は），教わっていないこと，訓練していないことはできない。」これが，ひとつの真理と言えるでしょう。確かに，地域や家庭環境も含め，生徒自身の問題に起因するところも多いのは事実でしょうが，生徒にすべての責任を転嫁してしまえば，われわれ教師は何もしなくていいことになってしまいます。これは職場放棄に他なりません。従って，われわれはプロの指導者として，

「生徒の学力は，教師の指導の裏返し」

「生徒の学力は，授業を映す鏡」

と考えなくてはなりません。

　「生徒の現在地点を確認する」とは，克服すべき問題点を見つけること（problem identification）に他なりません。具体的に抽出したその問題点（＝授業改善の課題）を授業の中にどのように位置づけ，どのような指導を行い，どんな練習や活動を与えれば，それを克服してワンランク・アップの変容をめざせるのかを考え，実行（action）に移すこと。生徒の学力低下を嘆く前に教師がプロとして行うべきこと，それが「授業改善」であり，それを絶え間なく行い，教師としての自己を成長させられるプロとして不可欠な力が「授業改善能力」なのです。

4.3. アクション・リサーチのすすめ
　—Reflective Practitioner をめざして

4.3.1. アクション・リサーチ（Action Research）とは

　4.1.で見た教師の学びの方法のうち，Craft Model で目標とすべき先輩教師の授業実践から学ぶにせよ，Applied Science Model で，科学的に打ち立てられた言語習得理論や教授法を学び実践に生かすにせよ，自らの創意工夫や思考を伴わない無批判な表面的モノ真似は，所詮は「サル真似」に終わって失敗し，自分自身の授業スタイルを見失わせ，真の教師の成長にはつながりません。そこに教師の自律性（teacher autonomy）がないからです。

　言語習得理論や外国語教授法など教師自身が学習によって得た理論的な知識（received knowledge）と自分自身の経験から体得した既存の知識（previous experiential knowledge）をもとに授業をふり返り，自ら思考し，主体的に新たな実践に取り組みながら，その成果を検証する次のような「実践（practice）と省察（reflection）のサイクル」（reflective cycle）を通して，プロとしての指導力（professional competence）が養われていきます（Wallace 1998：13, 佐野 2000：34, 2005：6）。

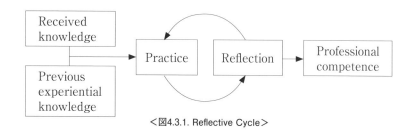

<図4.3.1. Reflective Cycle>

　アクション・リサーチは，「リサーチ」といっても，伝統的な実証研究
（scientific experimental research）とは異なります。典型的な実験的リサー
チでは，学力が同等であると見なされる生徒たちを被験者として実験群
（experimental group）と統制群（controlled group）に分け，それぞれのグ
ループで，効果的である／ないと思われる異なる指導法を実施し，一定期間
の指導（treatment）の後に事後テストを行います。そして，その結果を統
計処理して事前テストのデータとの有意差の有無を数量的に検証し，得られ
た知見をどのような状況にも普遍的に適用可能な一般理論として構築しま
す。このような実験的リサーチは，現場教員には技術的にも実施が困難で，
そもそも期待される効果に差がある（と教師自身が思っている）異なる指導
法を，研究のためにクラスによって使い分けて実践するというのは，教育者
としてのモラル（educator ethics）としても実施が難しいでしょう。
　一方，アクション・リサーチは，どのような状況にも普遍化して適用可能
（context-free）な一般法則の確立をめざすのでなく，あくまでも，特定の環
境（specific context）における個人や小集団が直面する問題を組織的なデー
タ収集とその分析を通じた「実践と省察」というサイクルを通して解決する
ことで授業を改善し，教師のプロとしての成長を図ることも目的とします。
教師自身が主体的に自分自身の授業実践をふり返り，今まず改善すべき問題
点，改善可能な問題点は何かを具体的に抽出し，生徒観察や予備調査，自己
の学習や実践を通して得た知識を基にして，なぜうまくいかないのか，どの
ようにすれば問題を解決できるだろうかと自分の頭で考え，今までとは違っ
た新たな指導仮説を立てて意識的な実践に取り組み，データ収集とその分
析・考察等を通じて，その成果を検証します。その結果は，あくまで特定環
境におけるものであって，異なるcontextに普遍化して適用できるものでは

ありませんが，同じ悩みや問題を共有する他の教員にとっては大いに参考となる知見が多く含まれるはずです。

　このようにアクション・リサーチは，授業を行いながら，具体的な特定の問題点をピンポイントで改善を図る，手順を踏んだ授業改善法であり，概ね次に示すようなステップで進めます*。ここでは，具体例として，4.2.2. ①の全国学力調査で見た「ライティングにおける談話能力（discourse competence）の育成」を当面の改善すべき課題の例として考えてみることにしましょう。

➔ *Self-development Task 15* 一授業改善のための仮説を立てる

　以下に示すアクション・リサーチの①～⑧の手順を確認しながら，③のResearch Question で焦点化した問題を解決するために，空所にした④ではどのような指導を行えば効果的でしょうか？　実践すべき「仮説」を3つ以上，思いつく限り読者のみなさんご自身で考えてみてください。
(Teachers should be autonomous!)

4.3.2. アクション・リサーチの手順
① Problem Identification（問題点の特定）
　生徒の「現在地点の確認」と「問題点の抽出」＝「自分の授業のどこが問題か？」,「どこをどう改善したいのか？」を特定する。

> (例)「生徒は，まとまりのある文章を書いたり，話したりすることができない。」

↓

② Preliminary Investigation（予備調査によるより正確な現状把握）
　・授業の（相互）観察や記録・文献研究
　・生徒へのアンケート調査，インタビュー調査（質的データ）
　・Pretest（数量的データ）

---

*アクション・リサーチ（AR）の手順は1つではなく，さまざまな進め方があるが，ここでは代表的な手順を示す。ARの目的や手順などの詳細については，Richards & Lockhart（1994），Wallace（1998），Burns（1999），佐野（2000）・（2005），三上（2010）などを参照。

↓

③ Research Question（問題点の焦点化）

【Level 1】クラスの7割以上の生徒たちが，その場で与えられたひとつ
のトピックについて，5文以上のまとまりのある文章を書いて発表で
きるようにするには，どのような指導や活動を行えばよいだろうか？

↓

④ Hypothesis-making（仮説の設定）

問題解決のための仮説を設定し，授業の具体的改善策（action plan）を明
確にするとともに，必要に応じて仮説の実践順序を決定する。

仮説1

仮説2

仮説3

仮説4
  ⋮

↓

⑤ **Plan Intervention**（計画に基づく新たな授業実践）

　仮説検証のためのアクション＝目的を持った新たな授業実践

↓

⑥ **Outcome**（実践結果の検証と評価）

　データの収集と分析，結果の考察（→ ④′ 仮説の修正 → ⑤ 新たな実践）

Reflective Cycle

（データ収集）

　数量的データ（posttest）と質的データ（アンケート・インタビュー等）

↓

⑦ **Reporting**（実践のまとめと結果の発表）

　実践結果を仲間と共有するために，レポートをまとめて発表する。

↓

⑧ **Follow-up**（新たな授業実践）

　改善した授業実践をさらに継続し，内省を通して次のリサーチ・サイクルに入る。

【Level 2】あらかじめ原稿を書くことなく，即興である程度のまとまりのある内容のスピーチを行ったり，友達の発表内容を要約したりできる能力を育てるにはどのような指導が必要か？

↓

【Level 3】

→**Self-development Task 16** ―次のリサーチ・サイクルを考える

③ で取り上げた【Level 1】の授業課題の達成後に新たに設定した次の課題として【Level 2】を例示しました。これも達成できたとすれば、みなさんなら、その次の目標【Level 3】として何を課題として取り組みますか？ご自身で考えてみましょう。

4.4. 授業比較から見える教師の成長と生徒の変容

ここで、稲岡章代先生の姫路市立豊富中学校での2つの授業を観てみることにしましょう。稲岡先生は、筆者が中学校教員時代から、英語授業研究学会などで共に学び、切磋琢磨した同志のひとりであり、(財)語学教育研究所から2000年度の「パーマー賞」を受賞された、まさしく established English teacher です。これから分析検討させていただく2つの授業は、稲岡先生が英語授業研究学会の第19回および第22回全国大会で公開された授業です。これら2つの授業を本章で取り上げるのには、次の2つの理由があります。

---

(1) 4.2.2.に示した「全国学力調査」で明らかになった中学3年生の英語学力の問題点を、2年生・1学期にして生徒たちが見事に克服しており、それを可能にした教師の意識的な指導が両授業に明瞭に観察されること。

(2) 3年間のインターバルを経て、同じ1学期後半に実施された新出文法事項として未来時表現の助動詞 will を独自に導入・展開する2つの授業データ（指導案と資料、授業DVD、生徒作品）があり、授業比較が可能で、3年間の教師の成長と授業の質的向上が明瞭に観察できること。

4.4.1. 授業研究 ① ―談話能力と即興能力を伸ばす指導

授業①は、2007年6月21日に実施され、同年8月に大阪で開催された英語授業研究学会第19回全国大会で公開された授業です。

→ **Self-development Task 17** 一授業をイメージし，教師の意図を読む

　第3章の「指導案分析」で行ったのと同様に，指導案から授業をイメージしてみましょう。ここでは，特に4.3.2.の「アクション・リサーチの手順」(pp. 191-193) に示した授業改善の課題：

③ Reasearch Question の「Level 1：その場で与えられたひとつのトピックについて，5文以上のまとまりのある文章を書いて発表できるようにするには，どのような指導や活動を行えばいいだろうか？」

⑧ Follow-upの新たな課題である「Level 2：あらかじめ原稿を書くことなく，即興である程度のまとまりのある内容のスピーチを行ったり，友達の発表内容を要約したりできる能力を育てるにはどのような指導が必要か？」

に対する授業での具体的な取り組みを見極めてください。

　その中で **Self-development Task 15** (p. 191) のアクション・リサーチの新たな実践への仮説が見つけられるはずです。

▲稲岡先生授業風景（2007年）

Teaching Plan (1)

Instructor: INAOKA Fumiyo

Date: June 21, 2007

Class: 2nd-year, Class 3 (10 boys & 6 girls)

Text: *NEW CROWN English Series 2*, Lesson 3 "At the Zoo"

Aims of This Period (The 1st period/6 periods):

① To help the students (hereafter Ss) speak and comprehend affirmative sentences using the aux. *will*

② To encourage Ss to tell about their summer

③ To help Ss understand the message their former ALT gave them

Teaching Aids: Map, picture cards, word cards, video, printed sheets

Teaching Procedure:

(1) Greetings & Small Talk (3 min.)

(2) Warm-up: Chants "What did you do & where did you go?"

(2 min.)

(3) Review: Impromptu Conversation & Reporting (5 min.)

"*What did you do last night?*"

① Impromptu conversation in pairs

② Impromptu demonstration with a new partner

③ Impromptu reporting by one of the listeners

(4) Presentation of the New Language Materials (5 min.)

Oral presentation of the following target passage through T-S interaction:

Topic: *School excursion of last year and the next year*

i.e., We went to Minami Tajima last year.

   We cooked curry and rice.

   We <u>will</u> go to Hachibuse next year.

   We <u>will</u> ski there.

(5) Mim-mem & Explanation of the Grammar Points (3 min.)

(6) Copying the Target Sentences & Writing More (5 min.)

(7) Oral Practices (15 min.):

  ① Mechanical drill with meaning:

    "What will you do after school / after dinner today?"

  ② Pre-communicative drill (using the video letter from Allison, the former ALT who came back to USA)

    1. Watching the video [1] to understand her oral message

      "What will she do in the US?"

      "What is her question to you?"

    2. Check of understanding

    3. Reproduction of her massage

    4. Watching the video again for confirmation

(8) Communicative Drill (5 min.)

  "What will you do this summer?"

  ① Talking in pairs

  ② Presentation

  ③ Q & A

  ④ Evaluation

(9) Consolidation (5 min.)

  ① Watching the video [2] from Allison

  ② Catching her message to Ss

  ③ Giving & reading the letter from Allison

(10) Assignment & Closing Message (2 min.)

  To tell Ss to write a letter to Allison and bring it next time

☞ ***Check It Out 15 〜17*** ―授業①の分析と学び

　筆者は，20年来の友人である稲岡先生の授業をこれまで数多く参観させていただく機会がありましたが，その授業の特色を簡潔に言い表すならば，次の3点が大きな特色といえると思っています。

[1] 先生が明るくパワフルで，生徒たちを引っ張るのだが，そこに威圧や強制を感じさせることはなく，「愛」で生徒たちを包み込む。教え込むのでなく，先生が生徒一人ひとりの内なるメッセージを引き出すことで，誰よりも先生自身が授業を楽しみ，それが生徒たちに浸透していく。和やかな雰囲気が創り出す「安心・安全な授業環境」の中で，生徒たちは明るく伸び伸びと授業に参加し，先生や友達の発言にしっかりと耳を傾け，そして，自分の体験や気持ち，考えなどを間違うことを恐れず，表現しようとする「コミュニケーションの場」が創り上げられている。

[2] 導入や活動では，「すべての生徒が体験を共有する，身近で興味ある話題」を取り上げ，全員が興味を持って取り組める学びの場を創出する。学習した言語材料や内容を生徒一人ひとりが自分自身のことに結びつけて考え，自ら表現する場を与えることにより，「主体的な学びの場」を創り上げている。コミュニケーションの相手を絶えず意識させるとともに，生徒の「理解しよう」，「表現しよう」という意欲を喚起するために，ALTの協力を得て制作した自作のビデオなど視聴覚媒体を効果的に活用する。(→ pp. 80-82「コラム③」)

[3] 授業がパーツの組み合わせでなく，最終目標が明確かつ具体的で，ゴールから逆算した "backward design" による単位授業の指導手順，中・長期的スパンで先を見通した授業計画が構築されている（この点は，優れた授業者に共通に見られる特色です）。

　さて，授業①を詳細に分析してみると，4.2.2.で見た，全国学力調査を通じて生徒の学力の問題点として浮き彫りになったライティングやスピーキングにおける談話能力，即興で話す実践的スピーキング能力，そしてそれらを下支えする基礎能力をいかに継続的に指導し伸ばしていくのかが，具体的に授業過程の中に位置づけられ，手法として確立されていることがわかります。以下，特徴的なチャンクに注目してみましょう。

目標 Level 1への対応：
　英語でまとまりのある文章を書いたり，話したりすることができる。

まず，指導過程(4)の新言語材料の提示で，oral interaction を通して提示した目標文に注目してみましょう。この授業の目標文法構造は，助動詞willでしたね。みなさんなら，どのような目標文を提示し，板書されますか？次のような4文を与えたりはしていないでしょうか？

(1) I will watch TV after dinner.

We will eat a hamburger for lunch.

Emi will play tennis tomorrow.

Ken will study English for the exam.

確かに文構造は display できていますが，どこかで見たような脈絡のない羅列文です。このような例文を毎時間のように覚え刷り込まれていれば，

(2) This is my important book.

This is my important watch.

This is my important bag.

This is my important video game. (→ p. 185)

のような「単発箇条書き羅列文」を生徒が書くのも無理のないことです。

稲岡先生の板書文は，次の4文でした。

---

(3) We <u>went</u> to Minami Tajima last year.　We <u>cooked</u> curry and rice.

　We <u>will go</u> to Hachibuse next year.　We <u>will ski</u> there.

---

(1)との違いは明瞭で，(3)は脈絡ある文章（談話：discourse）になっています。日々の授業でどのようなモデルに接しそれを蓄えるか。インプットは量も大切ですが質が重要です。しかも，稲岡先生の与えた4文は，新出事項の will を含む文のオンパレードではありません。一連の脈絡ある4文の中で，直近の関連既習事項である一般動詞の過去形（規則変化と不規則変化）ときれいに対比（contrast）しています。このコントラストにより，生徒は「過去のこと」を言う場合と，「これから先のこと」を言う場合という意味（meaning）や機能（function）の違い，さらに，動詞の形（form）の違いにも気づくことになります。「既習事項との対比により，新しいものの正体が見えてくる。」このことは，2.6.2.「帰納的アプローチによる文型・文法事項の導入・展開モデル」の①（pp. 62-64）でも重要ポイントのひとつとして

指摘したことでしたね。

　授業では，これら4文をすべての生徒が口頭でスラスラ言えるまで十分な mim-mem を行ったうえで板書し，音声で定着したことを，文字を見て確認・強化します。文法説明は日本語で行われましたが，説明というよりも，生徒の気づきを確認するためのもので，所要時間は1分間でした。そして，定石通り，板書事項をノートに写させます。いわゆる copying ですが，稲岡先生の指導案の指導過程(6)では，Copying the Target Sentences & Writing More とし，通常2〜3分の配当時間を5分間にしています。ここに注目していただけましたか？

　先生が授業後集めたノートによれば，

　　We went to Minami Tajima last year.　We cooked curry and rice.
　　We will go to Hachibuse next year.　We will ski there.

という板書文の後に，生徒たちは即興で次のようなオリジナル文を付け加えていました。

（Aくん）I will make a snowman.　I will have a very good time.
（Bくん）I will play catch with a snow ball.　I will eat snow.　Really?
（Cさん）We will go by bus.　I can't wait !

いずれも，与えられた文章の脈絡を維持しながら，自然な discourse を展開させています。ちなみに，授業後にノートを集めて，このような生徒のオリジナルの英文を読むのが，稲岡先生の「楽しみ」のひとつで，「元気の素」だそうです。

　このように導入など授業の中核をなす部分はもちろんのこと，導入後の文型練習に至るまで，授業のどのような場面であろうと，常に脈絡やまとまりのある有意味（meaningful）な情報のやりとりが行われています。無味乾燥な練習のための練習は見られません。

目標 Level 2：あらかじめ原稿を書くことなく，即興である程度まとまりあるスピーチや要約，ペアでの対話などができる。

指導過程上では，前後してしまいますが，この目標に関しては，指導過程
(3)の Review：Impromptu Conversation & Reporting に注目してみましょ
う。先生が Small Talk の延長として提示した

"What did you do last night?"

という会話の糸口となる質問を受けて，次の手順で活動します。

① ペアによる即興の1分間対話（impromptu conversation）
② 新たに組んだペアによる即興対話の演習（同上）
③ 代表対話を聞いていた生徒による即興レポート
　（impromptu reporting／retelling）

②では多くの生徒が挙手しましたが，次は先生の指名で発表した Seiha 君
(A)と Nori 君(B)という男子2名の即興会話をDVDから書き起こしたもの
です。誤文も発表時の原文のまま掲載し，（　　　　　　）に訂正文を示します。

A：Hi.

B：Hello. How are you?

A：Fine, thank you. And you?

B：[*Silence*]

A：And you?

B：Ah …, I am hungry.

A：Why?

B：I didn't eat dinner yesterday.

A：Oh, *why?（Why not?）

B：I studied science, English and math. *Yesterday was (a) busy day!

A：Oh, busy day?

B：Do you …. Did you study yesterday?

A：No, I didn't.

B：Oh, dear!

A：Sorry.

B：What did you do last night?

A：Ah, I played video game.

B：Oh, my god! *Do you know test?（Don't you know we're having a test soon?）

A：Yes. [*Pause*]　Please teach me.

B：OK. Let's study together.

A：Thank you!〔1分18秒〕

続く③では，2人の発表を聞いた他の生徒が，会話の内容を即興でレポーティングします。次は挙手してチャレンジした Marin さんという女子生徒（C）の発表です。

C：Hello, everyone. [*Audience*：Hello!]

Last night, Nori studied science, English and math. He didn't eat dinner. So he is hungry.　Seiha …, Seiha played video game.　He didn't study! Seiha is … *Nori teaches Seiha.（Nori will teach Seiha today.　未来時表現は本日この後学習するので，この時点では未定着。）They're good friends.　Thank you.〔42秒〕

途中で戸惑いの沈黙やポーズが入ったり，細かな誤りも見られますが，3名とも原稿を書いてそれを読みあげているのではありません。即興で対応しているのです。既習の過去時制については，ほぼ正しく使用できています。即興活動など，ある日突然，教師の思いつきでやらせてできることではありません。日ごろの地道な積み重ねがあればこそ可能になることでしょう。

　生徒主体の即興による表現活動についても，学習段階・生徒の習熟段階に応じて，ねらいが明確であり，活動が質的に階層化されています。新出事項として導入し，基礎練習した直後の段階では，これからやろうと思いつくことを，will を使った文で，できるだけたくさん言わせます。ここでは話題について文章を展開することは求めず，目標構造を用いて，できるだけ多くの文を言うことが目標です。新しく学んだ文構造を用いて，即興での自己表現をどんどん行わせることによって当該文構造の運用につながる intake を図っているのです。一方，授業開始後の過去時制の復習 "What did you do last night?" のチャンクや，ALT のビデオメッセージを聞いて，生徒一人ひとりが彼女に返信の手紙を書く活動では，まさに全体としてまとまりある内容を書くように指導しています。このように活動のねらいが明確であるが故に，教師の指導（多くの場合は個に応じた指導）もまたポイントが明確にな

ります。

　以下に，この授業を通じた生徒の到達度を確認するために，授業のゴール
として設定されている帰国したALT，Allisonからのビデオ・レターを打ち
出した手紙の文面と，次時にある生徒が書いた返信を掲載しておきます。

Hello, Toyotomi students!
How are you?

　Summer has come!　It will be hot.　Yes?
What will you do this summer?　　Will you swim?
Me?　OK, I will tell you.　　I will go back to the USA.
I will go to college.　　I will study science.
I will also practice Aikido.

　In the future, I will be a doctor.
When you are sick, I will take care of you.

　Well, everyone, what will you do this summer?
What will you do after junior high school?
Have a great summer!

　Hello, again!　I will tell you one more thing.
Are you having a good time at Toyotomi?

　Sometimes school and family are difficult, but don't
worry.　Relax, breathe deeply...
You will have a wonderful life with your family and
friends.

I will see you again someday!　　Bye!

Allison Burke

　筆者がこの授業を参観した直後に思い浮かび，自問自答した質問があります。

Q：「稲岡先生の指導を受けているこの中 2 の生徒たちが，4.2.2.に示した文科省の学力調査，スピーキング・テストを受けたとしたら，どうなるだろうか？」

A：「こういうことを日常の授業で当たり前のこととして継続しているのだから，そりゃできますわな！」というのが私の予測です。

　順序が逆になってしまいましたが，稲岡先生の授業 ① も参考に，私自身の考えも入れて *Self-development Task 15*（p. 191）の新たな実践仮説を次にまとめます。みなさんご自身が考えられた仮説と比べてみてください。

Hypothesis-making（談話能力育成のための仮説の設定例）（p.192の④）

仮説 1 ：新しい文法事項の oral introduction では，文脈を意識したインプットを与え，mim-mem の際に目標文を含む 3 ～ 4 文程度の脈絡のある例文を提示し覚えさせれば，望ましいモデルが定着するだろう。
仮説 2 ：仮説 1 のような脈絡ある導入文を与え，mim-mem 後にノートに写させる際に時間を与え，1 ～ 2 文のオリジナル文を付け加えさせる活動を継続し，教師がノート指導を行えば，談話能力が伸びるだろう。
仮説 3 ：当該文法構造を使った文型ドリルやそれに続く言語活動でも，目標文単独でなく，3 ～ 4 文程度のまとまりある文を言わせたり，書かせたりすることを継続すれば，生徒の談話能力の基礎が養われるだろう。
仮説 4 ：教科書本文の理解の際にも，文脈の流れを意識させ，話題の展開の仕方や文と文とをつなぐ接続詞や代名詞の使い方などを教師が説明したり，生徒たちに考えさせたりすれば，文章の流れに対する意識化が進むだろう。
仮説 5 ：各課の学習の最後などに，教科書の題材と関わるトピックを与え，関連する自分の体験や，本文に対する感想や意見などを 3 ～ 5 文程度で書かせて発表させ，活動中および活動後に指導や助言を与えてやれば，生徒の表現力が伸びるだろう。

コラム⑧ 稲岡章代先生の授業自評に見る Teacher's Beliefs

　以下の文章は,稲岡先生が筆者の指導する教員志望のゼミ生たちのために,ゼミ誌『英語教師入門-第9号』(2008年2月発行) に寄稿してくださった授業①の自評です。先生の了解を得て,私の分析を補うものとしてここに掲載させていただきます。これを読むと稲岡先生自身の授業設計の意図や動機,さらには,先生の授業の根底に流れる指導理念 (teacher's beliefs) がよくわかります。

＊＊＊＊＊＊＊＊＊＊＊＊＊＊＊＊＊＊＊＊＊＊＊

1. 少人数クラスの概要と指導目標

　2年3組を出席番号順に2分割したBクラスは,学年で一番やんちゃ者の多い集団です。彼らのエネルギーを学習面でも引っ張りあげようと,先生たちは努力しています。人の話が聴けなかった生徒集団が大分変わってきたように感じます。私はまず,「先生の話と同じくらい集中して生徒同士の発表を聞く」という習慣づけから取り組みました。また,活動のストップを促す時はタイマーなどの機械音ではなく,私の言葉で指示を出すようにしました。「人の言葉に耳を傾ける」ということを身につけさせたかったからです。

　授業では「聞いた言葉は何だったか」,「どんな文だったか」,「どんな内容だったか」,「それから何を学ぶか」,「どう思うか」,「自分はどうか」,「自分の意見に対してみんなはどう思うか」など,input したものを intake から output の活動に深めながら,生徒は言葉を通して人間同士の関わりをどんどん広げていきます。自分個人からペアへ,グループへ,そしてクラス全体へと,学んだこととともに「心」を広げていきます。その舵取りをするのが私です。

2. 授業の流れ

　さて,授業の流れをお知らせします。本時は Lesson 3 を扱いましたが,生徒は Lesson 2 で動詞の過去形 (不規則動詞・進行形を含む) を学習し終えていました。

　授業は small talk で始まり,チャンツへ,さらにその後,チャンツの内容にあわせてペアで会話に取り組ませました。前で発表した二人は練習ペアではなかったので,前に出てから「即興」で会話を披露しました。次にその会話内容を他の生徒が自分の英語でまとめ,みんなに「報告」しました。「聴

いた内容を自分の言葉で咀嚼して他の人に伝える練習」を日ごろから少しずつさせています。練習を重ねるにつれ，生徒たちは一流ニュースキャスター気取りでこの活動を楽しんでいます。

will を扱うにあたって，導入・練習・言語活動と進みますが，それぞれの過程でトピックを熟慮しました。個人的なことは「練習」としてドリル時に使えば全員の発話が活発になります。ですから，導入時は，「全員が話題に参加できる」ものを使いました。それが「学年行事」でした。これなら自分たちに関係ある話題であるため全員が興味を示しやすい，と考えたからです。板書や文法説明は過去の行事と照らし合わせて行いました。板書をノートに写させる時，板書文に続いて，関連した文を書き加えるように日ごろから指示しています。これはいつも行っていますので，生徒は構えることなく，いろんなことを書き加えてチャレンジしてきます。この授業のときも，

・Aくん　（板書文に続けて）I will make a snowman. I will have a very good time.（snowman という単語は生徒の作ったカレンダーによく出てくるので，みんな知っています。）
・Bくん　I will play catch with a snow ball. I will eat snow. Really?
・Cさん　We will go by bus. I can't wait!

など自分の文を全員がつけていました。このライティング活動はほんの数分間の活動ですが，積極的で，全員が自分の思いを英文にして書き加えています。私にとって，「授業後のノート集め」は，以前は板書を正しく書いているかをチェックするためのものでしたが，今はそれに加え，授業中の生徒のプラスアルファの英文を楽しみながら指導する活動になっています。

練習（その①）ではその日の放課後以降の予定を話題にしました。部活動の内容はどの生徒も文にするのが得意なので，それを利用しました。最終的に，例をあげると

I will play baseball after school and I will go home at six. や I will eat dinner at seven. I will watch TV after dinner and I will go to bed around eleven. という一連のことが言えるようにオーラルのみで徹底して練習を重ねました。

練習（その②）では，自作ビデオを使いました。授業を録画した6月には，私の学校に ALT はいなかったので（毎年9〜12月だけ配置されます）。

昨年の ALT に，

① will の学習で使う
② お互いにご無沙汰しているので「久しぶり！」という表情で
③ 視聴後，生徒が will を使って自己表現できる質問を含むこと
④ 帰国するにあたって，生徒に何かメッセージを

以上の4点について説明，依頼し，カメラに向かってもらいました。

　授業ではここからは「ALTとのコミュニケーション」ということを意識させました。相手をきちんと捉えさせた方が，コミュニケーションが的確に行われるからです。それ以上に，生徒たちに，数週間後に帰国することが決まった ALT に最後にもう一度会わせてやりたかったというのが本音です。授業では ALT の話す内容の理解を進めながら，キーワードを提示し，英文を再構築させました。練習（その①）では「自分について」でしたが，ここではトピックスについても「身近な他者について」と広げていきました。

　このあと，ビデオ製作時に ALT に依頼した③の事項について生徒に自己表現させました。ペアで練習させたあと，数人の生徒が前で発表しました。ペア練習時に全員が自分の文を相手に伝えているのを確認しました。前で発表した生徒のように，思いつくまま，文を何文でも言えるだけ発言します。練習ですから，「言える文の数」にチャレンジし，自己新記録に挑戦しているのです。前で発表した生徒はカメラが目の前にあるにもかかわらず，よく頑張って言えたと思います。英文にミスは多少あったのですが，訂正で口をはさむと発表のタイミングが崩れ，頭が止まってしまうので，細かい指導（be の欠落や英文のミス）はあとでフィードバックし，個人指導しました。

　次にALTからのメッセージを聞かせました。中2ではありますが，友だちや家族との気持ちのすれ違いや，部活動関係の悩み，また自分自身との葛藤に元気をなくしたり，攻撃的になったり，自爆状態になる生徒もいます。ALTは，今の生徒にぴったりのメッセージをくれました。

　　"Sometimes school and family are difficult, but don't worry. Relax, breathe deeply…. You will have a wonderful life with your family and friends."

ALTと話し合って，このメッセージに決定しました。生徒はこの授業後，何度となく，この英文を口にして，励まし合っていました。

　最後にビデオ内容を文字に表し，「ALTからの手紙」として与えました。授業で練習したので，内容理解はすらすらとできていました。（この手紙は

次時の授業で復習並びにwillを使ったQ&Aの導入教材として利用しました。）数分手紙を黙読させたあと，ALTへの返事の手紙を書く用紙（下書き用）を配布しました。手紙は次時までの宿題ではあるのですが，すべてを家庭学習でというのではなく，次時の授業後半でも扱い，手紙内容を膨らませたり，英文や内容を吟味したりして手紙を仕上げました。ALTの顔を思い浮かべながら書いたことと思います。最終提出を7月2日とし，一括してALTに郵送しました。生徒たちからの手紙に感激したALTから返事が届き，生徒たちは胸弾ませて何回も読んでいました。

英語は言語のひとつです。言語というものは，コミュニケーションによって情報のやりとりができるだけでなく，文字には表わしきれない大切なものも一緒に相手に運んでくれます。私は生徒たちに，授業を通してそのことも感じてほしいと思っています。

****

稲岡先生のこの文章を読むと，いかに実績あるベテラン教師といえども，どの学校に行ってどんな生徒が相手でも，最初から生徒を思いのままに指導できる「天才教師」や「達人教師」などは存在せず，目標を持って一歩一歩生徒たちとともに歩み，時間と労力を注ぎ込んで「自分の生徒」に育て上げていくものだとわかります。授業を参観した限り，生徒たちは，先生の話はもちろん，友達の発表にもしっかりと耳を傾け，元気があり余って少々騒がしくなっても，先生や友達の言葉に対して反応しています。それなくして，即興のreportingなどできる道理がありません。この生徒たちが，人の話をまったく聞けなかったのだと言われても，にわかには信じがたいことでした。それほどに稲岡先生の授業が生徒たちを変えたのです。素晴らしい授業実践をしている稲岡先生ですが，その指導の原点は，教室での自分の眼で捉えた生徒観察にありました。この子どもたちのここを伸ばしながら，ここをより良くしてあげたいという教師の直観，感性が授業を創る原動力になると言えるでしょう。

文章の末尾には，先生自身の英語指導理念（teacher's beliefs）が書かれています。だから，ALTのビデオ・レターをわざわざ手間をかけてまで作るのだと合点がいきます。授業者のbeliefsを感じ取れたときに初めて，指導技術や個々の活動などの表層に留まらぬ，その先生の教育のすべてが理解でき，授業のすべてがつながって観えてきます。この「観の眼」を養うこと

が大切だと思うのです。

　稲岡先生は筆者より少し年長のベテラン教員で，定年までカウントダウンに入っている，まさしく established teacher のおひとりでした。筆者の30年に及ぶ同志でしたが，残念にも2019年9月にご逝去されました。直前に中止されましたが亡くなられる1週間前の夏休みの終わりにご自宅に若い先生方を招いて授業の勉強会を予定されていたそうです。私は多くの授業を参観させていただきましたが，授業は見るたびに進化し，天に召される日まで教師として成長し続けておられました。真の教育者の見事な教師人生でした。

4.4.2. 授業研究 ② ―同じ単元を扱った3年後の授業の変容

　授業①から丸3年後の 2010年5月28日に実施され，同年8月に横浜で開催された英語授業研究学会第22回全国大会で公開された稲岡先生の授業は，さらに驚くべき進化を遂げていました。

→ Self-development Task 18 ―3年後の授業の変容を見極める

　授業①（pp. 196-197）と対比しながら，次に掲げる授業②の指導案を分析してみましょう。

　同じ言語材料 will を扱った同じ先生の実践ですので，授業の全体構成はよく似ていますが，詳細に観ると指導手順やその内容にマイナー・チェンジが見られます。先生の授業にどのような意図的変化があったのか？ 指導案から探ってみましょう！

　「目標を明確に定めた教師の意図的な授業のマイナー・チェンジは，生徒とそのプロダクトに劇的変容をもたらし得る」という典型的事例です。それを見極める中で，**Self-development Task 16**（p. 194）の**【Level 3】**の課題例が見つけられるでしょう。

Teaching Plan (2)

Instructor: INAOKA Fumiyo

Date: May 28, 2010

Class: 2nd-year, Class 1A (11 boys & 8 girls)

Text: *NEW CROWN English Series 2,* Lesson 3 "At the Zoo"

Aims of This Period (The 1st period/6 periods):

① To help the students (hereafter Ss) speak and comprehend affirmative sentences using the aux. *will*

② To encourage each student to speak and write about his/her "Trial Week" (the annual school event for the Ss' job experiences outside school)

③ To help Ss develop their speaking and writing skills through the communicative activity "I'm a Reporter"

Teaching Aids: The poster of "Trial Week", picture cards, word cards, cassette tape and video, printed sheets

Teaching Procedure:

(1) Greetings & Small Talk (2 min.)

(2) Warm-up: Chants "Last, Last, Last Sunday" (2 min.)

(3) Review: Communicative Activity "I'm a Reporter" (8 min.)

"What did you do last night?"

① Impromptu conversation in pairs (with Partner A)

② Demonstration by a pair (pointed by T)

③ Oral reporting in pairs (with Partner B)

④ Oral reporting by a student (pointed by T)

⑤ Writing a report about the demonstration

(4) Presentation of the New Language Materials (5 min.)

Oral presentation of the following target passage through T-S interaction:

Topic: The school event "Trial Week" of last and this year
   i.e., Every year, Toyotomi students have "Trial Week" in June.
      Last year, the students visited 21 places. This year, we <u>will go</u>
      to 24 places. (Showing the poster of the Trail Week)

(5) Mim-mem & Explanation of the Grammar Points (3 min.)
(6) Oral Practices (15 min.):

① Mechanical drill with meaning:
   "Where will you go during the Trial Week?"
   "What will you do in your place?"
   1. Pair work (with Partner C)
   2. T-S interaction through Q&A
   3. Demonstration by 3 Ss (pointed by T) & T's feedback

② Pre-communicative drill (with the recorded message of one of their senior students who experienced "Trial Week" last year)
   1. Listening to the tape
      "What did the student do during her Trial Week?"
      "What is her advice to you?"
   2. Check of understanding & listening again
   3. Talking about her massage through T-S interaction

③ Speech in groups & demonstration by a student

(7) Communicative Drill (6 min.)
   "What will you do during the Trial Week?"

① Watching the video from the ALT, Chelsey, to comprehend her advice
② Watching again to catch her message
③ Talking about the message through T-S interaction
④ (Giving & reading the letter from Chelsey ~ *Omitted*)

(8) Consolidation (7 min.):

Copying the Target Sentences & Writing More

(9) Assignment & Closing Message (2 min.)

☞ *Check It Out 16 ～18* ―授業②の分析と学び

　授業①と②の指導案を比較してみて，その違いに気づいたでしょうか。ま
ず，「本時の目標」（Aims of This Period）を比べてみましょう。目標①は
To help Ss speak and comprehend affirmative sentences using the aux.
will と同じですが，②，③に違いが見られます。

目標②：To encourage Ss to tell about their summer
　　→ To encourage each student <u>to speak and **write**</u> about his/her "Trial
　　　Week"

目標③：To help Ss understand the message their former ALT gave them
　　→ To help Ss <u>develop their speaking and **writing** skills</u> through the
　　　communicative activity "I'm a Reporter"

目標②，③の両方に**ライティング能力の育成**が目標として加えられていま
す。*Self-development Task 16*（p. 194）で取り上げたアクション・リサー
チの【Level 3】の research question，すなわち，3年前の授業①を達成し
た稲岡先生の次の授業改善の目標は，以下のものだったのです。

> **目標 Level 3**：与えられた passage に1～2文付け加えるだけでなく，
> 　文脈を維持しながら，オリジナルの paragraph を書き加えられる能
> 　力を育成するには，どのような指導が有効か？

授業②の到達目標（授業のゴール）として「**最後**」に位置づけられた
Copying the Target Sentences & Writing More で，生徒が導入文に付け加
えて書く文は「プラス2～3文」から，なんと「**100語を超えるパラグラフ**」
に拡充されていたのです。

　最終到達目標レベルを変えたことを受けて，指導手順（teaching
procedure）とその内容がどのように変わったのでしょうか。大きな変更点
は次の3点に集約されると思います。

> [1] Copying the Target Sentences & Writing More を授業のゴールと
> 　して授業の最後に位置づけ，(4)の法助動詞 will の導入以後は，練習
> 　も含めてトピックはブレることなく職業体験学習「トライやるウィー
> 　ク」（Trial Week）で一貫して進めている。ゴールに向かったまさに

"backward design" による「線」の指導である。

［2］活動数を減らし，一つひとつの活動時間を長くとることで，モデルとしてのインプットの量が増え，生徒がまとまりある英語を話したり書いたりする機会も格段に増えている。

［3］十分なインプットを与え，さまざまな練習を経てトピックに関する表現方法に習熟させ，書きたい内容を十分に膨らませ，レディネスを確保したうえで，最後に Copying & Writing More に挑戦させている。

【話すことから書くことへ】

　即興で，まとまりある内容を話す力をつけることは，3年前の授業①と同じです。授業②では，継続発展的なインプットを与え，それらを取り込んで話す機会を与えたうえで，話せるようになった事柄を書くことへ発展させています。

　例えば，今回は "I'm a Reporter" と名づけた復習活動の "What did you do last night?" で始め，全員が隣の生徒（Partner A）と即興で会話を行う Impromptu Conversation は，授業①とほぼ同様に進みます。しかし，授業①と②では，この後の展開が異なります。今回は，代表者による即興会話の全体発表も挙手によるボランティアではなく，先生が指名します。活動を継続しながら，意欲的な有志に留まらず，教師が計画的に**全生徒に発表の機会を与えている**のです。また，代表による即興会話発表後の即興でのレポーティング活動 "I'm a Reporter" も同様に，挙手した生徒を指名して行わせるのでなく，先ほどの即興会話とは異なる，席が前後の生徒（Partner B）とペアを組ませて全員同時に行わせます（ちなみに，(6) の Oral Practices では，4人グループの斜めに座る Partner C と対話させます。先生の指示で生徒はサッと相手を替えてペアワークできるようしつけられているのです）。そのあと，今，口頭で報告したことを written report として全員にノートに書かせ，それを集めて教師が評価します。このようなきめ細かな個別指導には労力を要します。少人数クラス編成がそれを容易にしているのですが，クラス編成の利点を教師が効果的に活用していると言ったほうがより適切でしょう。指導手順の特色にも気がついたでしょうか？　一般によく行われて

いるように「書かせてから，それを読み上げさせる」のではなく，「多少の誤りがあっても，まず話させ，そのあと文法にも注意（self-monitoring）して精度を上げて書かせる」という逆の手順をとっている点にも注目しましょう。

次に示すのは，生徒がこの一連の "I'm a Reporter" という復習活動の最後に書いた written report の一例です。

即興会話の Written Report【総語数：108語】

Ryohei studied English last night. He likes English. Kenzo likes English too. He studies English every day. <u>Me too！ It is difficult, but it is interesting. I studied it after dinner last night.</u>

Ryohei watched baseball on TV last night. It was fun. He likes baseball. He likes the Orix. It is strong. Kenzo likes the Hanshin Tigers. He likes Brazell. He is cool. Ryohei likes the Hanshin Tigers, too. <u>I like volleyball. So, I don't watch baseball on TV.</u>

Ryohei ate chicken last night. It was delicious. Kenzo ate *buta-no-shogayaki* and *gyoza* last night. They were delicious. <u>I like pork too. I ate *yakisoba*. It was delicious.</u> （下線は筆者）

3年前の授業では，レポーターの生徒 C は，他の生徒の話したことのみを報告していましたが（p. 202），上の作品では，下線を施した文で，他の生徒の発話内容に関わってレポーター自身のことも付け加えて報告することで，全体の発話量が増加していることに気づきます。これは教師の指導・助言によるものでしょう。自己の指導実践のふり返りから生まれる教師の成長と，それに伴う指導の質の向上がここにも見られます。

【授業の流れとトピック】

指導過程(4)の will の導入以降の話題を見てみると，3年前の授業①では，[1]導入「昨年度と来年度の学校行事」→[2]定着を図る基礎練習（学習活動）：「生徒の日常生活（今日の放課後／夕食後何をしようか？）」→[3]言語活動「ALTのアリソン先生からのビデオ・メッセージと手紙（→アリソン先生に返事を書こう！）」というふうに，指導過程の段階ごとにそれぞれの

伝達・表現内容のトピックが入れ替わっていきます。一方，今回の授業②では，手順(4)の will の導入で，目標文として次の３文を与え，板書した後は，練習，言語活動，最後のまとめのパラグラフ・ライティングまで，**終始一貫してトピックはブレることなく，"Trial Week" ひとつで展開**していきます。

板書した目標文

（既習の現在・過去時制と will を使った未来時表現を対比して提示）

　Every year, Toyotomi students <u>have</u> "Trial Week" in June. Last year, the students <u>visited</u> 21 places. This year, we <u>will go</u> to 24 places.

チャンクごとに話題が変わる授業は，よほど指導者が巧みに進めぬ限り，生徒に頭の切り替えを何度も要求し，自然な思考の流れを寸断するリスクを負います。ひとつのトピックで展開する授業は，「①で学習した語彙や表現などのインプットが②で生かされ，②で加わったインプットが③で生き，①〜③での学習が最後の④で花開く」といった具合に，より系統的・継続的に発展・展開し，学びを深め，最終アウトプットの質を高めます。目標を見据えた授業設計としては，より精度が高いと言えるでしょう。

【多様なモードで与える教師からの豊富なインプット】

　それでは，以下，最終目標を見据えた本時の教師からのインプットに注目し，その内容を具体的に確認してみましょう。

　次のスクリプトは，(6) ②の Pre-communicative drill で生徒たちに聞かせた，去年の２年生（現３年生）の先輩（Fumikaさん）の体験テープです。

［１］先輩からのテープ（for Listening）

　Hi. I'm your *senpai*, Fumika. I went to Toyotomi Nursery School during Trial Week last year.

　I played with the little boys and girls. They were cute. I ate lunch with them. It was delicious, and I was happy!

　Well, everyone, please be kind to people. Good luck!

　先輩からの肉声の英語メッセージは，教科書 CD よりも生徒たちにはイ

ンパクトがあり，全員が熱心に耳を傾けます。先輩が去年どこで何をしたのか，さらに先輩からのアドバイスは何かをみんなで確認し，先生が "Please be kind to people." と書かれたカードを提示して，学習した助動詞 will を使って "I will be kind to people." と自分の決意を述べる練習を行わせます。

次は，この授業の時期には豊富中学校を離れ，他校で指導しているALTのチェルシー先生からのビデオ・レターのスクリプトです。

［2］ALT・Chelsey からのビデオ・レター（for Listening）

> Hello! How are you? I am great, but I miss you. I hope I will go to Toyotomi in September.
>
> Soon Trial Week will start. You will work at many places by your school. It will be difficult, but it will be interesting. You will learn a lot. It will be good for you.
>
> Please try hard and do your best! Please enjoy Trial Week. See you!

先輩のテープの後は，チェルシー先生の笑顔も見られるビデオ・メッセージ。先輩の録音テープと同様に，その内容を理解していきます。そして，先生が生徒たちから引き出したチェルシー先生からの3つのアドバイス，"Please try hard." "Please do your best." "Please enjoy Trial Week." をカードで提示します。

黒板に貼られた先輩とチェルシー先生からの4つのアドバイスを確認後，生徒たち一人ひとりが一番気に入ったアドバイスを選び，「トライやるウィーク」に向けて，本時に学習した法助動詞 will を使って，"I will do my best." "I will be kind to people." "I will enjoy my Trial Week." のように決意表明します。

指導案では，ビデオ・レターを何度か視聴して十分にそのメッセージを理解したのち，次ページに示すチェルシー先生からの手紙を配布し，今度は文字でその内容を確認・強化するとともに，後のアウトプット活動での活用を容易にする予定でしたが，残念ながら，時間の関係でこの活動は本時の授業では割愛されました。しかし，pp. 219-220の「［4］生徒が書いた板書文へ

の追加パラグラフの例」に見られるように，目で見て確認できるこの文字資料なしでも，生徒たちは十分にここまでの音声インプットを取り入れ，うまく借用しながら，まとまりあるライティングができていました。

　この手紙は授業終了時に配布されましたが，日付や宛名，結びなど手紙特有の書式以外にも，by your school → in your neighborhood, It will be good for you. → It will be a good experience for you. など，ビデオの音声スクリプトと一部表現が異なる箇所があります。おそらく意図的だろうと推測して確認したところ，ビデオで聞いた英語を文字で確認するだけでなく，異なる表現に触れさせ語彙力・表現力を高めるとともに，話し言葉と書き言葉（spoken/written English）の違いにも気づかせる意図で先生がALTに指示したそうです。——稲岡先生談：「生徒たちはスポンジのように聞いた英語や読んだ英語を intake していきます。チェルシーからのこの手紙の語句や英文も，その後いろんな場面で使ってくれました。」

［3］Chelsey からの手紙（for Reading）

May 15, 2010
Dear Toyotomi 2nd graders,
　Hello! How are you? I am great, but I miss you. I am at Aboshi Junior High School now, but I hope I will go to Toyotomi in the fall.
　Soon trial week will start. You will work at many places in your neighborhood. It will be difficult, but it will be interesting. You will learn many things and you will help the businesses. It will be a good experience for you.
　Please try hard and do your best!
Your friend,
Chelsey
Hallmark

先輩の体験メッセージの録音テープ，ALTによるビデオや手紙などは，直前の思いつきで準備できるものではありません。「その日暮らしの単発授業」ではなく，先々を見通して中・長期的スパンで指導を考えているからこそ可能な教師手作りの教材です。教師のそのひた向きな努力と，教材を通して伝えたい「愛」は必ず子どもたちに伝わり，それが心温まるコミュニケーションの空間を作り出しているのです。

【生徒たちからのアウトプット例】

　復習で生徒が書いた即興会話のレポートは既に示しました。ここでは，will の導入後，これら一連のインプットを受けた生徒たちの最終アウトプットとして，Copying the Target Sentences & Writing More で生徒が書いた文章を見てみましょう。

　3年前の授業①では，導入文の板書直後にノートを開いてそれを写させ，同時に2～3文を追加させました。一方，今回の授業では指導手順を変更し，ここまで見てきたように，豊富なインプットを音声，映像，文字など多様なモードで与え，さまざまな聞き，話す活動を行わせたうえで，本時のまとめ（consolidation）として板書事項を写させ，その脈絡を維持しながら，できるだけ長くまとまりある文章を続けさせています。つまり，この Copying & Writing More をこの授業の「ゴール」としての到達目標として位置づけ，ここに至るすべての教師の指導，すべての生徒たちの活動が，このゴールへと至る一本のルートとして設定されてきたのです。

　次は，ある生徒の書いた文章です。イタリック体で示した第1パラグラフの3文（24語）が，既に確認した通り，教師が口頭導入を通して提示した目標文です。残る2つのパラグラフ（計116語）は生徒が付け加えて書いたオリジナル文です。教師の与えた第1パラグラフを起点に，2つのパラグラフを付け加えることで，Introduction＋Body＋Conclusion というまとまりをうまく作って書けています。授業で与えられた時間は，およそ7分間でした。

［4］生徒が書いた板書文への追加パラグラフの例【24語＋116語】

Every year, Toyotomi students have Trial Week in June. Last year, the students visited 21 places. This year, we will go to 24 places.

I will go to Hagi Preschool. I will help the children. I will play with them. I will read "*Guri* and *Gura*" to them. It is my favorite book. I will eat lunch with them. I will plant sweet potatoes with the teachers and the children. It will be fun. I can play the piano, so I will play my favorite anime music. <u>I will be kind to the children</u>. When I was little, I went to Hagi Preschool. So, I will see my preschool teachers.

<u>Trial Week will start soon</u>. It will be difficult, but it will be interesting. <u>I will learn a lot</u>. <u>I will do my best, and I will enjoy Trial Week</u>.

(下線は著者)

生徒が付け加えたオリジナルの文と言いましたが，下線を施した文に注目してください。これらは，先輩からの録音メッセージやALTからのビデオ・メッセージ，およびそれを捉えた練習を通して教師が与えたインプット文から借用していることがわかります。与えたインプットの中から生徒が自発的に選択して効果的に使用しているのです。コミュニケーションを支え，表現力を伸ばすインプットとは何かを教えてくれる好例と言えるでしょう。

さて，生徒たちはこの授業を受けた翌週から，「トライやるウィーク」で，his/her own place へと出立していきました。そして無事に体験学習を終えて学校に戻って来た後の授業で，その報告レポートを書きました。次の文章はその一例です。

［5］「トライやるウィーク」の終了後に生徒が書いた報告作文【137語】

My Trial Week

I went to Hanamizuki during Trial Week. I went there for five days. The work started at nine, but I went there at eight forty-five. I was busy and tired every day, but I was happy there.

I talked a lot with the old people. It was fun. They were kind to me. When I helped them, they said, "Thank you" to me. I said, "Thank you" too. I liked their smiles. I cleaned their rooms every day. I ate lunch with them.

On the second day, we went to Rose Park. It is near the river. We saw many roses there. They were very beautiful.

On the fourth day, we made *wagashi*, Japanese cake. It was delicious.

I had a good time with the old people. I like them very much. My Trial Week was great.

以上，３年の月日を経た同じ単元を扱った２つの授業を比較分析してみましたが，みなさんは何を感じられたでしょうか。どちらも素晴らしい授業ですが，あえて比較すれば，生徒たちの表現力では，授業②の方が断然勝っています。しかし，同じ公立中学校での授業であり，２つの授業を受けた生徒たちの学力に特別大きな差があるとは考えられません。とすれば，その到達度の差はどこから出て来るのでしょうか。

　—— その差は，教師から生じたものです。

同じ教師じゃないか？　その通りです。しかし，同じ教師であって，同じではありません。自分の授業をふり返り，その結果に満足することなく，「ありがとう。生徒たちはここまで頑張ってくれた。」「ならば，教師の私がもっと工夫してさらに頑張れば，次の生徒たちはこの子たちを越えてくれるかもしれない」と常に生徒の可能性を信じ，夢を持って，生徒のためにより良い授業をめざして，目的意識を持って取り組んだことで「教師が成長」し，その結果，「授業が進化」して「生徒の到達度が上昇」したのだと私は確信しています。

　「うちの生徒には無理，と教師が思ったその瞬間に，生徒たちの持つ可能性の芽は枯れる。」
　「頑張ってくれた生徒たちに対する感謝の気持ちは，次の生徒たちにより質の高い授業を提供することで表す。」
　これが成長する教師に必要な心根です。

勝算と確信を持って生徒を信じる
　　　　　──加藤京子先生に学ぶ教育者の心

　筆者には，稲岡先生はじめ英語教育の同志がたくさんいます。その中でも古くからの同志のひとりである加藤京子先生（元・兵庫県三木市立中学校教諭，定年退職後は兵庫県立高等学校非常勤講師，旧姓・岩本先生）と出会ったのは，著者が大阪での中学校教員時代，元号が昭和から平成に変わり，英語授業研究学会が創設されて間もない頃でした。以来，京子先生は，授業や生徒について語り合い，授業を見合っては切磋琢磨してきた仲間で，1994年には語学教育研究所より「パーマー賞」を受賞されています。当時，英語授業研究学会の関西支部長を務めておられた樋口忠彦先生のご指導ご助言も受けながら，チャレンジ好きの私たちは，それぞれの中学校で，ディスカッション，ディベート，オリジナル・スキット，TVコマーシャルづくり，記者会見ロール・プレイからニュース生中継など，さまざまな活動に取り組みました。京子先生，稲岡先生や筆者の当時の実践については，樋口忠彦（編）(1995)『個性・創造性を引き出す英語授業』に掲載されています。

　京子先生は多種多様な斬新な活動を実践されましたが，その指導の基盤のひとつが Creative Writing（CW）です。生徒たちにCWのための「創作ノート」を持たせ，学習段階に応じた課題を与えて書かせるほか，常にこのノートを手元に置いて思いついたこと，書きたくなったことを自由に書くように奨励されていました。そして提出されたノートは先生自身が楽しみながら，あたたかなコメントを書いて返却しておられました。生徒に持たせるB5判ノートは，罫線のない無地のノート。その方が，書く文字の大きさも自由で，イラストを描いたり，写真や雑誌などの切り抜きを貼りつけたりと，生徒の工夫次第で自由に使えるからとのことでした。たしかに，中学1年生など，大きな文字で書き，大半がイラストであっても，ひとつの作品に1ページ使えると達成感を感じることでしょう。このような生徒の「学習者心理」を察することも教師の重要な能力のひとつです。30数年前から，「ひとつの話題について英語でまとまりある文章を書けること」，しかも，「自分らしさを表現し，読む人，聞く人を引き付ける内容を持つ人間に育てること」を自身の教育目標にしておられたのだと私は推察しています。

さて，次に掲載するのは英語授業研究学会・関東支部第15回秋季研究大会（2009年11月２日，昭和女子大学）の授業研究の講師としてお招きし，「やさしい英語で伸び伸び話そう！―野生動物の立場から環境問題を考える」と題する中学３年生の授業を公開していただいた際の関連配布資料の一部です。今や３年生となり，環境問題について動物たちの視点から，ほんの５分ほどの準備で，"Hello. We are the Japanese wolves which live in mountains all over Japan. First, we want you, human-beings, not to kill animals like us because ... と「野生動物エコ・サミット」と題するまとまりのある "persuasive speech" ができるまでに成長した生徒たちに対して，２年前の１年生２学期中間考査で先生が出題した問題のひとつです。（このテストに関わる１年生の授業でのCWの指導から作品提出後の事後指導までの詳細は，金谷憲（編）（2009：101-104）『英語授業ハンドブック＜中学後編＞』を参照してください。同書２章の「Ⅳ．活動を中心とした指導」にも，前掲の樋口（1995）と同様に，加藤先生の実践が紹介されています。）

【13】自分の家族か友人を１名選び，四角の中に簡単に似顔絵を描き，英語で紹介しなさい。 紹介文は５文から６文くらい書くこと。（５点）

（例）

This is my grandfather.
His name is Ganjiro. He is 74.
He lives in Fukushima. He has a farm. He has a lot of horses.
He likes jazz. He plays the saxophone. He is a very good player.
He wants an iPod now. He is old, but he likes new things.

単語ヒント

grandmother 祖母　　mother 母　　father 父　　brother 兄・弟　　sister 姉・妹
cousin いとこ　　aunt おば　　uncle おじ　　friend 友人　　farm 農場　　horse 馬
Her name その女性の名前は　　She 彼女は　　iPod アイポッド　　now 今　　things もの
saxophone サキソフォン

　次は，ある１年生が書いた彼女のおばあちゃんを紹介するCWの答案です。５点配点の問題ですが，もし，あなたが採点者だとすれば，この答案に何点をつけますか？

This is my grandmother.
Her name is keiko. she is 65.
She is lives in Hiyogo.
She likes frawa.
She likes gadeing. It's diyutehow!

　中学校1年生では，まだ英語の発音とスペリングの関係は身についていない生徒が大半です。単語のつづりの覚え方を指導することもせず，覚えられないのは，生徒の「努力不足，怠けている証拠だ！」と叱る先生もいるようですが，英語の文字と発音体系を知らないこの時期の生徒たちにとって，単語のつづりを覚えることは，意味不明の理不尽極まりないことのひとつです。現職の英語の先生ならすぐにおわかりになると思いますが，上の答案中の*frawa＝flower，*gardeing＝gardening です。ここまではすぐわかると思いますが，*diyutehow は推測がちょっと難しい上級編です。中1入門期の生徒の中にはアルファベット小文字の b と d とを混同する生徒は少なくありません。すでに成人した筆者の娘も，中1の頃，テストで "Yes, I bo." と書いているのを見かけたことがありました。この生徒さんも b と d を書き誤っているようです。*diyutehow の正体は，beautiful です。ちなみに，これらの単語は教科書にはまだ登場していない未習語ですが，授業の大半を英語で進める加藤先生の生徒たちには聞きなれた馴染みの単語。つづりは覚えてはいないが，おそらくネイティブ・スピーカーに通じる発音はできるはずです。

　さて，先の採点の質問に戻りましょう。あなたの採点では何点ですか？加藤京子先生の採点は――5点。すなわち満点です。*She is lives in Hiyogo (Hyogo). というbe動詞と一般動詞の重複使用の誤りも見られますので，ちょっと甘いかもしれませんが，*I'm play tennis. など，この種の誤りは，中1生徒の間でよく見られます。とりわけ，oral work（口頭練習）中心の授業を受けた生徒たちに顕著に現れる error で，/I'm/や/She's/がひとまとまりの音として定着してしまったことによる初期の学習段階に共通して見られる誤りです。いわば「口ぐせ」のようなものであり，意識的な学習により

修正可能で，悪性の誤りではありません。いずれにせよ，この答案に対して，京子先生は気前よく満点をプレゼントしたのです。しかも，生徒たちの表現への積極的態度を鼓舞すべく，テスト返却の際に別紙プリントとして印刷配布した「優秀答案集」の中に，この生徒の答案を掲載し，「なぜ間違いもあるのに満点をもらえるのか」，「どこが優れているのか」，次のような教師のコメントを付けて学年の全生徒に配布したのです。

> 「She likes frawa. She likes gardeing. It's diyutehow! のように，2文，3文をつないで書くことが大事。そういう「かたまり」が含まれているのがよい。」

　この先生のコメントは原文のまま引用させていただきました。単語のつづりの誤りもあえて訂正せず，生徒の書いたままに書き写しています。これには私もたまげました！ 配布プリントを目にした保護者の方の中には，「なーに，これ?!」と思う人もいるかもしれません。教師として非常に勇気のいることです。現時点で，教科書未習単語のスペリングの誤りや，入門期に一時的に共通して見られる矯正可能な誤りを指摘して減点するよりも，教師が「将来を見据えて，もっと大切だと信ずること」を，一人の生徒のチャレンジ精神をたたえつつ，全生徒に伝えようとされたのでしょう。単語のつづりの誤りなど，指摘せずとも自分自身で間違っているだろうとわかっているので，減点しないからこそ，否定的・批判的に指摘しないからこそ，自分で調べるか教師に質問に来るだろうという「生徒への信頼」があればこそできること。誤りや失敗を指摘して否定することは素人にもできる。自分でも気づく誤りをあげつらうことよりも，「本人も気づかないであろう大切に育みたい優れた点」を見つけ，褒めてあげれば，自ら伸びてくれるはず，より大きく育ってくれるはずだ，という生徒への信頼があればこそできることだと思います。
　京子先生自身の言葉を借りると，このようにした理由は次の2つだそうです。

> 「①まず，彼女のプライドも守ってやらねばなりません。生徒の答案をコピーした横に訂正した形で私がこのコメントを書くと，彼女の間違いを強調することになるので避けました。②この5点は，あくまで「まとまりある文

を書ける」かどうかがねらいですから。」

　①については，「教師の守るべきものは『生徒の自尊心』，教師自身のプライドにあらず」という名言を思い出しました。この言葉は第5章末の「コラム⑩」でも触れています。②については，出題のねらいが明確であり，従って，採点基準にブレがないことがわかります。実際，この時の中間テストの問題を拝見しましたが，全13問のうち，リスニング，単語のスペリング，文法規則，会話文の適切な応答選択，整序作文，リーディングなど，それぞれ何の力を測るのかが明確な出題がなされ，つづり字や文法的正確さ（accuracy）を要求する出題もたくさんある中での，この5点なのです。100点満点の中のたかが5点。されど，「優秀答案」として紹介されたこの子にとっては，忘れられない価値ある5点だったにちがいありません。

　さて，この教師の対応が吉と出るか凶と出るか。次の作品は，この同じ生徒さんが，11月の文化祭の展示作品として出品したものです。

　この子の，この成長を見てください。次は，京子先生談です。

　「この生徒は，辞書があったり，相談相手がいると，これだけのことを書く力があったわけです。単語のつづりがすぐに覚えられなくても辞書を上手に活用して書ければ，何ら支障はないのです。」

「つづりをなかなか覚えられない生徒でも，辞書や相談相手を利用することを学べば，英語の読み書きに困ることはありません。ALTも単語や一文一文の訂正はできても，文脈のチェックやエッセーの構成を訂正してやることは難しいです。逆に文脈を作れるようになった生徒は，ネイティブ・スピーカーに通じる英語が書け，必要なチェックもしてもらいやすくなります。となれば，中1の教師が，中学の英語教師が指導すべきことは明白です。」

　一人ひとりの生徒への，愛にあふれる教師のあたたかで寛容な姿勢が，それも単純な甘やかしではなく，教師としての先々の指導の見通しと生徒を伸ばし育てる確信あっての寛容さが，一人の子どもをここまで伸ばすのですね。「教育とは人を育てることにあり。」学校で，授業で行う評価は，短絡的な選別や順位づけのためではなく，長い目で生徒を育て，伸ばすために使いたいものです。

「教育とは，夢と手だてを持って可能性を信ずること。決して子どもたちを切り捨てぬこと。」
「教職とは，あきらめぬことと見つけたり。」

第5章 「エピローグ」
より広い視野から日本の学校教育を考える

　最終章では，教員の指導法や生徒の変容，さらには，生徒の学習姿勢，教師の theory や beliefs の形成にも大きな影響を与える社会的要因について考えるとともに，国外にも広く目を向けてみましょう。教師バッシング，学校バッシングに負けず，教育者としての誇りと自信を取り戻すために！

5.1. 外国語教育を考える Perspective

　第1章の〈図1.3. An Expertise Model for EFL Teachers〉（p. 18）では，英語教員に求められる専門知識・技能を示しました。これには不変な部分も多いですが，時代とともに変化する部分もあります。次ページに示す〈図5. 1.〉は，Stern（1983）の「教授─学習モデル」です。教室内での教授─学習行動だけでなく，より広い視野（perspective）から外国語教育を捉えています。

　"Context" は「教育を取り巻き，影響を与える背景」，"Presage" とは，「生徒の性格や学力などの特性」や「教師の熱意や信念，知識・技能や性格などの特性」という，授業の「前提」となる学習者・教師特性（Learner, Teacher characteristics）です。次の "Process" には，「生徒の学習プロセス（Learning process）」と「外国語の学習環境（Learning conditions）」があります。後者は，日常生活で目標言語に触れる機会の少ない日本のように学校教育の中で外国語としての英語（EFL：English as a Foreign Language）を意識的に学ばせるのか，それとも，英語が公用語として使用されるフィリピンやインドなどのように日常生活に不可欠な第二言語としての英語（ESL：English as a Second Language）を，主として日常生活での言語接触を通して自然な習得を図りながらそれを支援するのか，ということです。この2種類の学習環境の違いによって生徒の学習・習得プロセスも，教育目

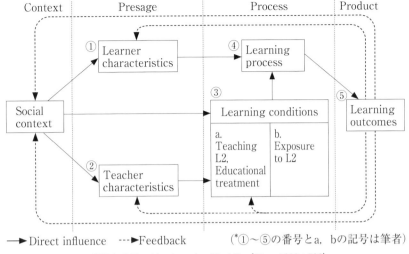

```
Context        Presage              Process         Product
```

① Learner characteristics → ④ Learning process

Social context

③ Learning conditions

a. Teaching L2, Educational treatment | b. Exposure to L2

② Teacher characteristics

⑤ Learning outcomes

→ Direct influence　--→ Feedback　　　(*①〜⑤の番号とa，bの記号は筆者)

＜図5.1. A Teaching-Learning Model＞（Stern 1983：500）

標や教師の指導・支援プロセスも大きく変わります。

　わが国の学習環境であるEFLの場合なら，前提としての②「教師特性」が
③ a.「教師の指導法（Teaching L2, Educational treatment）」に反映され，
その教師の教え方が，もうひとつの前提である①「学習者特性」と相まって
④「生徒の学習プロセス」に影響を及ぼし，その結果として，生徒の「知識・
技能・態度の変容」といった ⑤「学習成果（Learning outcomes）」が生じ
るのですが，すべての Direct influence の実線矢印の出所を見ると，そのす
べてが，"Social context" から始まっています。

　授業の前提条件となる ①「学習者特性」と ②「教師特性」，③ a.「教師
の指導法」に強い影響を及ぼす ③「外国語の学習環境」，教師の指導法の強
い影響を受けて形成される ④「生徒の学習方法」と，教授―学習プロセス
を通して得られる ⑤「生徒の変容」，これらのすべての要因が，教育を取り
巻く「社会背景」の影響をダイレクトに受けているということです。

→ **Self-development Task 19** ―授業に影響を及ぼす社会背景とは？

　〈図5. 1.〉を見て，現在のわが国には，①〜⑤の要因に強い影響を及ぼす
"Social context" として，どのようなものがあるか考えてみましょう。

☞**Check It Out 18** ─授業に影響を及ぼす社会背景

さまざまな因子が考えられますが,以下に思いつくままに列挙してみます。

・相変わらずの受験英語のニーズとともに,グローバル化の進展による経済界や保護者からの英語コミュニケーション能力育成に対する強い要請など,教育に対する社会からの期待
・国や都道府県などが制定・施行する法令,条例等を含む教育政策,およびその財政的裏打ち
・教師という地位や職業に対する社会の信頼や尊敬
・教育に対する信頼喪失,学校教育分野外の「有識者」やマスコミによる学校・教師バッシング,「モンスター・ペアレンツ」によるあまりにも理不尽な批判や要求
・家庭や地域社会の教育力の低下,およびそれに伴う学校教育における対処範囲の拡大
・「地域社会で子どもを育てる」という理念とは裏腹の公立小・中の「学校選択制」の推進による,地域の核としての学校の存在価値の低下
・民主的,自律的な学校運営 vs 上意下達の管理的な学校運営
・あまりにも多忙な教師の労働環境と「働き方改革」の必要性
・教育改善に取り組める学校の文化,協力して取り組める教員集団,若い教員を育てる先輩教員などの同僚性

枚挙にいとまなく,まだまだありそうですが,上に列挙した項目の中から,学校教育をより良く改善するパワーとなって現場や教員を後押ししてくれている因子を見つけるのは必ずしも容易なことではありません。残念ながら,意気消沈させられる因子のほうがむしろ多く思えるのは悲しいことです。

　この Stern の「教授─学習モデル」は,私たち英語教師に「より広い視野で教育を考えること」の必要性を示唆してくれます。私たちは教師であって,政治家ではありません。日々の授業や生徒指導に精いっぱいで「社会」にまで目を向ける余裕は正直言って少ないでしょう。しかし,これにも目を向けなくてはいけないのです。Stern のこの図を見たときに,私は「教室の中のことのみを考えて汗をかいているだけでは,結局教育は変わらない」と感じました。

私たち英語教師は，これまでどこを見て授業を実践してきたでしょうか。③a. の treatment のことばかりを考え続けてきたのではないでしょうか。私たちの視野は，せいぜい ① の生徒の実態と，⑤ の一例としてのテストや入試結果等に現れる数値的な学習成果くらいまでが守備範囲で，自分流の教え方や進行ペースを押し通す中で，④の生徒の学習方法や学習プロセスについて考慮してきたでしょうか。また，日々多忙な教員生活の中で，②教師としての自分自身を客観的にふり返り，「私とはいかなる教師なのか，その strength と weakness は何なのだろうか」などと考えたことはあったでしょうか。第4章で述べたアクション・リサーチを含む自律的な授業改善能力（③a. ）には，①・②・④は必須の要素です。また，テストの点数や入試結果だけの物差しとは違う⑤ Learning outcomes の捉え方も，教育者にとって不可欠な哲学と言えるでしょう。

5.2. 世界にも目を向けよう！—日本とEUの外国語教育目標

5.2.1. 日本の外国語（英語）教育の目標

　新教育課程が2020年度（令和2年度）の小学校を皮切りに，2021年度に中学校，2022年度から高校が年次進行で実施され，2024年度に全校種で完全実施されます。小学校では領域「外国語活動」が中学年に早期化され，教科「外国語」が高学年で週2コマ設置されました。これに伴い中高も学習語彙数の増加や言語活動の高度化などレベルアップが図られ，わが国の学校英語教育は「小・中・高を通じて一貫した学習到達目標を設定することにより，英語によるコミュニケーション能力を確実に養う」（文科省 2013）という学校英語教育の枠組みを変える戦後英語教育史に残る大改革が断行されました。(この改訂内容と指導と評価の一体化の詳細は，高橋 2021：8-41参照)

　改訂版学習指導要領は，目標と指導内容の骨子のみを示す従来版とは異なり，授業における指導方法も含めて詳細に記述され，分量は約3倍になっています。「目標」も児童・生徒に育成すべき「**資質・能力の三つの柱**」の①「**知識及び技能**」，②「**思考力・判断力・表現力等**」，③「**学びに向かう力，人間性等**」に分けて記載されています。次は中学校指導要領の目標です（〔　　　〕は筆者）。

外国語によるコミュニケーションにおける見方・考え方を働かせ，外国語による聞くこと，読むこと，話すこと，書くことの言語活動を通して，簡単な情報や考えなどを理解したり表現したり伝え合ったりするコミュニケーションを図る資質・能力を次のとおり育成することを目指す。

① 　外国語の音声や語彙，表現，文法，言語の働きなどを理解するとともにこれらの知識を，聞くこと，読むこと，話すこと，書くことによる実際のコミュニケーションにおいて活用できる技能を身に付けるようにする。　　　　　　　　　　　　　　　〔知識及び技能〕

② 　コミュニケーションを行う目的や場面，状況などに応じて，日常的な話題や社会的な話題について，外国語で簡単な情報や考えなどを理解したり，これらを活用して表現したり伝え合ったりすることができる力を養う。　　　　　　　　　　〔思考力・判断力・表現力等〕

③ 　外国語の背景にある文化に対する理解を深め，聞き手，読み手，話し手，書き手に配慮しながら，主体的に外国語を用いてコミュニケーションを図ろうとする態度を養う。　　　〔学びに向かう力，人間性等〕

　小学校中学年では「聞くこと」，「話すこと［やり取り］・［発表］」の2技能3領域で英語の音声や基本的な表現に慣れ親しみ，高学年では「読むこと」，「書くこと」の基礎も含めた4技能5領域での**「コミュニケーション能力の基礎」**を，中学校では文法学習も通して**「コミュニケーションの目的や場面，状況に応じた活用能力」**を，高校では**「言語活動の高度化」**を図る，と現場の実情からするとやや理想的に過ぎる感もありますが，段階的にめざすべき目標が掲げられています。この達成をめざして指導する際に重要なのは，「何のためのコミュニケーションへの主体的な態度や能力なのか」という哲学です。これは，「三つの柱」の③「人間性の涵養」に関わる重要な教育理念です。

　そこで，第1章でも取り上げ，近年の日本の英語教育を方向づけた「『英語が使える日本人』の育成のための戦略構想」（→1.1. p. 3）を見てみましょう。この構想を具体化すべく策定された「行動計画」（文科省 2003）の冒頭部分には，文部科学大臣名でその趣旨が記されています。この文から，わが国の学校教育において「なぜ英語コミュニケーション能力の育成が必要なのか」を読み取ることができそうです。

今日においては，経済，社会の様々な面でグローバル化が急速に進展し，人の流れ，物の流れのみならず，情報，資本などの国境を越えた移動が活発となり，国際的な相互依存関係が深まっています。それとともに，**国際的な経済競争**は激化し，**メガコンペティション**と呼ばれる状態が到来する中，これに対する果敢な挑戦が求められています。さらに，地球環境問題をはじめ人類が直面する地球的規模の課題の解決に向けて，人類の英知を結集することが求められています。こうした状況の下にあっては，絶えず国際社会を生きるという広い視野とともに，国際的な理解と協調は不可欠となっています。

　また，グローバル化は，経済界のみならず個人の様々な営みにまで波及し，個々人が国際的に流通する商品やサービス，国際的な活動に触れ，参画する機会の増大がもたらされているとともに，誰もが世界において活躍できる可能性が広がっています。

　さらに，今日のIT革命の進展により，**日常生活から経済活動に至るあらゆる活動が知識と情報を原動力として展開される知識社会**に移行しようとしており，知識や情報を入手，理解し，さらに，発信，対話する能力が強く求められています。

　このような状況の中，**英語は，母語の異なる人々の間をつなぐ国際的共通語**として最も中心的な役割を果たしており，子どもたちが21世紀を生き抜くためには，**国際的共通語としての英語のコミュニケーション能力**を身に付けることが不可欠です。また，このことは，我が国が世界とつながり，世界から理解，信頼され，**国際的なプレゼンスを高め**，一層発展していくためにも極めて重要な課題です。

　その一方で，現状では，日本人の多くが，英語力が十分でないために，外国人との交流において**制限を受けたり**，**適切な評価が得られない**といった事態も生じています。（以下略，太字は筆者）

「英語は，母語の異なる人々の間をつなぐ国際的共通語として最も中心的な役割を果たしており，国際的共通語としての英語のコミュニケーション能力を身につけることが不可欠」と国際理解や交流拡大の必要性を唱えています。しかし，文章の比重は，「国際的な経済競争」，「メガコンペティション」に勝ち抜き，「国際的なプレゼンス」を高めることに置かれており，経済的

な国益と国家の威信とが「英語コミュニケーション能力育成」という目標設定の本質なのかと勘ぐりたくなってしまうのです。

5.2.2. EUの外国語教育目標

次に引用するのは，Council of Europe の CEFR（*the Common European Framework of Reference for Languages*）の理念となったEUの外国語教育目標について書かれた文章です。CEFRはEU加盟諸国間で共有されている外国語教育の指針です。

① **"Plurilingualism" の外国語教育に関する問題意識**（Morrow ed. 2004：12）

—Here are some of the questions addressed in the Framework :

1. Why should we learn languages? **Are they a simple tool for communication,** or **are there educational and social aims** we need to take into account?

2. What do we mean by learning a language? **What does communicative competence consist of,** apart from knowing grammar and vocabulary?（以下3〜6は省略，太字は著者）

EU諸国では，閣僚理事会で母語以外に2つ以上の外国語を学ぶべきであるという認識が共有されています。いわゆる「Bilingualism から"Plurilingualism"（複言語主義）へ」を標榜しているのです。しかし，それを当然のことと決めてかかるのではなく，1. では「言語は，単なるコミュニケーションのツールにすぎないのだろうか？」，「言語学習において，考慮に入れるべき教育的・社会的な目的は何だろう？」，さらに，2. では「文法と語彙を知っているということ以外に，コミュニケーション能力とは，どのような能力から構成されているのだろう？」という極めて本質的な問いかけから始まります。

② 外国語教育の目標 (*ibid.*：13)

—Implicitly, the Council of Europe is stating a political agenda for language teaching as an instrument in the development of **"Democratic Citizenship in Europe."**

Among the aims stated or implied in the CEF are:
- The development of **European citizenship**, with an educated European understanding several languages, able to study and travel in many countries, **knowledgeable about, and having respect for many different nationalities and national cultures.**
- The conviction that knowing different languages is a powerful factor in intellectual development, **encouraging open-mindedness and flexibility**, contributing to the development of other skills.
- The commitment to **life-long language learning**, accepting that it is unlikely that schools can predict exactly which languages their students are going to need, and that therefore the aim should be **to train them to become language learners**, capable of acquiring the particular languages as they meet the need for them.
- The idea that language study offers opportunities to acquire **independence and autonomy as learners**, that it can be learnt in ways which **encourage co-operation and other social values**.

　ここでは外国語教育の目的について述べていますが，冒頭で，EUの外国語教育の目的を「民主的なヨーロッパ市民の育成」と明記し，"Democratic Citizenship in Europe" の育成における外国語教育の果たす4つの重要な役割を挙げています。
- 複数の言語学習は，他国とその文化を理解し尊敬の念を持てる民主的ヨーロッパ市民を育成するうえで欠かせぬものである。
- 外国語を理解することは，知的発達のみならず，開かれた寛容かつ柔軟な心を養い，他のさまざまな技能の発達にも寄与する。
- 学習者が将来どの外国語を必要とするか特定することはできないので，生涯学習（life-long learning）に資する外国語の効果的な学び方を指導する

ことが重要である。
・外国語学習での仲間との協働学習を通して社会規範を身につけさせるととも
　もに，学習者の自立心と自律性を育成する。

要するに，欧州で二度と悲惨な戦争を起こさないためには，独善的なナショ
ナリズムではなく，自己および自分の国に誇りを持ち，他国とその文化に対
しても同様に崇敬の念を持つ，国家を超えた民主主義が必要で，その育成に
は外国語教育こそが重要なのだという哲学,信念が読み取れると思うのです。

　2004年9月にEUにおける言語教師教育の共通参照枠として示された
*European Profile for Language Teacher Education―A Frame of Reference:
Final Report*（Kelly, M. et al. 2004）でも，その冒頭の 'Social and political
context' の中で，EUにおける言語教育の果たす重要な役割を次のように述
べています。

> Diversity is one of Europe's main assets. Language teaching, learning
> and teacher education help safeguard Europe's plurilingual and
> pluricultural heritage. Language learning encourages cooperation and
> exchange and a diversity of languages enriches Europe and highlights
> its cultural and linguistic variety. Learning each other's languages
> brings Europeans closer together and encourages openness to other
> cultures and ways of life.

　言語や文化の多様性（diversity）はヨーロッパが持つ「財産・強み」（asset）
のひとつであると極めて肯定的に捉え，言語学習が，多様な言語を持ち文化
や生活様式の異なる人々の相互理解に基づく交流や協働を高め，ヨーロッパ
を豊かにすると述べます。
　そして，これを進めるうえでの言語教師の役割を，

> Language teachers play a major part in achieving the European
> Union's objective that all EU citizens should have linguistic competence
> in their own mother tongue and two other languages.

と述べ，言語教員養成教育の重要性を次のように pivotal（＝of great
importance because other things depend on it ［*OALD*より引用］）である

と断言します。

> Language teacher education in particular can be seen as pivotal to this process.

このように，国家を超えたEU全体の目標を達成するうえでの言語教育の重要かつ主要な役割を高らかに謳い上げられれば，言語教師は大きな自負と誇りを持って取り組むことでしょう。

5.2.3. 国民教育・市民教育（Citizenship Education）の２つの方向

フィンランドのヤック-シーヴォネン＆ニエミ（関・二文字訳 2008）は，citizenship educationには，次の２つの潮流があるといいます。

> ① 変質しつつある国民国家を再構築すべく，national identity や道徳性の育成を軸とし，国家を個人に優先させる立場
>
> ② 伝統的価値観に基づく古い国民国家に別れを告げ，globalization 時代の新しい市民社会の構成者を育成しようとする立場

EUのめざす立場は明らかに②の方向性でしょう。日本はどうでしょうか。軽々に白か黒かを決められるものではありませんが，昨今の日本は①の傾向が強いように感じられます。

5.3. 複眼思考を可能にする「観の眼」を養う

5.3.1. PISAショックと日本の教育改革

文科省全国学力調査は，2007年度（平成19年度）より70億円前後の国費を投入して悉皆調査が復活し，小学校第6学年，中学校第3学年の全国すべての児童・生徒を対象に算数・数学と国語の学力調査が実施され，平均正答率の都道府県別結果が発表されています。民主党政権下では，悉皆ではなく抽出調査に戻しましたが，自治体では抽出されなかった学校でも独自の判断で実施しているところが多かったようです。これを受けて，大阪府，鳥取県などでは，知事が文科省通達にはなかった市町村別結果を公表するよう教育委員会に圧力をかけ，指示に従わない場合には，少人数学級実現のための補助

金カットや教員配置で差をつけるなどの措置に言及したこともありました。

　情報公開は世の流れです。しかし，特定教科の特定のテスト結果を都道府県や市町村別に，さらには学校ごとに順位を発表してどうなるというのでしょうか。これに加えて，一方では学校選択制の推進があります。義務教育の公立小・中学校における地域間，学校間格差がますます増大することが懸念されます。今の教育は「悪しき平等だ」とよく言われますが，「悪しき平和」がないのと同様に，「悪しき平等」も「良い不平等」もありません。「平和」や「平等」は人類普遍の価値だからです。「そんなことを言っているから，教師は甘いのだ！」と言われるかもしれません。しかし，理想や理念を失ったところに教育は存在し得ないと思うのです。

　学力悉皆調査と順位の発表，学校選択制の推進などは，民間企業の厳しさに学び，地域・学校間の競争をあおり，数値目標の達成をめざして教育水準の向上を図ろうという狙いだと思われますが，人間を育てる教育の成果は，一朝一夕に上がるものではありませんし，数値のみで測れるものではありません。教育活動と，企業が投資して計画した期間内に純益を上げるといった経済活動とは，本来質が異なります。次に引用する指摘のように，昨今の日本の政治レベルでの教育「改革」は，現場の地道な取り組みに目を向けることなく，市場原理による競争主義を「絶対善」として乱暴に持ち込みすぎではないでしょうか。

　　The principles and practices of market economy are currently being brought far too crudely from business life to education. (Jakku-Sihvonen & Niemi eds. 2007 : 182)

　このような動きのひとつの強力な引き金になったのが，2000年から3年ごとに経済協力開発機構（OECD）が実施する15歳の生徒（日本では抽出された高校1年生）を対象とする国際学習到達度調査，いわゆるPISAテスト（Programme for International Student Assessment）の結果です。PISA2000 からPISA2006 の3回のテスト・データで，日本の順位は読解力で8位→14位→15位に，自慢の数学的リテラシーと科学的リテラシーも，それぞれ1位→6位→10位，2位→2位→6位に後退しました。世に言う「PISAショック」です。

　この結果を受けて，日本国中で「学力低下」への危機意識と「ゆとり教育」

非難の大合唱が巻き起こり，さまざまな政治家主導の「教育改革」が断行されてきたのは周知の通りです。気の毒なのは，2002年度より施行された旧教育課程で新設された「総合的な学習の時間」で，学力低下の諸悪の根源，悪の枢軸の如くに批判されました。学習指導要領で学習する漢字の数を減らせば，読み書きできる漢字の数が減るのは当然，算数・数学の時間数を減らせば計算能力が低下するのも織り込み済みだったはずです。その分，従来育っていなかった，そして，経済界からも強い要請を受けた，「よりよく問題を解決する資質や能力を育てるため，自ら思考し，判断し，行動し，表現する"生きる力"」が育成されたのかどうかの検証はどこで行われたのでしょうか。自ら考え，判断し，表現するというPISA型学力の育成をめざした「総合学習」や「ゆとり教育」が，PISAテストの順位低下を根拠に批判されたのは皮肉なことです。

　PISA2009では，読解力が15位から8位に大幅回復，数学的リテラシーと科学的リテラシーも10位から9位，6位から5位へとわずかながら順位を上げました。文科省やマスコミでは，「学力低下に一定の歯止めがかかった」とその成果を報道しました。もちろん，改革の成果や，学校現場での地道な取り組みの成果もあるでしょうが，2009年度にPISAテストを受験した高校1年生は，2003年度や2006年度に受験した生徒たちよりも長く，小学校3年生から高1までの学校生活の大半に当たる7年間以上を「ゆとり教育」と呼ばれた旧教育課程で教育を受けて来た児童・生徒たちなのです。このことはなぜかあまり報道されなかったのも不思議なことです。

5.3.2. フィンランドの教育改革
　PISAテストの結果で，逆に世界的に注目を集めているのが，「学力世界一」の誉れ高いフィンランドです。

> フィンランド共和国（Finland）：
> 　首都ヘルシンキ，面積は日本の約9割で人口約526万人。国土の3分の1は北極圏に属し，4分の3は森林に覆われ，南部には湖沼が多い。サウナ発祥の地，ムーミンのふるさとでもある。
> 　1991年ソビエト連邦の崩壊後，深刻な経済危機に陥り，1992〜93年には失業率が20％を超え，国内経済は麻痺状態に。国の立て直しを教育に

求め，1994年より大胆な教育改革に取り組む。改革を主導したオッリペッカ・ヘイノネン氏（Olli-Pekka Heinonen）は，教育大臣に就任時29歳（アホ元首相は就任時35歳）。以降，経済危機から脱し，2001年には「国際経済競争力世界一」，2000年～2006年のPISA調査では3回連続で「総合学力世界一」を誇る。学校における授業時数は日本より少ない。

→ *Self-development Task 20* ─フィンランドの教育改革の内容は？

　経済再生とともに，学力世界一を短期間で成し遂げたフィンランドでは，どのような改革を行ったのでしょうか，日本における改革も頭に置いて，何が行われたのか，まずは想像してみてください。

☞ *Check It Out 20* ─フィンランドの教育改革の概要

　それでは，1994年度から実施されたフィンランドの教育改革の中身を見ていきましょう[*]。

① 地域・学校・生徒間の競争廃止とコンピテンシーの育成

　全国悉皆学力テストをはじめとする多くのテストをやめ，地域・学校・生徒間の競争を廃し，子どもたちが「今何ができるか」よりも「卒業後，社会に出て何ができるかという「コンピテンシー（competency）の育成」を学力形成の目標に定めました。

② 少人数教育の推進，習熟度別クラスの廃止と「統合クラス」方式の採用

　クラス編成では，「少人数クラス編成」は積極的に推進しながら，「習熟度別クラス編制（streaming）」は廃止して，異質生徒集団による「統合クラス」方式を採用しました。一人ひとりの個性を尊重し，多様な子どもたちの集団

---

[*]フィンランドの教育改革については，庄井・中嶋（2005），福田（2006, 2007a），ヘイノネン・佐藤（2007），増田（2008），Jakku-Sihvonen & Niemi eds.（2007）などを参照。

の中での学びを大切にしているのです。これらの改革の結果として、「学校間格差が極めて少ない」のが学校教育におけるお国自慢のひとつとなっています。生徒個人の学力差も少なく、PISA調査で総合成績が高いのは、一部の優秀な生徒が平均点を引き上げているのではなく、下位生徒が少ないことに起因しています。

③ 教育の地方分権化と学校現場や教師への決定権付与

　教育の専門家で構成される国家教育委員会が「国家カリキュラム大綱」を作成し、地方の教育委員会は学校教育の条件整備面でのサポートに努め、実際のカリキュラムは各学校の裁量に、授業実践は担当教員の創意工夫に任されています。中央集権的管理体制でなく、「子どもたちに一番近いところに自由と決定権を与える」のがコンセプトです。なお、年度末に余った予算は、道路を掘り返したりするのではなく、教育に充当します。仮に政権交代があっても、国の礎である「教育政策はブレない」というのが政党および政治家の共通理解だそうです。

④ 保護者の経済力を子どもの教育格差にしない「福祉としての教育」

　高福祉の国ですので税金は高いですが、幼稚園から大学、大学院までのすべての教育費は、教材費や給食費、学用品代、通学費（遠隔児童・生徒の場合には相乗りタクシー代も支給）も含めて無償です。保護者の経済格差を子どもたちの教育格差、学力格差にしない「福祉としての教育」をモットーにしています。

　生涯学習が保障されており、学びたい人はいつでも無料で学べます。仮に失業しても、職業訓練校や大学などで、新たな知識・技能を獲得し、資格を取って人生をやり直す人もたくさんいます。これもあってか、働き盛りの自殺者は少ないそうです。

⑤ 質の高い教員養成

　教師教育は養成段階（ITE）が重要との考え（→1.5.②, p. 23）から、幼稚園教諭を除き、初等教育以上の小・中・高の教員は大学院修士課程修了が免許の取得要件となっています。教師は他の職業に比べて必ずしも高給というわけではありませんが、社会的な尊敬を受け、若者の将来の職業希望のトップだそうです。そのため、大学の教育学部入学は最難関で優秀な学生が集まります。学部・大学院では、実習校と partnership を結んで行う長期間の教育実習、アクション・リサーチを通した授業改善能力の育成も重視され、将

来，プロの教師として自律的に成長できる teacher researcher, reflective practitioner の養成が行われています。

現場教師は「授業で勝負する」ことが求められます。そのため，他の負担は極力かけず，生徒指導上の問題が生じると担任まかせでなく，管理職や専門カウンセラーなどがチームとして対応します。長期休暇中に出勤の必要はありません。この間を利用して，教師はプロの教育者としてのスキルアップをめざして，自ら研修に励むそうです。

→ *Self-development Task 21* ―教育改革の比較・考察

フィンランドの教育改革で何を行ったか，あなたの予想はどのくらい当たりましたか？　日本とフィンランドの改革を比較してみて，あなたは何を感じられたでしょうか？

☞ *Check It Out 21* ―教育改革の比較・考察

高負担・高福祉の北欧の国と単純比較はできませんが，日本の昨今の「教育改革」は，フィンランドとまったく逆方向に動いているようにも思えます。ちなみに，日本をモデルとして，テストと数値による競争原理を持ち込んだ英国の教育は，相対的な児童・生徒の学力低下とともに，不登校の児童・生徒数，教員の中途退職者数の増加，教員志望者の減少など行き詰まりを招いているようです（福田 2007b）。元・文部科学大臣の，「子どもの頃から競い合い，切磋琢磨する意識を涵養する」，「詰め込むのではなく，たたっ込むんだ！」などの情緒的，非科学的言葉はいただけません。

教育は「国の礎」，「国家百年の計」です。教育の成果は一朝一夕には上がらず時間がかかります。数値的な結果に一喜一憂するのでなく，世界の動向を複眼的に質的に捉える「観の眼」が教員には必要です。教育の成果を上げるには，教師の熱意と努力と責任感が不可欠です。しかし，青春学園ドラマのように根性論だけで済む話ではなく，教育実践を支える予算措置も必要です。「事業仕分け」で削って良いものと悪いものがあります。「どんなに空腹で苦しくとも，誇りを持って耐え忍び，将来の国を担う子どもたちの教育のためにこそ金を使う」という幕末・明治維新の旧長岡藩の小林虎三郎による「米百俵」の精神（＝教育第一主義）は，今は遠く北欧の国にあったのです…。

コラム⑩　「師魂」を練る――「心に刻んだ名言集」

　筆者が中学教師時代から，試行錯誤の中で自得したことや先人の書籍や研究から学んだこと，先輩や同僚教員，学会や研究仲間から教えられたこと，指導した生徒や学生たちに教えられたことの中から，特に心に刻み込んだ70のことばをまとめたものです。自己の実践をふり返り，「師魂」を錬成する一助となれば幸いです。

1）教師は，教師になったその日から教師になるための道を歩み始める。

2）プロの教師としてのスタートは，自分が教わった通りに教えることから脱却すること。

3）教育は，「現場が本場」。

4）「授業を通じてどんな生徒を育成したいのか」自らに問い続けること。

5）授業は準備が生命。

6）「授業準備」とは，「期待」することにあらず。「想定外をできる限り少なくする」こと。

7）「指導の鉄則」は "readiness" を作ること。

8）授業とは，生徒の中に「質的変容」を生じさせること。

9）「いっぱい教えた」は教師の自己満足。「一活動一目標」，「一授業一目的」。

10）黒板は最高の visual aids，「書いたら消すな，消すなら書くな」。

11）「説明＝インプット」と勘違いすることなかれ。

12）生徒のアウトプットを引き出す良質なインプットを，さまざまなモードで豊富に与えよう。

13）与えられたインプットを自分に引き寄せて考え，表現したときに「真の学び」が起こる。

14）教育の原点は，生徒の「気づき」（noticing）にあり。

15）一方的に教え込む文法説明から，「意味」と「形」と「使い方」（meaning, form & function/use）への気づきを促す文法指導へ！

16）本文理解の方法は，対話文と叙述文の変換，サマリー，図表化など，和訳のみにあらず。

17）理想とする生徒像をイメージし，現在地点とのギャップを見極めよ。

18) Backward designで，「点」として存在する授業を「線」で結び，「面」に拡げる。長期的な指導計画（macro-level planning）の中で単位授業の指導過程（micro-level planning）を考えよう。

19) 部活動の名指導者から学べ！
① 長期的な目標を設定し，そこに至る短期目標を与える。
② 納得できる練習方法を指導する。
③「上達した」という手応えを与え，信頼関係を築く。

20) 生徒にとって「楽しい授業」の前提は，教師自身が「授業を楽しむ」こと。

21) 生徒の積極的なアウトプットを促すために，まず教師が共感的な聞き手や読み手になろう。

22) 生徒一人ひとりと「眼」をつなぎ「心」をつなごう。授業そのものが「コミュニケーション」。

23) 読めない（音声化できない）単語や文章は脳内処理できず覚えられない。——意味のわかった英文を自信を持って音読できるようにして帰すのが，英語授業の基本の「き」。

24) Beyond fun and games!　生徒の知的レベルを考慮せよ。

25) Limited English skills does not mean limited thinking ability.

26) 学習も指導も「遊び半分」はダメ。でも「遊び心」は大切。「創造性」と「独創性」こそ教師の生命。

27) 基礎からの積み上げ学習とともに「基礎に降りてゆく学び」でコミュニケーション方略を指導する。

28) Let them notice the gap through expressing themselves! ——「言いたいのに言えない！」と生徒がニーズを感じたときこそ「教えどき」。

29) English class must be challenging!

30) 達成可能な中で最も難度の高い課題を与える。リスクを共有し協働して取り組む中から生徒と教師の真のラポール（rapport：信頼関係）が生まれる。

31) 成功体験の積み重ねが積極的で主体的な態度を育てる。失敗体験は自信喪失と教師不信を生むのみ。

32)「英語で進める授業」の本質は生徒に英語を使わせること。その導火線として教師が英語を使おう。

33) Learners learn language *for* communication and *through* communication. —— 生徒が英語を使うために学び，使いながら学べる授業をめざせ。

34) 「注入的・全体的・拘束的」な授業から「活動的・個性的・創造的」な授業へ。

35) Tell me, and I will forget. Show me, and I may remember. Involve me, and I will learn. ～Benjamin Franklin (1706-1790)

36) Our students are not HDDs or SSDs! ——いくら詰め込んでも，人間の容量には限りあり。

37) Education is not filling a bucket, but lighting a fire.

～William B. Yeats (1865-1939)

38) 生徒は必然性・必要性を感じたとき，あるいは意見があるとき，読もう・聞こう・書こう・話そうとする。

39) 生徒が自ら学び始める3つの条件は，「楽しい」，「やり方がわかる」，「力がつくことを実感できる」。

40) 指導する主な文型・文法事項のそれぞれについて十八番（おはこ）の導入法を持っていなくては，英語教師として飯は食えない。

41) 活動で生徒に委ねるべきことと教師の責任で指導すべきことを峻別せよ。

42) 「間違いなんでも通し」＝「コミュニカティブな指導」にあらず。

43) 英語教師の最低限のモラルは，ウソを教えないこと。

44) 悩み多きは正常の証し。すべての責任を生徒に転嫁して平気になったら教壇を降りるとき。

45) わずかばかりの知識を切り売りしていると3年たてば教師は枯れる。生徒とともに成長し続ける教師であれ。

46) 教育は人を造るにあり。成長の止まった人間に，人を成長させることはできない。

47) プロの教師としての成長（professional teacher development）は，慣れ親しんだ教え方から脱却し，新たな自分の型を創出すること。教師道は「守破離」の道。

48) 生徒の欲求に半分は応え，半分は挑戦するのが教育。

49) 「教科書を教える」から「教科書で教える」へ。教師の資質は「創造性」（creativity）と「自律性」（autonomy）にあり。

50）教科書を生かすも殺すも教師次第。本文の土に埋め込まれた「種」を見抜く「眼力」を持て。

51）教師が守るべきものは「生徒の自尊心」(self-esteem)。教師自身のプライドにあらず。

52）How to communicate（運用のための知識・技能）に加えて，what to communicate（語るべき自己）を育むことが，外国語教育の「教育」たる所以。

53）金八先生はいらない。人生訓を語る大人はあまたいる。教科を通して生き方を教えるのが教師。

54）生徒の「関心」を呼び起こす学習内容と「意欲」を持って取り組める活動を与え，そこからの学びを普段の生活に生かそうとする「態度」を育てよう！

55）さまざまな題材に接し，いろいろな活動を体験する中から，自他の違いを知ったうえで互いの価値を認め合い，その実現のために積極的に「ことば」を使おうとする生徒を育てたい。それができる能力（intercultural communicative competence）を養おう。

56）授業の中で力をつける。教師が指導すべきことを安易に宿題にまわすことなかれ。

57）Input → intake → output を授業の中で！（多くの授業は input のみ。Intake は家庭学習任せ，output はテストで⁉）

58）生徒（人間）は，教わっていないこと，訓練していないことはできない。生徒の学力は授業を映す鏡。

59）ひとりの生徒の output が他の生徒たちの input として機能する授業づくりを！　そこから「集団の教育力」が生まれる。

60）たとえ謙遜のつもりでも「お見せできるような授業ではありませんが…」はプロとして禁句。

61）From "assimilation" to "accommodation." 優れた教師の「理念」を学べ。表層的なモノ真似による失敗は，生徒否定か教師としての自己否定を招く。

62）「うちの生徒には無理！」と教師が思ったその瞬間に，生徒たちの持つ可能性の芽は枯れる。

63）教師にとって「困った生徒」は，支援を要する「困っている生徒」。

246

64) 指導あっての評価。評価のための授業にあらず。方法論のみに目を奪われることなかれ。

65) Collaboration not competition! —— 地域・学校・教師・生徒間の「競争」から「協働」へ。The principles and practices of market economy are currently being brought far too crudely from business life to education.（学力世界一の教育立国 Finlandの教育学者からの警鐘）

66) 偏見・差別・排斥の自民族中心主義から異文化共生へ。外国語教育は学習者にもうひとつの眼を与える平和教育。

67) 「グローバル化に対応する英語教育」の目的は，流暢な英語でヘイトスピーチをする人間を作らぬこと。

68) 教師が変われば授業が変わる。教師と授業が変われば必ず生徒も変わる。教育とはあきらめぬことと見つけたり。

69) Nothing but education can change the world! ——教育者としての自負と誇りを持とう！

そして，最後に，

70) 「人格なき教育は罪である。」

$\sim$Mahatma Gandhi（1869-1948）

ガンジーの「7つの罪」：

1.原則なき政治	2.道徳なき商業	3.労働なき富
4.人格なき教育	5.人間性なき科学	6.良心なき快楽
7.犠牲なき信仰		

あ と が き

　平成から令和へと，日本の学校英語教育は，小中高の授業実践の質の向上とともに，それを支える教員養成，現職教師教育の改革も含めて大きな変貌を遂げて来ました。そして多くの課題を抱えながら現在進行中です。

　ふり返れば，平成から令和は大きな自然災害に見舞われた時代でもありました。そしてそれは偶然にも私の教員生活の節目と重なってきました。私が大阪での15年間の中学校教員生活に別れを告げて神奈川大学に赴任が決まり，住む家を探しに日帰りで横浜に出かけた翌朝，阪神淡路大震災が起こり，関西地方は甚大な被害を受けました。1995年（平成7年）1月17日の早朝のことでした。

　神奈川大学で，ゼミを中心とする英語教員養成の指導に携わって15年が過ぎ，外国語学部内での所属も英語英文学科に移籍して2年生から4年生まで3年間継続してより本格的にゼミ指導を行うようになった頃，私が「英語教師教育」について機会があれば一冊の本にまとめてみたいと思っていた矢先に，大修館書店編集部の須藤彰也氏が大学の研究室を訪れ，本書の執筆を熱心に勧めてくださいました。大学での指導と研究の集大成として取り組み，執筆作業も軌道に乗り勢いがついてきた2011年（平成23年）3月11日の午後，東日本大震災が発生しました。私が住む神奈川県藤沢市でもかなりの揺れを感じましたが，そのときには，まさか死者・行方不明者が2万人にも及ぶ大惨事となろうとは想像できませんでした。ゼミ1期生で安否を心配した宮城県立高校に勤務するS.Y.さんはご家族ともども幸いにして無事でしたが，同県石巻市立大川小学校では，多くの先生方と7割以上の子どもたちが大津波の犠牲となりました。改めて尊い生命を失われた方々のご冥福をお祈りいたします。計画避難指定地域内にあり，何度もニュースで取り上げられた福島県川俣町立山木屋中学校には，ゼミ卒業生のS.H.さんが勤務していました。あれから10年以上の年月が経ちましたが，福島第一原発事故による放射能汚染は未だ解決したわけではなく，故郷に帰れぬ人も多くいらっしゃいます。決して忘れてはならぬ問題です。

東日本大震災直後の初版執筆・刊行に続き，本改訂版の執筆は2020年から続く新型コロナウイルス感染症（COVID-19）パンデミックの直後となりました。昨年度は学校一斉休講やオンライン授業など学校教育も大混乱でしたが，文科省「GIGAスクール構想」が一気に進み，今や公立小中学校でも児童生徒にPCやタブレット端末が1人1台支給され，ICT環境が急ピッチで整備されています。これは英語科のみならず授業に大きな変革をもたらすことでしょう。今後もまだまだ教師苦難の日々は続きそうですが，

Nothing but education can change the world!

拙著が教員志望者や現場の先生方の授業実践に即した自学用図書，教員養成や研修指導に従事される先生方の指導資料となれば幸いです。教育者としての誇りと夢を持って，ともに歩んでいきましょう。

最後に，本書の刊行に際し，恩師，中高大の同僚教員，樋口忠彦先生をはじめとする英語授業研究学会（英授研）や日本児童英語教育学会（JASTEC），日本教育アクションリサーチ・ネットワーク（jeARn）の役員や会員諸氏，研修を通じて知り合い教育について語り合った小中高の先生方，そして私の授業を受けて熱心に学んでくれた中高生や大学生・ゼミ生，学校現場で日々奮闘する卒業生たちに感謝いたします。神奈川大学ゼミ生への指導が第2章・3章執筆の核となりました。私が英語教師の卵として学んだ大阪教育大学恩師の織田稔先生には第2章やコラムの文法理解や指導に関わる初版原稿を，2008年度の国内研究期間に松山大学大学院でアクションリサーチとともに教師教育についてご指導くださった佐野正之先生には第1章と5章の原稿を，それぞれ校閲ご助言いただきました。英授研を通じた年来の同志である稲岡章代先生には第4章とコラムで2つの授業を取り上げることを，加藤京子先生にはその実践をコラムに取り上げることをご快諾いただきました。その他のコラム執筆にご協力いただいたみなさん，楽しい似顔絵イラストを描いてくださった英授研理事の谷口友隆先生，また，改訂版の編集を担当し拙稿の細部まで精読し多くの示唆をくださった編集部の春日恵理奈氏に，この場を借りて厚く御礼申し上げます。

2022年2月

髙橋一幸

参 考 文 献

新井　肇. 2009.「教師バーンアウトを防ぐために―教師という仕事がストレスに
　　なるとき」『英語教育』57 (13)：36-38.

安藤昭一（編）. 1991.『英語教育　現代キーワード事典』：増進堂.

石田雅近・神保尚武・久村研・酒井志延（編）. 2011.『英語教師の成長―求められ
　　る専門性』：大修館書店.

和泉伸一. 2009.『フォーカス・オン・フォームを取り入れた新しい英語教育』：大
　　修館書店.

伊藤嘉一. 1984.『英語教授法のすべて』：大修館書店.

稲岡章代. 2008.「生徒の談話能力と即興スピーチ能力を育てる授業―中2：過去
　　時制の復習から未来時表現willの導入・展開」『英語教師入門』（髙橋一幸ゼミ
　　ナール＝神奈川大学外国語学部）第9号：1-7.

江川泰一郎. 1991.『英文法解説』改訂三版：金子書房.

近江　誠. 1984.『オーラル・インタープリテーション入門―英語の深い読みと表
　　現の指導』：大修館書店.

太田　洋・金谷　憲・小菅敦子・日臺滋之. 2003.『英語力はどのように伸びてゆ
　　くか―中学生の英語習得過程を追う』：大修館書店.

大谷泰照. 2004.『日本人にとって英語とは何か―異文化理解のあり方を問う』：大
　　修館書店.

大谷泰照・相川真佐夫・東　真須美・沖原勝昭・林　桂子（編）. 2004.『世界の外
　　国語教育政策―日本の外国語教育の再構築にむけて』：東信堂.

大谷泰照ほか（編）. 2010.『EUの言語教育政策』：くろしお出版.

織田　稔. 1982.『存在の様態と確認―英語冠詞の研究』：風間書房.

織田　稔. 1990.『英文法学習の基礎』：研究社.

織田　稔. 2000.『ことばの研究と英語教育―教科としての確立を求めて』：関西大
　　学出版局.

織田　稔. 2002.『英語冠詞の世界―英語の「もの」の見方と示し方』：研究社.

織田　稔. 2007.『英語表現構造の基礎―冠詞と名詞・動詞と文表現・文型と文構
　　造』：風間書房.

ガーゲン，ケネス・J. 2004.『あなたへの社会構成主義』. 東村知子（訳）：ナカニ
　　シヤ出版.

神奈川県立総合教育センター. 2006.『アクション・リサーチによる授業改善ガイ

ドブック―英語』：神奈川県立総合教育センター.

金谷　憲（編）. 2009. 『英語授業ハンドブック＜中学校編＞』：大修館書店.

菅　正隆・高橋一幸・田尻悟郎・中嶋洋一・松永淳子. 2009. 「学習指導要領は英語の授業をどう変えるのか？」『英語教育』58（2）：10-19.

教育科学研究会（編）. 2005. 『なぜフィンランドの子どもたちは「学力」が高いか』：国土社.

久野　暲・高見健一. 2004. 『謎解きの英文法―冠詞と名詞』：くろしお出版.

久野　暲・高見健一. 2005. 『謎解きの英文法―文の意味』：くろしお出版.

久野　暲・高見健一. 2007. 『謎解きの英文法―否定』：くろしお出版.

久野　暲・高見健一. 2009. 『謎解きの英文法―単数か複数か』：くろしお出版.

隈部直光. 2002. 『教えるための英文法』：リーベル出版.

高知県教育センター. 2007. *Action Research Navigator*. 平成19年度　英語教員指導力向上研修授業改善プロジェクト配布資料：高知県教育センター.

高知県教育センター. 2008. 『平成19年度　英語教員指導力向上研修「授業改善プロジェクト」アクションリサーチ報告集』：高知県教育センター.

国立教育政策研究所. 2003. 『平成13年度　小中学校教育課程実施状況調査報告書　中学校　英語』：ぎょうせい.

国立教育政策研究所. 2007. 「特定の課題に関する調査（英語：「話すこと」調査結果）」：国立教育政策研究所.

五島忠久・織田　稔. 1977. 『英語科教育　基礎と臨床』：研究社.

笹島　茂・寺内　一. 2008. 『外国語（英語）教員研修実態調査に基づくLSP教員養成・研修システム開発』平成17～19年度文部科学省科学研究費補助金・基盤研究（C）.

笹島　茂. 2009. 「英語教師としての自分を見つめる―言語教師認知研究の視点」『英語教育』57（13）：19-21.

佐野正之（編）. 2000. 『アクション・リサーチのすすめ―新しい英語授業研究』：大修館書店.

佐野正之（編）. 2005. 『はじめてのアクション・リサーチ―英語の授業を改善するために』：大修館書店.

佐野正之. 2010. 「"授業は英語で"をめぐって」『英語教員のためのアクション・リサーチ支援ネットワーク通信』No. 47-56：日本教育アクションリサーチ・ネットワーク（jeARn）.

佐野正之. 2011. 「ある新人教師とメンターの物語」『英語教員のためのアクション・リサーチ支援ネットワーク通信』No. 65-69：日本教育アクションリサーチ・ネットワーク（jeARn）.

佐藤　学. 2009. 『教師花伝書―専門家として成長するために』：小学館.

庄井良信・中嶋　博. 2005. 『フィンランドに学ぶ教育と学力』：明石書店.

白畑知彦・冨田祐一・村野井仁・若林茂則. 2019.『英語教育用語辞典』第 3 版：大修館書店.

神保尚武ほか. 2010.『英語教員の質的水準の向上を目指した養成・研修・評価・免許制度に関する統合的研究』平成21年度文科省科学研究費補助金・基盤研究（B）.

神保尚武ほか. 2012.『英語教師の成長に関わる枠組みの総合的研究』平成22年度文科省科学研究費補助金・基盤研究（B）.

芹沢　栄. 1978.『英語の輪郭』：開拓社.

髙橋一幸. 2003.『授業づくりと改善の視点―よりコミュニカティブな授業をめざして』：教育出版.

髙橋一幸. 2005.『新基礎英語1　チャンツでノリノリ英語楽習』：NHK出版.

髙橋一幸. 2008.「教師を動機づける講習を志向して―教員免許更新制の予備講習報告・神奈川大学」『英語教育』57（9）：17-19.

髙橋一幸. 2021.『改訂版・授業づくりと改善の視点―小と高とをつなぐ新時代の中学校英語教育』：教育出版.

髙橋一幸・田尻悟郎. 2008.『基礎英語　チャンツで楽習！決定版』：NHK出版.

田崎清忠（編）. 1995.『現代英語教授法総覧』：大修館書店.

田尻悟郎. 2009.『（英語）授業改革論』：教育出版.

田中武夫・田中知聡. 2009.『英語教師のための発問テクニック―英語授業を活性化するリーディング指導』：大修館書店.

玉井　健. 2009.「リフレクティブ・プラクティスと教師の成長」『英語教育』57(13)：10-12.

中央教育審議会. 2008.「幼稚園，小学校，中学校，高等学校及び特別支援学校の学習指導要領等の改善について(答申)」：平成20年 1 月17日　中央教育審議会.

中央教育審議会. 2012.「教職生活の全体を通じた教員の資質能力の総合的な向上方策について（答申）」：平成24年 8 月28日　中央教育審議会.

中央教育審議会. 2015.「これからの学校教育を担う教員の資質能力の向上について―学び合い，高め合う教員育成コミュニティの構築に向けて（答申）」：平成27年12月21日　中央教育審議会.

中央教育審議会. 2016.「幼稚園，小学校，中学校，高等学校及び特別支援学校の学習指導要領等の改善及び必要な方策等について（答申）」：平成28年12月21日　中央教育審議会.

東京学芸大学. 2017.『文部科学省委託事業「英語教員の英語力・指導力強化のための調査研究事業」平成28年度報告書』：東京学芸大学.

ドルニェイ，ゾルタン. 2005.『動機づけを高める英語指導ストラテジー35』米山朝二，関昭典（訳）：大修館書店.

八田玄二. 2000.『リフレクティブ・アプローチによる英語教師の養成』：金星堂.

樋口忠彦（編）岩本京子・髙橋一幸ほか. 1995. 『個性・創造性を引き出す英語授業—英語授業変革のために』：研究社.

樋口忠彦（編）守屋雅博・髙橋一幸ほか. 1989. 『英語楽習—クイズ・ゲームからコミュニケーション活動まで』：中教出版.

樋口忠彦・大城　賢・国方太司・髙橋一幸（編）. 2010　『小学校英語教育の展開—よりよい英語活動への提言』：研究社.

樋口忠彦・髙橋一幸ほか（編）. 2001. 『授業づくりのアイデア—視聴覚教材，チャンツ，ゲーム，パソコンの活用法』：教育出版.

樋口忠彦・髙橋一幸（編）. 2015. 『Q&A中学英語指導法辞典—現場の悩み152に答える』：教育出版.

樋口忠彦・髙橋一幸・加賀田哲也・泉惠美子（編）. 2017. 『Q&A小学英語指導法辞典—教師の質問112に答える』：教育出版.

樋口忠彦（監）髙橋一幸ほか（編）. 2019. 『Q&A高校英語指導法辞典—現場の悩み133に答える』：教育出版.

樋口忠彦・緑川日出子・髙橋一幸（編）. 2007. 『すぐれた英語授業実践—よりよい授業づくりのために』：大修館書店.

久村　研. 2010. 「教員の成長」『英語教育』59（8）：12-13.

ピーターセン，マーク. 1988. 『日本人の英語』：岩波書店.

福田誠治. 2006. 『競争やめたら学力世界一—フィンランド教育の成功』：朝日新聞社.

福田誠治. 2007a. 『格差をなくせば子どもの学力は伸びる—驚きのフィンランド教育』：亜紀書房.

福田誠治. 2007b. 『競争しても学力行き止まり—イギリス教育の失敗とフィンランドの成功』：朝日新聞社.

藤澤伸介. 2004. 『「反省的実践家」としての教師の学習指導力の形成過程』：風間書房.

ヘイノネン，オッリペッカ・佐藤学. 2007. 『「学力世界一」がもたらすもの』：NHK出版.

細川英雄. 2009. 「内省する教師のためのポートフォリオ—フランス・自分誌活動クラス見学記より」『英語教育』57（13）：16-18.

堀内都喜子. 2008. 『フィンランド　豊かさのメソッド』：集英社.

本多敏幸. 2003. 『到達目標に向けての指導と評価』：教育出版.

マキパー，ヘイッキ. 2007. 『平等社会フィンランドが育む未来型学力』：明石書店.

増田ユリヤ. 2008. 『教育立国フィンランド流　教師の育て方』：岩波書店.

三浦　孝・弘山貞夫・中嶋洋一. 2002. 『だから英語は教育なんだ—心を育てる英語授業のアプローチ』：研究社.

村野井　仁. 2006. 『第二言語習得研究から見た効果的な英語学習法・指導法』：大

修館書店.

文部科学省. 2003a.「『英語が使える日本人』の育成のための行動計画」：文部科学省.

文部科学省. 2003b.『「英語が使える日本人」の育成のための英語教員研修ガイドブック』：開隆堂出版.

文部科学省. 2013.「グローバル化に対応した英語教育改革実施計画」：文部科学省.

文部科学省. 2017a.「小学校学習指導要領」：文部科学省.

文部科学省. 2017b.「中学校学習指導要領」：文部科学省.

文部科学省. 2017c.「小学校学習指導要領解説―外国語活動編・外国語編」：文部科学省.

文部科学省. 2017d.「中学校学習指導要領解説―外国語科編」：文部科学省.

文部科学省. 2018a.「高等学校学習指導要領」：文部科学省.

文部科学省. 2018b.「高等学校学習指導要領解説―外国語科編」：文部科学省.

安井　稔. 1996.『改訂版　英文法総覧』：開拓社.

ヤック-シーヴォネン，リトヴァ，・ニエミ，ハンネレ（編）. 2008.『フィンランドの先生―学力世界一のひみつ』関隆晴・二文字理明（訳）：桜井書店.

横溝紳一郎（編）. 2010.『生徒の心に火をつける』：教育出版.

吉田達弘・玉井　健・横溝紳一郎・今井裕之・柳瀬陽介ほか（編）. 2009.『リフレクティブな英語教育をめざして―教師の語りが拓く授業研究』：ひつじ書房.

＜英語教科書＞
中学校用
New Horizon English Couise 2（2006）東京書籍
New Horizon English Couise 3（1981，2006）東京書籍
One World English Course 1（2002，2006）教育出版
Sunshine English Course 2（2006）開隆堂出版
高等学校用
The Crown English Series Ⅰ（1994）三省堂

CUP＝Cambridge University Press
OUP＝Oxford University Press

Breidbach, S. 2003. *Plurilingualism, Democratic Citizenship in Europe and the Role of English*. Language Policy Division, Directorate of School, Out-of-School and Higher Education, Council of Europe.

Burns, A. 1999. *Collaborative Action Research for English Language Teachers*.

CUP.

Burns, A., and Richards, J. C. 2009. *The Cambridge Guide to Second Language Teacher Education.* CUP.

Canale, M., and Swain, M. 1980. "Theoretical Bases of Communicative Approaches to Second Language Teaching and Testing." *Applied Linguistics* (1): 1-47.

Council of Europe. 2001. *Common European Framework of Reference for Languages: Learning, Teaching, Assessment.* CUP.

Department for Education and Employment London. 1998. *Teaching: High Status, High Standards [Circular 4/98]: Requirements for Courses of Initial Teacher Training.* HMSO.

Doughty, C., and Williams, J., eds. 1998. *Focus on Form in Classroom Second Language Acquisition.* CUP.

Freeman, D., and Richards, J. C., eds. 1996. *Teacher Learning in Language Teaching.* CUP.

General Teaching Council for Scotland. 2000. *Quality Assurance in Initial Teacher Education: The Standard for Initial Teacher Education in Scotland.*

General Teaching Council for England. 2009. *Code of Conduct and Practice for Registered Teachers.* General Teaching Council for England.

Harmer, J. 1983. *The Practice of English Language Teaching.* Longman.

Hawking, S. W. 1988. *A Brief History of Time.* Bantam Books.

Jakku-Sihvonen, R., and Niemi, H.,eds. 2007. *Education as a Societal Contributor: Reflections by Finnish Educationalists.* Peter Lang.

James, P. 2001. *Teachers in Action: Tasks for In-service Language Teacher Education and Development.* CUP.

Johnson, K. E. 2009. *Second Language Teacher Education: A Sociocultural Perspective.* Routledge.

Kelly, M. et al. 2004. *European Profile for Language Teacher Education: A Frame of Reference; Final Report; A report to the European Commission Directorate General for Education and Culture.* University of Southampton.

Krashen, S. D., and Terrell, T. D. 1983. *The Natural Approach: Language Acquisition in the Classroom.* Pergamon/Alemany.

Larsen-Freeman, D. 1986. *Techniques and Principles in Language Teaching.* OUP.

Littlewood, W. 1981. *Communicative Language Teaching: An Introduction.* CUP.

Morrow, K. 1981. "Principles of Communicative Methodology." In *Communication in the Classroom.* Ed. K. Johnson and K. Morrow, 59-66. Longman.

Morrow, K., ed. 2004. *Insights from the Common European Framework.* OUP.

National Board for Professional Teaching Standards. 2009. *Early Middle*

Childhood English as a New Language: Assessment at a Glance. Pearson.

Newby, D. et al. 2007. *European Portfolio for Student Teachers of Languages: A Reflection Tool for Language Teacher Education.* Council of Europe.

Parrott, M. 1993. *Tasks for Language Teachers: A Resource Book for Training and Development.* CUP.

Richards, J. C. 1998. *Beyond Training: Perspective on Teacher Education.* CUP.

Richards, J. C., and Farrell, T. S. C. 2005. *Professional Development for Language Teachers: Strategies for Teacher Learning.* CUP.

Richards, J. C., and Lockhart, C. 1994. *Reflective Teaching in Second Language Classroom.* CUP.

Roberts, J. 1998. *Language Teacher Education.* Arnold.

Stern, H. H. 1983. *Fundamental Concepts of Language Teaching.* OUP.

Swan, M. 1984. *Basic English Usage.* OUP.

Swan, M. 2017. *Practical English Usage. Fourth Edition.* OUP.（マイケル・スワン. 2018.『オックスフォード実例現代英語用法事典』第4版. 吉田正治（訳）. 研究社／オックスフォード大学出版局.）

Thomson, A. J., and Martinet, A. V. 1986. *A Practical English Grammar. Fourth Edition.* OUP.（A. J., トムソン・A. V., マーティネット. 1993.『実例英文法』第4版〔改訂版〕. 江川泰一郎（訳注）. オックスフォード大学出版局.）

Training and Development Agency for Schools. 2007. *Professional Standards for Teachers: Why Sit Still in Your Career?.* Training and Development Agency for Schools.

Tsui, A. B. M. 2003. *Understanding Expertise in Teaching: Case Studies of Second Language Teachers.* CUP.

Via, R., and Smith, L. E. 1983. *Talk and Listen: English as an International Language Via Drama Techniques.* Pergamon Press.

Wallace, M. J. 1998. *Action Research for Language Teachers.* CUP.

West, M. 1960. *Teaching English in Difficult Circumstances: Teaching English as a Foreign Language.* Longmans.

Widdowson, H. G. 1978. *Teaching Language As Communication.* OUP.

キーワード索引

*番号は章・下位項目を示す。
<略号>
SDT: Self-development Task
CIO: Check It out

ア

アウトプット（output）2.6.2. 2.9.1.
accuracy （→正確さ）
アクション・リサーチ（action research）
　1.2.2. 1.5.③ 3.10.（コラム⑦）4.1.3.
　4.3.1.
アクション・リサーチの手順 4.3.2.
assimilation と accommodation 4.1.3.
Applied Science Model 4.1.2.
誤り（global error, local error）2.9.1.
　2.9.2.
新たな授業実践（Follow-up）4.3.2.⑧

イ

いきなりの the 2.8.3.（CIO 11［5］）
意味（meaning）〈図 2.6.1.〉2.6.2. 2.9.1.
　3.7.① 4.4.1.（CIO 14&16）
意味のまとまり（sense group）2.4.2.①
意味を伴ったドリル（meaningful drill）
　3.8.①
Inquiry Model 4.1.3.
インタラクション（interaction）2.2.3.③
　2.9.2. 3.10.①
インテイク（intake）2.9.1. 2.9.2.
individual reading 2.4.2.③
イントネーション（intonation）2.4.1.
inferential questions（推測質問）2.7.3.
　3.9.①,②
インフォメーション・ギャップ（information
　gap）2.9.2. 3.10.①,②
インプット（input）2.3.3. 2.6.2. 2.9.1.
impromptu speech 2.2.3.⑤ 3.6.1.（B）
improvisation （→即興）
improvisation（即興劇）3.6.6.

ウ

ウォームアップ（warm-up）2.2.
埋め込み型（embedded）の関係代名詞節
　3.7.② 3.10.（コラム⑦）

運用（言語使用，use）2.9.1.

エ

ALT とのティーム・ティーチング（歴史，
　成功の秘訣）2.7.（コラム③）
「英語が使える日本人」の育成のための戦
　略構想／行動計画 1.1. 1.2.2. 5.2.1.
英語教育的英語力（英語教師に求められる
　英語運用力）1.2.2. 〈図 1.3.〉2.10.1.
英語教員悉皆研修（英語教員集中研修）1.1.
　1.2.2.
英語教員養成 Can-do List 〈表 1.4.〉
英語教員に求められる知識・技能
　（expertise）1.3. 〈図 1.3.〉2.10.1.
英語教員養成コアカリキュラム 1.2.1.
英語史 2.8.
英語教授力 1.2.2.
英語授業力（＝教育的人間力＋英語運用能
　力＋英語教授力）1.2.2.
英語の歌（English songs）2.2.2.②
演繹的アプローチ（deductive approach）
　2.6.1.
エラー（error）（→誤り）
elicit （→引き出す）

オ

オーバーラッピング（overlapping）
　2.4.2.⑥
Open Dialog 3.6.3.
オーラル・インタープリテーション（oral
　interpretation）2.4.1.
オーラル・インタラクション（oral
　interaction）2.7.2. 3.9.①
オーラル・イントロダクション（oral
　introduction）2.6.2. 2.7.2. 3.9.①
oral introduction/interaction の使い分け
　2.7.2.（SDT 8, CIO 8）
帯活動 2.2.1.
音読（reading aloud）2.4.2. 3.9.①

Self-development Task (S.D.T.) 一覧

*イタリック数字はページを示す

◆著者紹介

髙橋一幸（たかはし・かずゆき）

　大阪教育大学卒業。大阪教育大学附属天王寺中学校・高等学校教諭を経て，現在，神奈川大学外国語学部英語英文学科・大学院外国語学研究科教授。専門は英語教育学，教師教育。

　（財）語学教育研究所より 1992 年度パーマー賞受賞。2002〜04 年度 NHK ラジオ『新基礎英語1』講師。2008 年度 松山大学大学院客員研究員。英語授業研究学会（英授研）理事・元会長，日本児童英語教育学会（JASTEC）理事，日本教育アクションリサーチ・ネットワーク（jeARn）副代表，（財）語学教育研究所 パーマー賞委員。大学での英語教員養成とともに，全国の小中高の英語教育の研修講師として現職教師教育に携わっている。趣味は居合道・八段（無双直伝英信流）。

　単著に『改訂版・授業づくりと改善の視点—小と高とをつなぐ新時代の中学校英語教育』（教育出版），『チャンツでノリノリ英語楽習！』（NHK 出版），共著に『チャンツで楽習！決定版』（NHK 出版），共編著に，『すぐれた英語授業実践』（大修館書店），『小学校英語教育の展開』（研究社），『Q&A 小学英語指導法事典』『Q&A 中学英語指導法事典』『Q&A 高校英語指導法事典』（シリーズ 3 部作，教育出版）ほか。

改訂版　成長する英語教師——プロの教師の「初伝」から「奥伝」まで

© Takahashi Kazuyuki, 2022　　　　　　　　　NDC375／viii，263p／21cm

初版第 1 刷——2022 年 5 月 1 日

著　者————髙橋一幸

発行者————鈴木一行

発行所————株式会社大修館書店

　　　　　　〒113-8541　東京都文京区湯島 2-1-1
　　　　　　電話　03-3868-2651（販売部）／03-3868-2292（編集部）
　　　　　　振替　00190-7-40504
　　　　　　［出版情報］https://www.taishukan.co.jp

装丁者————bookwall

本文イラスト——谷口友隆／KAKU

印刷所————壮光舎印刷

製本所————難波製本

ISBN978-4-469-24657-5　Printed in Japan